괴물, 조선의
또 다른 풍경

괴물, 조선의 또 다른 풍경

풍문부터 실록까지 괴물이 만난 조선

곽재식 지음

백성이 만나고 실록이 기록한
인간 아닌 것들의 이야기,
조선 역사의 빈틈을 채우다

위즈덤하우스

조선괴물지도

괴물들은 깊은 산속부터 먼바다 너머까지 조선팔도 곳곳에서 목격되고 이야기되었다. 《조선괴물지도》는 본문에서 주요하게 언급된 지역을 중심으로 꾸민 것이다.

만인사 蠻人蛇
사람 한 명을 잡아먹고 그 피로 둥친 구슬을 품은 뱀

인어 人魚
사람을 닮았지만, 하반신은 생선으로 취급당한 아름다운 괴물

안시 객 女市客
변덕한 술세를 따나 조야에 올러 장수한 조선의 기인

산예 狻猊
사막을 건너 조선으로, 흐름이를 물게 한 신증왕

함경도

평안도

황해도

녹족부인 鹿足婦人
전쟁을 막고 평화를 불러온 사슴 발의 부인

물괴 아行 物怪衩行
흉흉한 장치가 낳은 괴물 떼의 서울 습격 사건

박각시과 맥 貘
불가살이 이야기에 영향을 미친 괴물 목격담

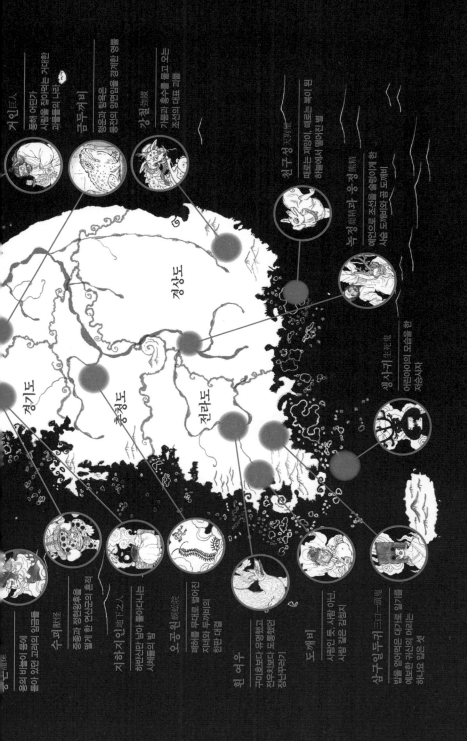

낮의 역사,
밤의 이야기가 된 조선의 괴물들

2018년 나는 《한국 괴물 백과》라는 책을 출간했다. 2007년부터 괴물을 다룬 한국의 옛 기록들을 모아 '괴물 백과 사전'이라는 제목으로 인터넷에 공개했는데, 그 내용을 정리하고 보강해 책으로 낸 것이다. 출간 후에 독자들의 반응이 예상외로 좋아 뿌듯했다. 원래 소설이나 영화를 만드는 사람들이 한국 괴물을 소재로 쓰면 좋겠다는 생각에서 공유하던 자료였는데, 책이 나오고 그 내용이 점차 알려지면서 만화부터 미술, 액세서리 디자인까지 갖가지 분야에서 실제로 요긴하게 활용한다는 소식을 듣고 있어 더욱 즐겁다.

그러나 혼자 다루기에는 방대한 내용을 책으로 묶다 보니 아쉬운 점도 없잖아 있었다. 특히 《한국 괴물 백과》에는 괴물이 많이 소개되어 있기는 한데, 구체적인 사연이나 상세한 이야기는 부족해 아쉽다는 독자 의견이 많았다.

《괴물, 조선의 또 다른 풍경》은 바로 그 아쉬움에 답하기 위해 쓴 것이다. 사실 《한국 괴물 백과》에서 소개한 괴물의 상당수는 원전 기록에 상세한 이야기가 애초부터 실려 있지 않다. 괴물 기록이어서 조사하기는 했지만, 고대 그리스·로마 신화처럼 영웅과 괴물의 치열한 싸움 이야기 등이 상세한 사례는 많지 않다. 심지어 "요즘 어느 지역에 이렇게 생긴 괴물이 나타났다는 소문이 돈다"라는 단 한 줄의 기록이 전부인 경우도 흔했다. 이때 괴물의 세밀한 모습은 어떠했는지, 괴물이 어떤 문제를 일으켰는지 등의 이야기는 오늘날 괴물을 소재로 활용하려는 사람이 직접 상상하고 궁리하면서 채워나가야 한다.

그러한 상상을 돕기 위해 이 책에서는 주변 자료를 최대한 모아 괴물 하나하나에 대한 더 깊은 이야기를 들려주고자 했다. 원래 구체적인 이야기가 있는 괴물은 그 내용을 충실히 소개하고, 그렇지 않은 괴물은 이야기가 퍼진 시기와 배경을 설명하면서 그 모습과 성격을 추측할 만한 자료들을 정리했다. 이런 작업이 괴물 이야기가 유행한 시대의 성격과 문화의 흐름을 함께 고민해볼 기회가 된다면 더욱 좋겠다고 생각한다.

예전부터 괴물 이야기를 해석할 때 사람들 사이에 나도는 전설을 무턱대고 모을 것이 아니라, 이야기가 기록된 명확한 시점과 기록한 사람을 따져보는 것이 중요하다고 생각했다. 《한국 괴물 백과》가 그럭저럭 참신하다는 평가를 받았던 것도 바로 그런 점 때문이 아니었나 싶다. 이런 생각은 이 책을 쓰는 데 특히 큰 도움이 되었다. 괴물 이야기를 언제, 누가 기록으로 남겼는지를 밝히고, 또 어떤 사회상 속에서 탄생했는지를 따져보면 기록된 것 이상의 더 많은 정황을 추측할 수 있기 때문이다.

예를 들어 "머리에 뿔이 둘 돋아난 말이 나타났다는 소문이 돌았다"라는 기록이 있다고 해보자. 이 기록 자체만 본다면 더는 할 만한 이야기가 별로 없다. 그런데 시대상과 이야기를 기록한 사람의 신분 등을 따져보면, 당시에는 이 소문의 짐승을 중국 전설 속 '기린麒麟'과 비슷하게 여겼을지 모른다고 추측할 수 있다. 생각을 계속해서 뻗으면 이 짐승이 인자하고 순하며 평화를 상징하는 것으로 받아들여져, 어쩌면 임금에게 바치기 위해 사람들이 서로 붙잡으려고 다투었으리라는 상상도 해볼 수 있다. 괴물 이야기의 성격을 함부로 단정하는 것은 위험한 일이지만, 이런 식으로 어떻게 시작했고 퍼져나갔는지를 상상해보면, 이야기가 더 풍부해지는 것은 사실이다.

언젠가 한 구비문학 연구자에게, 어떤 한국 전설은 중국이나 일본에서 건너와 변형된 것으로 보인다고 지적하면 반발하는 학자들이 있다는 말을 들었다. 그런 반응은 아마도 한국만의 고유한 것을 최대한 부각하고자 하는 의도 때문이 아닌가 싶다. 그러나 나는 그런 태도가 전설을 깊이 이해하는 데 오히려 방해가 될 수도 있다고 생각한다. 외국 괴물 이야기가 한국에 전해지며 어떻게 변형되었는지, 외국 괴물 이야기 중 하필 어떤 것이 한국에서 유행했는지를 밝힐 수 있다면, 그것은 그 이야기의 특징과 성격을 더 세밀하고 풍부하게 알아볼 단서가 된다. 나아가 그 이야기가 유행하던 시기 한국인의 성향과 문화를 이해하는 데도 큰 도움이 된다고 생각한다. 아마도 많은 보통의 연구자가 비슷한 관점일 것이라고 감히 짐작해본다.

그런 이유로 이 책에서는 시대상과 역사적 맥락을 이해하기 좋도록

《조선왕조실록朝鮮王朝實錄》에 언급된 괴물들을 중심으로 총 스무 종을 뽑아, 관련된 사연을 내가 아는 한 충실히 정리해 이야기해보았다. 내 생각과 상상을 바탕으로 쓰기는 했으나, 가능한 한 각 이야기의 배경을 이해하는 데 도움이 되는 국내의 다른 연구들 또한 반영해 그 대체적인 흐름에서 엇나가지 않도록 정리했다. 혹시 기록의 인용과 해석에 오류가 있거나, 내용을 보충할 다른 자료, 다른 의견이 있다면 언제든 알려주기 바란다. 기꺼이 듣고 최대한 보완하고자 한다.

나는 2019년 봄부터 2020년 여름까지 《신동아》에서 〈괴물여지도〉라는 제목으로 칼럼 형식의 한국 괴물 이야기를 연재했다. 이 책의 내용 중 일부는 그 칼럼의 내용을 활용한 것이다. 또한 한국국학진흥원 주도로 열린 '2018 전통문화 창작 콘퍼런스'에 초청 연사로 참가했을 때 준비한 원고와 다른 많은 연구자에게 들은 이야기도 책을 쓰는 데 큰 도움이 되었다.

그렇기에 괴물 이야기를 쓰고 알릴 좋은 기회를 주신 송화선 기자님과 김민옥 교수님께 이 기회를 빌려 다시 한번 감사의 마음을 전한다.

2020년
동작에서
곽재식

1장

괴물은 백성의 말을 먹고 자란다

삼천리 강산을 누빈 괴물들

전쟁으로 쇠락한 지네 호텔

오공원

충청도

원의 쇠락으로
황폐해진 곳이 많습니다.
그곳에 독충 지네가 들끓어
흉흉한 소문이 퍼지고 있으니,
선량한 마음을 가진 이를 뽑아
관리하게 하소서.

할리우드 영화와 통하는 조선 괴물 이야기

곤충이나 거미같이 몸이 마디로 나뉘고 껍질로 뒤덮인 작은 절지동물은 지구 곳곳에 퍼져 대단히 많은 숫자가 살고 있다. 삭막한 도시의 빌딩 숲에는 거의 아무 동물도 살지 않고 심지어 식물도 잘 눈에 띄지 않지만, 이런 곳에서도 작은 절지동물은 흔히 보이기 마련이다. 지하실 구석에 거미줄이 있다거나, 보도블록 사이에 개미가 산다거나 하는 경우처럼 말이다.

절지동물은 이처럼 흔히 눈에 띄면서도 우리에게 좀더 친숙한 개나, 고양이 같은 동물과는 굉장히 다르게 생겼다. 예를 들어 고양이는 두 개의 눈과 두 개의 콧구멍, 네 개의 팔다리가 사람과 닮은 모습이지만, 거미는 눈과 입, 다리의 구조와 개수가 아주 다르다.

낯설고 기괴하면서도 어디에서나 쉽게 접할 수 있다는 그 묘한 특징 때문에, 절지동물은 괴물 이야기의 소재가 되는 경우가 많았다. 특히 에스에프SF물이 대유행했던 1950년대 미국 할리우드 영화는 절지동물이 괴물로 변해 사람을 공격한다는 내용의 이야기를 쏟아냈다.

핵무기가 처음으로 실전에 사용된 지 얼마 지나지 않아 그 충격이 매우 컸던 시기이므로, 흔히 영화 줄거리는 핵실험장의 방사능 오염 때문에 절지동물이 돌연변이를 일으켜 괴상하게 변했다는 식이었다. 1954년에 나온 〈그놈들!Them!〉은 집채만 한 개미가 사람들을 공격한다는 이야기고, 1955년에 나온 〈독거미Tarantula〉는 커다란 거미가, 1957년에 나온 〈살인 사마귀The Deadly Mantis〉는 거대한 사마귀가, 같은 해에 나온 〈녹색 지옥에서 온 괴물Monster from Green Hell〉은 커다란 벌이 괴물로 등장한다.

한국의 옛 기록에도 1950년대 할리우드 영화만큼은 아니지만, 절지동물이 괴물로 등장하는 이야기가 있다. 그중에서 한국인 사이에 가장 널리 알려진 것은 커다란 지네 괴물 이야기라고 생각한다.

전국 곳곳에서 지네 괴물 이야기를 기억하는 사람들이 적지 않다. 공통적으로 퍼져 있는 핵심 줄거리만 요약하면 대략 이렇다. 어느 마을에서 매년 외딴집에 사람을 제물로 바쳤는데, 한번은 가난한 여성이 제물이 되어 그 집에 가게 되었다. 밤이 되자 사람보다 몇 배나 큰 거대한 지네가 나타났는데, 그때 평소 이 여성이 돌보아주었던 두꺼비가 나타나 지네와 싸우는 바람에 여성은 살고 지네 괴물은 사라졌다는 이야기다.

지네 괴물 이야기는 도대체 언제 어디서부터 퍼져나간 것일까. 내가 아는 한 지네 괴물 이야기가 구체적으로 언급된 가장 오래된 기록은 《송천필담松泉筆談》이다. 《송천필담》은 조선 후기인 18세기에 활동한 학자 심재沈鋅가 남긴 책이다. 여러 가지 잡다한 소문부터 잘 알려진 사람의 일화까지 떠도는 각종 이야기를 모아놓은 책인데, 여기에 바로 우리가 잘 아는 지네 괴물 이야기가 지금의 형태와 매우 흡사하게 남아 있다. 그러니까 지네 괴물 이야기는 최소한 200~250년 전에 완성된 형태로 유행한 이야기라고 할 수 있다.

이렇게 보면 지네 괴물 이야기는, 어느 마을에서 사람을 해마다 제물로 바친다는 내용의 한국 괴물 이야기 중 상당히 오래된 것에 속한다는 생각도 든다. 제주도濟州道에서는 김녕굴에 사는 뱀 괴물에게 사람을 제물로 바친다는 이야기가 유명하기도 하다. 하지만 김녕굴 이야기는 아무래도 제주도의 지역색이 강하게 드러나는 듯하다. 그러니 지네 괴물 이야기는 사람을 제물을 바친다는 내용의 대표적인 괴물 이야기로 꼽기에 손색이 없다.

왜 하필 조선 후기에 지네 괴물 이야기가 생겨 유행한 것일까. 18세기 천주교가 조선 사회에 퍼져나가면서 같이 들어온 유럽 문화에 자극받은 면이 있지 않을까. 또는 다양한 소재를 다루는 소설의 유통이 늘어나면서 그 소재나 묘사에 영향받아 퍼져나간 것일 수도 있지 않을까. 나는 임진왜란, 병자호란, 이괄李适의 난, 이인좌李麟佐의 난 같은 많은 전쟁을 겪으며 파괴된 빈집이 많아진 것도 원인이지 않을까 상상해보기도 했다. 목조 주택이 부서져 축축하게 썩으면 지네가 살기에 괜찮은 환경이 된다. 그 빈집에 머무르려고 하다가 갑자기 튀어나온 지네를 보고 놀란 사람이 많았다면 지네 괴물 이야기가 공감을 얻기에 좋은 상황 아니었을까.

지네와 두거비가 한판 대결을 벌이다

《송천필담》의 지네 괴물 이야기는 '오공원蜈蚣院'이라는 곳이 배경이다. '원院'은 당시 숙박업소의 기능을 하던 곳이다. 조선 시대보다는 고려 시대 이전에 더 번성한 듯한데, 당시 기록을 보면 원이 불교 사찰과 함께 운영되는 경우가 자주 보인다. 그러니까 길 가는 나그네에게 자비를 베푼다는 의미로 사찰 한편에 밥을 먹거나 자고 갈 수 있는 건물을 몇 채 마련해두고 숙박업소처럼 운영한 것 같다. 기록이나 발굴된 유적을 살펴보면, 원이 발전하면서 그 규모가 크고 화려한 곳도 생겨났음을 알 수 있다.

오공원도 원래는 아마 그런 숙박업소였던 듯하다. 그런데《송천필담》은 오공원을 사람이 가지 않는 낡고 외딴 건물로 묘사한다. 그렇다면 영업을 중단한 지 시간이 꽤 지나 그대로 방치되어 흉가처럼 변한 곳이라고 해야 할 것이다. 어쩌면 조선 시대가 되어 불교가 급격히 쇠퇴해 사찰에 딸려 있던 오공원이 망해버리고 그대로 버려졌을 수 있다. 그게 아니라면 앞서 이야기한 것처럼 몇 차례 전쟁을 겪는 사이에 망해버렸는지 모른다.

무슨 원인이든 세종世宗 시대인 1442년 기록에 이미 '원관院館', 즉 숙박업소들이 쇠락해가고 있다는 언급이 보인다.

의정부議政府에서 아뢰기를, "각 고을의 수령들이 그 관내管內의 원관을 내버려둔 채 수선하지 않기 때문에 길 가는 나그네들이 머물러 숙박할 수 없게 되었습니다. 청하옵건대,《원전元典》《경국대전經

國大典》을《속대전續大典》과 구별해 부르는 말)에 따라 선량한 마음을 가진 중[僧]을 선택해 간사幹事를 삼아 항상 간수하게 하고, 수령으로서 수리를 게을리 한 자는 논죄論罪하게 하옵소서" 하니, 그대로 따랐다.

_《세종실록》(97권) 1442년 7월 8일•

오공원이라는 이름에서 '오공蜈蚣'은 지네라는 뜻이다. 그러니까 오공원은 요즘 식으로 말하면 '지네 호텔'이다. 처음부터 오공원이라고 이름 붙였을 수 있지만, 지네 괴물 이야기가 유행한 다음 그 무대라는 뜻에서 이런 이름을 붙인 것이 지금까지 전해졌을 가능성이 더 커 보인다. 그러고 보면 쇠락한 호텔이 흉가가 되어 그곳에 괴물이 산다는 이야기니, 요즘의 공포 영화 배경으로도 꽤 잘 어울린다.

《송천필담》은 마을 사람들이 지네 괴물에게 제물을 바친다는 것을 모르고 있었다는 듯이 설명한다. 그저 오공원이라는 낡은 건물에 매년 사람 한 명을 보내 밤을 지새우게 하면 마을에 나쁜 일이 생기지 않아 그냥 그런 일을 반복할 뿐이다. 다만 그곳에서 밤을 지새운 사람은 무슨 이유인지 다음 날 꼭 시체로 발견된다. 그렇기에 아무나 보내지는 못하고, 돈을 모아 자기 목숨을 바칠 각오를 가진 사람을 사서 보낸다. 이야기의 주인공은 가난해 사람 구할 돈을 못 낼 형편이 되었기에 결국 스스로 제물이 된다. 그리고 널리 퍼진 이야기대로, 밤에 거대한 지네 괴물이 나타나자 평소 은혜를 베풀었던 두꺼비가 나타나 주인공을

• 이하《조선왕조실록》등 옛 기록의 날짜는 모두 음력이다.

구해준다.

《송천필담》은 두꺼비와 지네가 다툴 때 서로 독을 내뿜으며 싸웠다고 묘사한다. 실제로 지네도 입에서 독을 내뿜을 수 있고, 두꺼비도 피부에서 독을 내뿜을 수 있으니 꽤 그럴듯한 묘사다. 조선 시대에는 지네를 사람에게 위험한 대표적인 독충으로 여긴 것 같다. 예를 들어 궁전에서 발생한 중독 사건을 놓고 논쟁하던 중 혹시 음식을 보관한 곳에 지네가 들어왔기 때문에 생긴 사고가 아닐까 추측했다는 이야기가 《조선왕조실록》에 기록되어 있다.

> 좌부승지左副承旨 이환李芄이 아뢰기를, "조광원曹光遠은 신의 생질甥姪인데, 광원과 함께 포육을 먹고 아울러 닭고기를 먹은 사람들이 바로 배가 아파 고통스러워한다는 것을 듣고, 일찍이 닭고기를 지네가 썹어놓으면 독이 있다는 말을 들었기에, 지네를 다스리는 약으로 치료하자 닭고기를 전부 토하고 소생하게 되었으니, 한갓 포육 때문에만 그런 것은 아닌 듯합니다."
>
> _《중종中宗실록》(55권) 1525년 10월 10일

《송천필담》은 두꺼비와 지네가 싸우며 독을 내뿜는 모습을 흰 천을 펼치는 것 같다고 묘사하는데, 언뜻 생각하면 흰 연기 같은 것을 빠르고 강하게 내뿜은 듯하다. 하지만 실제 지네의 독성분 중에는 흰 연기처럼 기체가 될 수 있는 것은 별로 없다. 그렇다면 작은 물방울이 모인 안개나 구름 같은 형태로 독을 거세게 내뿜는 모습이 더 그럴듯해 보인다.

벌레를 각시로 부르는 해학

한국의 지네 괴물 이야기 중에는 오공원 이야기와는 좀 다른 형태의 것도 있다. 19세기 출간된 《임하필기林下筆記》에는 바위 속에 거대한 지네가 있었다는 이야기가 나온다. 제목이 〈영남지괴嶺南志怪〉인데, 사람보다 몇 배 큰 커다란 지네가 바위를 파고들어 머리, 꼬리, 입, 눈의 자국이 남았다는 이야기다. 단순히 지네 모습과 닮은 이상한 무늬가 새겨진 바위를 보고 감탄하는 내용으로도 볼 수 있지만, 바위를 파고 들어가는 거대한 괴물을 상상하며 지은 이야기로도 볼 수 있다고 생각한다.

현대에 채록된 것으로는 《한국민속문학사전》에 실린 〈지네와 구렁이의 승천 다툼〉이라는 색다른 지네 괴물 이야기가 있다. '지네 각시' 이야기라고도 하는데, 어떤 남자가 우연히 굴 같은 곳에 사는 여자를 만나 친해져 혼인을 약속하지만, 아내의 정체는 사실 하늘로 올라갈 날을 준비하는 1,000년 묵은 지네라는 내용이다. 이에 남자는 어느 승려(또는 노인)에게 사람으로 변신한 지네를 없애는 비법을 배워 아내를 몰아내려고 하는데, 아무리 지네라도 그동안 잘 대해준 것이 생각나 그만둔다. 그런데 알고 보니 남자에게 비법을 알려준 승려도 아주 오래 묵은 구렁이였고, 지네보다 먼저 하늘로 올라가고 싶어 남자를 이용하려 했다는 것이 결말이다.

전체적인 줄거리는 중국에서 예부터 전해 내려오며 여러 차례 소설화, 극화되었던 '백사전白蛇傳' 이야기와 비슷하기도 하고, 오래 산 절지동물이 사람 여성의 모습과 비슷하게 변한다는 점에서는 일본 고전에 나오는 거미 괴물 이야기인 '조로구모絡新婦' 이야기와 비슷하기도 하다. 예부터 유행했던 지네 괴물 이야기가 이런 외국 이야기들에 영향받아 점차 다듬어지면서 지네 각시 이야기가 탄생하지 않았을까 짐작해본다.

그렇게 생각해볼 만한 근거가 없잖아 있다. 조선 후기에는 집 안에 사는 노래기를 '향랑香娘', 또는 '향랑각시香娘閣氏'라고 부르는 풍속이 굉장히 유행했다. 노래기는 지네와 비슷하게 생겨 다리가 많고 긴 벌레인데, 고약한 냄새를 풍기는 것이 특징이다. 이런 징그러운 벌레에게 누군가 일부러 향기 나는 아가씨라는 뜻의 해학적인 별명을 붙인 것이 전국 각지에서 풍습처럼 유행해버린 것이다. 《경도잡지京都雜志》, 《동국세시기東國歲時記》 등의 기록을 보면 2월 초하루에 사람들이 봄맞이 대청소를 했는데, 이때 집의 기둥이나 벽에 "향랑각시여, 어서 천 리 밖으로 가버리거라[香娘閣氏速去千裏]"라고 써 붙이는 풍습이 있었다고 한다.

아마 이런 풍습 때문에 노래기 같은 징그러운 벌레를 오히려 아름다운 사람과 견주는 생각이 자리 잡았을 것으로 추측한다. 이런 문화 속에서 이미 익숙한 지네 괴물 이야기가 지네 각시 이야기로 더 쉽게 변형되어 퍼져나가지 않았을까.

오공원은 어디에

지네 괴물 이야기의 배경이 된 오공원은 이후 창고로 쓰이며 오공창蜈蚣倉이 되었고, 다시 오창으로 이름이 바뀌었다고 한다. 이 이야기가 맞는다면 지금의 충청북도 청주시淸州市 오창읍梧倉邑이 바로 지네 괴물이 살았던 곳이다. 입에서 입으로 전해 내려오는 이야기이기에 전후가 약간 바뀌어, 원래 이곳에 창고를 세우려고 했는데 공사 중에 큰 지네가 나타나 오공창이라 부르게 되었고, 그 후 지네 괴물에게 시달리게 되었다는 설도 있다. 인부들이 공사할 때 나온 지네를 붙잡아 술을 담가 먹은 뒤에 지네 괴물이 나타났다는 설도 있다.

배경이 오창읍이 아닌 이야기가 없지는 않다. 《중부매일》 2009년 7월 28일 자 기사는 지네 괴물 이야기의 무대를 지금의 청주시 오근장동梧根場洞 근처로 지목한다. 아닌 게 아니라 현대에 조사된 지네 괴물 이야기 중에는 장터가 있는 곳에 지네 괴물이 나타났다고 해서 '지네장터' 이야기라고 부르는 것이 있다. 이야기의 무대가 장터라면 아무래도 오근장이 좀더 어울리는 지명처럼 보인다.

오창과 오근장 모두 청주에 있고, 별로 떨어져 있지도 않다. 그러나 둘 사이에 개천이 흘러 명확히 분리되어 있다. 오늘날 둘 중 어느 곳이 지네 괴물 이야기의 발상지인지 정확하게 가리기란 어렵다. 혹시 옛날 숙박업소가 있었던 터나, 관련 유적이 정말로 발굴되기라도 한다면 모를까, 지금은 그저 청주 지역 북서쪽 어딘가에서 탄생한 이야기라고 보는 것이 맞지 싶다.

더욱 재미난 점은 하필 지네 괴물 이야기의 배경인 청주에 전국 최초로 두꺼비 생태 공원이 만들어졌다는 것이다. 2003년 무렵 원흥이 방죽 근처에 많은 두꺼비가 살아 보존 가치가 높은 지역이 있다는 사실이 알려지면서, 보존하자는 목소리가 나왔다. 마침 주거단지를 개발하던 중이라 상당한 갈등이 있었지만, 결국 이곳에 두꺼비 생태 공원이 들어섰다. 지금은 그 근처를 두꺼비 마을이라고 부른다.

어떻게 보면 은혜 갚은 두꺼비의 후손들에게 이번에는 청주 시민들이 은혜를 갚은 셈이지 싶은데, 두꺼비의 적수였던 지네 괴물의 흔적도 근처 어디선가 다시 찾을 수 있다면 재미있는 일이 아닐까 생각해 본다.

천하의 전우치를 골린 여우

흰 여우

전우치에게 술 도둑 누명을
씌운 흰 여우는 꼼짝없이 붙잡히자
술법이 적힌 책을 건넸다.
전우치가 그 책에 정신이 팔린 사이
또 다른 꾀를 부리는데!

전라도

여우는 많고 구미호는 드물다

한국 괴물 이야기를 모으는 일을 시작하며 이상하다고 생각한 게 하나 있다. 조선 시대 이전 옛 기록에는 의외로 구미호九尾狐 이야기가 별로 없다는 점이다. 요즘 사람들은 구미호를 도깨비와 함께 가장 대표적인 한국 괴물로 생각하는 듯하다. 영화나 만화, 텔레비전 드라마 등에서 구미호를 소재로 삼은 사례는 도깨비의 경우보다 더 많은 것 같다. 아마 지금도 누군가 한국을 대표하는 괴물로 구미호가 으뜸이라고 생각하면서, 그것을 소재로 한국적인 만화나 영화를 만들려고 계획하고 있을지 모른다.

그런데 19세기 초로만 거슬러 올라가도 기록에서 구미호가 나오는 일화나 전설을 찾기가 쉽지 않다. 꼬리 아홉 달린 여우가 사람으로 변해 다른 평범한 사람을 홀리거나 해치는 이야기는 요즘 사람이라면 누구나 아는 흔한 것이지만, 150년 이상 된 기록에서는 찾아보기 힘들다.

구미호라는 말을 한국인이 몰랐다는 것은 아니다. 구미호 이야기는 원래 중국에서 제법 유명했다. 고대 중국의 괴상한 신화와 전설을 모은 대표적인 책인《산해경山海經》에도 구미호가 나온다. 이후 몇천 년에 걸쳐 구미호 이야기를 다룬 책들이 중국에서 꾸준히 출간되었다. 그러니 적어도 중국에서는 구미호가 예부터 어느 정도 알려진 괴물이었음이 확실하다. 명나라 시대에 이르면《봉신연의封神演義》유의 소설 중에서 간간히 사악한 악당 두목으로 나올 정도였다.

그렇다 보니 중국 책을 많이 읽고 중국 문화에 관심이 많았던 옛날 한국인들도 구미호라는 말과 꼬리 아홉 달린 여우 이야기를 어느 정도 알고 있었다. 조선인들이 지은 시를 보면 요사스럽고 악한 괴물로 구미호를 언급하는 사례를 가끔 찾을 수 있다. 또《조선왕조실록》에서 구미호를 찾아보면, 사악한 간신배를 "구미호 같은 사람이다"라고 비난하는 구절이 몇 보인다.

예를 들어 숙종肅宗 시대의 기록을 보면 이옥李沃을 두고 이 당파, 저 당파를 이간질하는 철새 정치인이라고 비판하면서 당시 사람들이 그를 구미호라고 불렀다는 내용이 있다.

이옥은 간사하게 아첨함이 남보다 월등하게 뛰어나서, 또는 허적許積을 붙좇기도 하고, 또는 윤휴尹鑴를 붙좇기도 했으며, 서인西人을 보면 그 동류同流의 허물을 말하고, 동류를 대하면 서인을 해치는 꾀를 교묘하게 말하므로 사람들이 구미호라고 했다.

_《숙종실록》(4권) 1675년 9월 10일

그러나 어떤 사람이 구미호를 만나 무슨 이상한 일을 겪었다는 이야기는 훨씬 찾기 어렵다. 사연과 곡절이 있는 이야기가 드물 뿐 아니라, "어느 고을 무슨 산에 구미호가 살고 있다더라"라든가, "누가 어릴 때 구미호를 본 적이 있다더라"라든가 하는 짤막한 기록조차 찾기 쉽지 않다. 조선의 역사, 일화, 설화, 신화, 전설을 다룬 18세기까지의 기록 중 구체적인 구미호 목격담이나 줄거리를 갖춘 이야기를 나는 아직 본 적이 없다.

다만 요사스러운 여우 이야기가 드물다는 것은 아니다. 사람을 홀리거나 해치는 여우 이야기는 흔한 편이다. 《삼국사기三國史記》에 실린 〈온달전溫達傳〉을 보면 고구려의 온달이 처음 평강공주平岡公主를 만났을 때, 공주가 자신을 찾아왔다는 것을 도저히 믿지 못해 여우가 자신을 홀리는 것은 아닌지 의심하는 대목이 나온다. 어처구니없는 생각을 할 정도로 놀란 온달의 모습을 익살스럽게 묘사한 것이다. 이런 이야기가 농담처럼 쓰이려면, 사람으로 변신해 다른 평범한 사람을 홀리는 악한 여우 이야기가 상식처럼 널리 퍼져 있어야 한다. 즉 요사스러운 여우 이야기는 이미 삼국 시대부터 한국인에게도 익숙했다고 볼 수 있다.

그렇지만 그런 여우를 꼬리 아홉 달린 모습으로 묘사한 이야기는 이상하게도 무척 드물다. 이는 이웃 나라인 중국과 일본의 사례와 뚜렷이 구별된다. 구미호 이야기의 발상지인 중국뿐 아니라, 일본도 구미호를 사악하고 무서운 괴물로 묘사한 여러 이야기가 널리 퍼져 계승되었다. 그런데 사람들이 중국 책을 읽어 구미호가 무엇인지 알고 있었고, 다른 다양한 여우 이야기가 유행했던 조선에서 구미호 이야기는 상대적으로 찾기 어렵다.

20세기 대중문화가 키운 스타

구미호 이야기가 대중화되기 시작하는 것은 20세기 들어서인 듯싶다. 20세기 초가 되면 소설이나 신문 기사 등에서 구미호가 자주 등장하기 시작한다. 그리고 라디오와 텔레비전이 보급되는 20세기 중반을 넘어서면 구미호 이야기가 급격히 늘어나, 이때부터 전국 각지에서 구미호 이야기가 채집되고 기록된 것으로 보인다.

20세기 이후 구미호 이야기가 늘어난 것은 이웃 나라에서 들어온 괴물 이야기의 영향과 대중매체의 발전 때문이 아닌가 짐작해본다. 중국과 일본은 구미호 이야기가 널리 퍼져 있고 뿌리도 깊은 편이니, 두 나라와의 교류가 한결 늘어나는 19세기 후반, 20세기 초반부터 한국도 구미호 이야기가 유행했으리라는 추측이다. 게다가 이런 이야기가 현대 출판 기술로 대량 인쇄되고, 나아가 라디오, 텔레비전, 영화로 퍼져나가면서 짧은 시간 만에 대중에게 구미호의 모습을 매우 강렬하고 빠르게 퍼뜨렸을 것이다.

또한 대중을 위한 이야기를 만드는 작가에게 구미호는 쓰기 편한 소재이지 않았을까. 요사스러운 여우 이야기를 풀어낼 때, 그저 막연히 '여우'라고 하기보다는 구체적인 형상과 이름이 있는 '구미호'라고 하는 것이 아무래도 효과가 더 좋았을 테니 말이다. 그 와중에 구미호 이야기를 소설로 읽은 사람이 이것이야말로 한국적인 이야기라면서 같은 소재로 텔레비전 드라마를 만들고, 그 드라마를 본 또 다른 사람이 이번에는 동화를 쓰는 일이 이어지다 보니 삽시간에 구미호 이야기가 넘쳐난 것 아닌가 생각해본다.

물론 구미호 이야기는 한국 전통이 될 수 없다거나, 한국적인 소재가 아니므로 배척해야 한다고 주장하는 것은 아니다. 20세기 초부터 구미호 이야기가 뿌리내렸다고 하더라도 이미 100년 동안 한국 대중에게 스며들었으니, 그 전통이 그렇게 짧고 얇기만 한 것은 아니다. 게다가 문화는 이웃 나라들과 영향을 주고받는 가운데 변화하고 성장하기에, 중국 소설이나 일본 동화 등에 영향받은 이야기가 유행하는 것도 자연스러운 일이다. 다만 구미호 이야기가 한국인들에게 친숙해진 것은 비교적 최근인 근대적 현상일 가능성이 크다는 점을 이해하자는 말이다.

입에서 입으로 전해진 이야기를 다루는 한국 연구자들이 많이 참조하는 자료집으로《한국구비문학대계》가 있다. 이 자료집을 살펴보면 전국 각지에 구미호 이야기가 퍼져 있음을 알 수 있다. 물론 앞서 살펴보았듯이 구미호 이야기가 한국 전통의 핵심에 가깝다거나, 수천 년간 전해 내려온 한국 괴물 이야기들을 대표한다고 단정해서는 안 된다.

《한국구비문학대계》는 1970년대 후반부터 자료를 수집, 축적해 만들어졌다. 구미호에 관한 내용 중에는 1979년 7월 텔레비전 드라마 〈전설의 고향〉에서 배우 한혜숙이 구미호로 분해 출연한 뒤 조사된 것이 많다. 어느 시골 마을 노인이 예부터 내려오는 전설이라고 일러준 것을 기록했다고는 하는데, 그가 정말로 수천 년간 전해 내려온 이야기를 알려주었을 가능성 못지않게 텔레비전 드라마 등에서 본 각종 구미호 이야기에 영향받았을 가능성 또한 크다고 생각한다.

고구려와 백제를 농락한 흰 여우

구미호 이야기가 비교적 최근 자리 잡았다고 한다면, 좀더 오랫동안 전해 내려온 것으로는 흰 여우 이야기를 꼽고 싶다. 백사白蛇나 백호白虎처럼 흰빛을 띤 동물을 신비롭게 묘사하는 이야기는 흔한 편으로 하나의 유형이 되었다. 흰 까치나 흰 사슴의 등장을 상서로운 징조로 소개하는 사례가 대표적이다. 한라산漢拏山 백록담白鹿潭은 흰 사슴의 샘이라는 뜻인데, 신선이 타는 흰 사슴 이야기가 지명에 반영된 것이다. 이와 비슷하게 흰 여우도 여러 이야기에서 보통 여우와는 다른 신비롭고 이상한 괴물로 묘사된다.

비교적 오래된 것으로는 《삼국사기》에 나오는 이야기가 있다. 148년 7월 고구려의 임금이었던 차대왕次大王이 평유원平儒原이라는 곳에서 사냥하고 있을 때 흰 여우가 따라오며 울었다고 한다. 임금은 흰 여우를 활로 쏘았지만, 맞히지 못했다. 그러자 임금은 사무師巫에게 이것이 무슨 일인지 물었다. 사무는 고구려의 토착 종교나 주술 관련 일을 담당한 제법 높은 관직을 일컫는 말이지 싶다. 사무는 차대왕에게 이렇게 답했다.

"본래 흰 여우라는 것은 불길한 것입니다. 하지만 오늘 이 일은 하늘이 미래의 징조를 미리 성상께 보여준 것입니다. 그러니 이는 오히려 불길한 일이 생기지 않도록 미리 대비할 기회가 생긴 것 아니겠습니까. 그러므로 좋은 일로 여기시고 나라와 궁전을 바르게 이끄시면 기쁜 일이 될 것입니다."

사무는 일단 흰 여우를 불길한 징조라고 믿은 듯하다. 다만 임금이 화내지 않도록 최대한 돌려 말했다. 그러나 이런 노력이 허망하게도 임금은 "길하면 길한 것이고 흉하면 흉한 것이지, 이랬다가 저랬다가 하는 것은 나에게 거짓말하는 것이다"라고 역정을 부리며 사무를 처형해버렸다고 한다.

흰 여우를 불길한 징조로 본 사무가 실제로 죽고 말았으니, 이야기의 시간적 배경인 2세기 초 무렵 이미 흰 여우는 불길하고 악한 괴물로 여겨진 듯하다. 당시 사람들은 흰 여우를 보면 대단한 불운을 겪거나 파멸한다고 생각했던 것 아닐까.

《삼국사기》에는 고구려의 흰 여우 이야기뿐 아니라 백제의 흰 여우 이야기도 나온다. 《삼국사기》〈백제본기百濟本記〉는 백제 멸망 무렵 여러 가지 흉흉하고 이상한 일이 일어났다고 기록하는데, 흰 여우 이야기도 그중 하나다.

서기 659년 2월 여우 여러 마리가 백제 궁전에 들어왔다. 당시 백제의 도읍은 지금의 충청남도 부여扶餘이므로, 여우들이 들어온 궁전도 부여 시내 어딘가였을 것이다. 궁전은 삼엄하게 경비해야 하는 중요한 시설인데, 여우 따위가 침입했다는 이야기는 당시 백제가 혼란스러운 상황이었음을 말하는 것 같다. 백제 개로왕蓋鹵王 시대의 기록을 보면 궁전에서 다양한 짐승을 길렀다고 하는데, 이 중 몇 마리가 탈출한 사건이 와전된 것일 수도 있겠다고 상상해본다.

그런데 궁전에 침입한 여우 중 한 마리가 흰 여우였다고 한다. 그리고 이 흰 여우가 좌평佐平의 책상에 걸터앉았다. 좌평은 정승에 해당하는 백제의 높은 관직이다. 그러한즉 나랏일을 보는 높은 자리에 흰 여우가 들어와 앉았다는 것이다. 짐승이 좌평 행세를 할 정도로 백제의 상황이 엉망이었음을 상징하는 것으로 해석할 만하다. 한편으로 흰 여우는 여러 여우를 거느리는 우두머리이고, 게다가 경비가 삼엄한 곳을 쉽게 침입하는 재주, 사람 흉내를 내는 재주가 있는 괴물이라고 상상해볼 수 있다.

이후에도 흰 여우 이야기는 꾸준히 이어진다. 현대에 채집된 전국 각지의 괴물 이야기 중에도 흰 여우가 악당으로 등장하는 이야기가 여럿 있다. 대중매체의 힘으로 워낙 많이 퍼진 구미호 이야기보다야 적지만, 이 정도만 해도 오랜 세월 여러 가지 이야기로 전해 내려온 대표적인 한국 괴물로 흰 여우를 꼽기에 부족함은 없다고 생각한다.

전우치와 흰 여우, 서로 속고 속이다

흰 여우 이야기는 조선 시대에 이르러 점점 많아지고, 게다가 그 가죽이 실제로 유통되었다는 구체적인 소문까지 돌면서 사람들에게 좀더 익숙해진다. 예를 들어 성종成宗 시대의 《조선왕조실록》 기록에는 함경도 지역에서 국경을 넘나들며 싸우는 중에 조선군 지휘관들이 '야인野人'이라고 불린 여진족 계통의 이민족에게 왕왕 선물로 초서피貂鼠皮 (담비 가죽)와 백호피白狐皮(흰 여우 가죽)를 받았다는 내용이 있다.

> 홍윤성이 아뢰기를, "세종조世宗朝에 김종서金宗瑞, 이징옥李澄玉, 최윤덕崔潤德이 변장邊將이 되었을 때도 저 사람들이 주는 것을 다 물리치지는 않았습니다. 신이 경진년(1460)에 신숙주申叔舟와 더불어 북정北征했을 때에 야인이 백호피와 초서피를 신숙주에게 주고,

나무로 만든 석장錫杖을 신에게 주므로, 신 등은 생각하기를, '저들이 주는 것을 굳이 물리칠 것은 없다'라고 하고, 이를 가지고 와서 헌납했으니, 변장에게 증여贈與하는 것은 예로부터 그러한 것입니다. 초서피가 비록 귀하다고 하더라도 어찌 소나 말로써 바꾸게까지 하겠습니까?"

_《성종실록》(50권) 1474년 12월 24일

조선 시대의 흰 여우 이야기 중에는 좀더 해학적이고 극적인 것도 있다. 각종 소설과 영화로 잘 알려진 전우치와 관련된 이야기인데, 이를 기록한 사람은 18세기의 실학자 이덕무李德懋다. 그의 《한죽당섭필寒竹堂涉筆》을 보면 전우치가 신기한 요술을 부리는 법을 터득하기 전, 즉 평범하게 글공부하던 청년 시절의 이야기가 나온다. 이 이야기에 따르면 전우치는 지금의 전라남도 담양潭陽 출신이라는데, 어느 사찰에 머물며 공부하던 때의 일이라고 한다.

어느 날 사찰에서 한 승려가 담가두었던 술이 없어졌다. 그러자 전우치가 술 도둑이라는 누명을 쓰게 되었다. 그는 억울하다면서 술을 한 번 더 담그면 자기가 지키고 있다가 진짜 도둑을 잡겠다고 제안했다. 이에 수긍한 승려가 술을 다시 담갔는데, 밤이 깊어지자 흰 무지개 같은 기운이 창문 틈으로 들어와 술 항아리에 비치더니, 곧 술 냄새가 모락모락 나는 것 아닌가. 몰래 숨어 지켜보던 전우치는 놀란 마음에 흰 무지개 같은 기운을 살금살금 따라갔고, 결국 술에 취해 큰 바위에 기대 졸고 있는 흰 여우를 찾아냈다. 즉 흰 여우가 흰 무지개 같은 기운을 뿜는 이상한 술법을 사용해 몰래 술을 훔쳐 마셨던 것이다. 그는 흰 여우의 입과 네 다리를 묶었다. 그러자 정신을 차린 흰 여우가 통사정했다.

"나를 제발 놓아주시오. 그러면 당신에게 은혜를 몇 배로 갚겠소."

아무리 사정해도 전우치가 믿지 못하겠다며 풀어주지 않자, 흰 여우는 자신이 숨겨둔 비서祕書를 한 권 주겠다고 제안했다. 이에 비로소 응하자, 흰 여우는 바위틈에서 소서素書 한 권을 꺼내 주었다. 흰 여우가 주었으니 《백호소서白狐素書》라고 이름 붙일 만한데, 사람을 속이는 온갖 요술이 적혀 있었다. 특히 비교적 간단하고 익히기 쉬운 요술에는 점을 찍어 구분해놓았다.

그때 갑자기 전우치 집의 종이 달려와 통곡하며 아버지가 돌아가셨다고 비보를 전했다. 깜짝 놀란 그는 책을 내던지고 다급히 종을 따라갔는데, 어느 순간 종이 보이지 않았다. 알고 보니 흰 여우가 요술을 부려 그를 속인 것이었다. 돌아오니 흰 여우는 이미 사라졌고, 책도 흩어졌다. 이 때문에 점이 찍힌 요술 몇 가지 말고는 영영 잊히게 되었다. 전우치는 이후 남은 요술을 익히고 사람들을 속여 그야말로 전설적인 인물이 되었다.

이야기는 전우치의 요술이 아무리 화려해 보여도 흰 여우가 전해준 책에서는 아주 기초적인 수준의 것에 지나지 않음을 알려준다. 어떻게 보면 아쉽고, 어떻게 보면 여운이 남는 이야기로, 그 결말이 신비함을 더한다고 생각한다.

흰 여우가 숨겨놓은 책에 상상도 할 수 없는 신기한 요술이 적혀 있다는 소재는 현대에도 재미있는 이야깃거리가 될 만하다. 예를 들어 산에 터널을 뚫는 공사 중에 우연히 발견한 여우 굴에서 책을 발견한다는 이야기도 재미있을 것 같고, 흰 여우를 자신의 상징으로 삼는 아주 실력이 뛰어난 마술사 이야기도 재미있을 것 같다. 또는 기왕 이런 이야기가 있는 만큼, 전라남도 어느 곳, 전우치가 젊은 시절 묵었을 만한 사찰이 있는 곳에서 마술 대회 등을 열어도 좋지 않을까 상상해본다. 우승자에게 흰 여우 모양의 상패를 준다면 제법 그럴듯할 것이다.

삼구일두귀

머리는 하나인데,
입은 셋인 귀신이 내려와
밥을 엄청나게 먹었습니다.
그러고는 농사일에 관한
예언을 들려주었는데,
이를 믿어야 할지
말아야 할지 모르겠습니다.

머리는 하나요 입은 셋이라

가끔 한국 괴물 이야기를 중요한 상징이 가득한 신화로 해석하며 그 안에 전통 사상의 정수가 존재해 외국 괴물 이야기에서는 찾아볼 수 없는 한국 고유의 얼이 스며 있다는 주장을 접할 때가 있다.

나는 괴물 이야기로 그렇게 심각한 결론을 내리는 것보다는 괴물 이야기가 퍼지던 당시 사람들의 생활상과 사고방식을 조금씩 캐보는 일이 더 재미있다. 소문으로 떠돈 괴물 이야기들은 임금님과 대신들을 중심으로 기록된 역사나, 영웅을 찬양하는 서사시가 담지 못한 평범한 사람들의 삶을 품고 있기 때문이다. 예를 들어 '삼구일두귀三口一頭鬼' 이야기에서는 조선 전기 전라도에 살던 평범한 사람들의 삶을 들여다볼 수 있다.

삼구일두귀 이야기는 성종 1년인 1470년 시작된다. 궁전에서 업무 중인 성종에게 지금의 전라남도에 속하는 함평鹹平에서 이상한 소문이 돌고 있다는 보고가 들어온다. 그 내용이 《조선왕조실록》에 비교적 자세히 기록되어 있으니, 550년 전에 유행한 이상한 괴물 이야기를 생생히 접할 수 있다.

전라도관찰사觀察使 고태필高台弼에게 글을 내리기를, "윤필상尹弼商의 반인伴人(수행원) 임효생林孝生이 고하기를, '함평 사람 김내은만金內隱萬의 아내가 내게 와서 말하기를, 〈입이 셋 머리가 하나인 귀신[三口一頭鬼]이 하늘에서 능성綾城 부잣집에 내려와 한 번에 밥 한 동이[盆], 두붓국[豆腐羹] 반 동이를 먹었는데, 그 귀신의 말이, 이달에는 비가 안 오고 다음 달 스무날에는 반드시 비가 내릴 것인데, 만약 이날 비가 안 오거든 밭을 매지 말라 하고, 또 말하기를, 진생辰生, 신생申生, 유생酉生인 사람들은 금년에 모두 죽는다고 했는데, 이 말은 어떤 역자驛子가 금구金溝 영리營吏에게서 듣고 말하는 것을 내가 들었다〉라고 했습니다' 했다. 임효생이 또 고하기를, '지난 4월 27일에 새 감사監司를 뵈려고 함평 가리역加裏驛에 이르니, 역자 대여섯 명이 말하기를, 〈나이 149세의 중이 우리에게 말하기를, 금년과 내년에는 열 명의 계집이 한 남자를 같이하고, 열 집에서 소 한 마리, 말 한 마리를 함께하며, 군사가 일어날 것이라고 하더라〉 했는데, 이 말을 함평 사람이 믿는 이도 있고 안 믿는 이도 있습니다'라고 했다. 임효생의 고한 바가 이와 같아, 과연 어리석은 백성이 요사한 말을 가볍게 믿고 망령되게 소동해 마침내 농사를 폐하는 데 이를까 염려되니, 그 말의 근원을 깊이 캐서 사람의 의혹을 풀게 하라."

_《성종실록》(5권) 1470년 5월 26일

함평에서 돌고 있다는 소문의 요지는 하늘에서 입은 셋이고 머리는 하나인 귀신이 내려왔다는 것이다. 그 모습이 자못 특이한데,《조선왕조실록》에 삼구일두귀라는 이름으로 기록되어 있다. 그런데 삼구일두귀는 자기 모습을 잠시 보여주고 사라지지 않았다. 사람을 만나고 대화도 했다.

민심을 어지럽힌 일기예보

기록된 내용대로라면 삼구일두귀가 처음 내려온 곳은 함평이 아니라 능성이다. 지금의 전라남도 화순군和順郡 능주면綾州面에 해당하는 지역이다. 삼구일두귀는 능성의 한 부잣집에 내렸다. 이상한 모습에 겁먹은 부자는 머뭇거리다가 나름대로 우호를 표하기 위해 밥을 대접한 듯하다.

삼구일두귀는 밥을 한 동이나 먹었다. 당시 유행한 이야기에서 밥을 아주 많이 먹었다는 것은 종종 신비롭고 놀라운 능력이 있음을 나타내는 듯싶다. 하다 못 해 구한말이 배경인《백범일지白凡逸志》에도 김구에 대해 "밥을 달라고 하더니 엄청난 양을 먹었다더라" 하는 헛소문이 퍼졌다는 이야기가 실려 있다.

그러니 삼구일두귀가 밥을 한 동이나 먹었다는 부분은, 이것이 단순히 입이 세 개 달린 이상한 귀신이 아니라 많은 사람을 휘두를 강력한 힘과 신비한 재주를 갖추었음을 암시하기 위해 꾸며 넣은 듯하다.《조선왕조실록》은 삼구일두귀가 밥뿐 아니라 두붓국도 반 그릇 먹었다고 덧붙였다.

과연 암시한 대로 삼구일두귀는 사람들에게 예언을 전했다. 첫 예언은 땅이 갈라지고 산이 무너진다는 거창한 것이 아니었다. 대신 소박하게 "이번 달에는 비가 안 오고, 다음 달 스무날에 비가 올 것이다"라고 예언했다. 기이한 모습에 어울리지 않은 평범한 일기예보인데, 전설 속의 많은 예언가처럼 삼구일두귀도 금기를 정해주었다. "만에 하나 다음 달 스무날에 비가 오지 않으면 밭을 매어서는 안 된다"라는 게 금기였다.

　생각해보면 농사일을 무엇보다 중요하게 생각한 조선 시대 농민들의 마음이 엿보이는 이야기다. 늦봄에 봄가뭄이 들지, 초여름에 비가 올지 하는 문제는 한 해 농사가 달린 절박한 사안이었다. 이 때문에 소문 속 삼구일두귀는 다른 어느 재난보다 날씨 문제를 중요하게 이야기했다. 이는 식량 문제라는 점에서 밥을 많이 먹는다는 특징과 통하기도 한다.

　당시 함평 사람들은 상상 이상으로 삼구일두귀 이야기를 진지하게 받아들였던 듯하다. 함평에 살던 김내은만의 아내가 임효생에게 이야기를 들려주면서 널리 퍼지니, 결국 성종의 귀에까지 들어갔다. 그 와중에 일대의 점치는 사람이 그해에 많은 사람이 죽을 것이라고 예언했다. 거기에 더해 나이가 무려 149세인 어느 승려가 큰 난리를 예언했다는 소문까지 퍼졌다.

　삼구일두귀 이야기가 함평부터 능성까지 퍼져나가는 사이에 사람들이 제법 많이 믿게 되니, 이 지역의 분위기도 점차 흉흉해진 것 같다. 날씨에 대한 예언이 흉년에 대한 예언과 연결되고 그러면서 사람들이 많이 죽을 거라는 소문, 난리가 날 거라는 소문으로 점차 확대되지 않았나 싶다.

이런 유언비어가 퍼지면 민심이 어지러워진다. 성종은 함평 일대에서 도는 소문이 실체가 있는 이야기인지, 어떻게 퍼져나가고 있는지 더욱 상세히 조사하라고 지시했다. 두 달 정도 지난 《조선왕조실록》 1470년 8월 3일 자 기록에 조사 결과가 자세히 실려 있다.

이 기록을 살피면 지역이 보성寶城으로 달라져 있다. 즉 삼구일두귀 이야기가 보성, 능성, 함평 일대에 널리 퍼졌다는 것이니, 지금의 전라남도 일대를 아우른다. 이야기의 뼈대는 앞서 보고된 내용과 비슷하다. 이상하게 생긴 귀신이 하늘에서 부잣집으로 내려와 밥을 많이 먹더라는 것이다.

그러나 세부적인 내용은 많이 달라졌다. 이번에는 삼구일두귀가 함평의 어느 부잣집이 아닌 보성의 박석로朴石老라는 부자를 찾아 내려왔다. 먹는 양도 달라졌다. 밥 한 동이가 아니라 끼니마다 쌀 한 말씩 밥을 지어 먹었다. 이야기가 퍼지면서 더 많은 밥을 먹는 것으로 과장된 듯하다.

모습도 달라졌다. 머리 하나에 입이 셋이라는 설명 없이 "몽두蒙頭만 썼다"라고 묘사했다. 몽두라는 것은 머리에 뒤집어써서 얼굴을 가리는 복면 비슷한 것으로 보통 죄인들에게 씌웠다. 그런 몽두만 썼다고 하니, 옷을 입지 않고 머리에 몽두만 뒤집어썼다는 뜻 같기도 하고, 옷을 입었으되 장식이나 장신구가 없어 매우 단출하거나 볼품없었다는 뜻 같기도 하다. 그러면서도 덩치는 아주 커서 한 길(약 3미터)가량 되는 거인이었다.

이처럼 이상한 모습의 삼구일두귀는 "내 아우가 하늘에서 내려오면 큰 풍년이 들 것이다"라는 이상한 예언을 남겼다. 앞서 함평에 나타났던 삼구일두귀가 아우라는 소리인가. 아니면 또 다른 귀신이 하늘에서 내려온다는 소리인가. 그렇게 총 세 명의 귀신이 나타난다는 소리인가. 어디까지나 소문이었을 뿐이므로 정확한 내용을 지금에 와서 따지기란 불가능한 일이다.

조선판 행운의 편지

다만 삼구일두귀 이야기에 담긴 당시 사람들의 생활상은 좀더 들여다 볼 만하다. 《조선왕조실록》은 이야기를 퍼뜨린 사람 중에 막가이莫加伊와 무당 단정丹正이 있었다고 전한다. 그들이 퍼뜨린 이야기는 귀신의 머리는 하나인데 상투는 둘이더라, 서넛이더라, 일곱이더라 하는 식이었다.

막가이는 평범한 여성으로, 최근까지 종종 접할 수 있었던 '막개'라는 이름의 옛 표현으로 보인다. 성이 없는 것을 보아 신분은 낮았을 것이다. 단정도 신분이 낮은 무당이니, 삼구일두귀 이야기는 주로 하층민 사이에서 빠르게 퍼진 듯하다. 이야기에 예언이 포함되는데, 이는 무당의 일이기도 하다는 점에서 몇몇 사람이 어떤 의도를 품고 일부러 퍼뜨렸는지 모른다.

실제로 《조선왕조실록》을 살펴보면 소문이 퍼진 과정이 꽤 흥미롭다. 특히 149세 먹은 승려라는 인물의 행적이 눈길을 끄는데, 8월 3일 자 기록은 앞서 5월 26일 자 기록보다 이를 더욱더 자세히 소개한다.

정병正兵 주면周面·김자형金自亨·임효지任孝之, 사노私奴 이송림李松林·길사룡吉四龍·임동말林同末·중장수中長守, 학생 이말동李末同·이은주李銀柱, 갑사甲士 한덕경韓德敬, 역자 방철方哲, 중[僧] 성심性審·혜공惠空·의안義安·지수志脩·준옥准玉·명일明一·계순戒順·학돈學頓·성회性會·성운性雲이 요사스러운 말을 만들어서 이르기를, "운남雲南 원광사圓廣寺에 나이 149세 된 노인이 있었는데, 정해년(609) 6월 초십일에 죽었다. 그런데 그 돌아온 혼魂이 위로는 천계天界에, 아래로는 지부地府에 통달해 인간에게 와서 고하기를, '경인년(610) 3월부터 바람과 비가 몹시 심해 악한 사람은 다 죽는다. 전염병과 전쟁의 재변으로 경인년(611)과 신묘년(612) 두 해에 사람이 8분分은 죽어서, 집은 있으나 사람은 없으며 땅은 있으나 경작하지는 못할 것이다. 그리고 아홉 여자가 한 지아비와 함께 살며 열 집이 한 마리의 소를 함께 부리며, 집에는 연기가 끊어지고 곡식은 쌓아두고 먹을 것이 없다. 만일 믿지 않는 자는 눈만 멀 뿐이고, 이 글 한 벌[本]을 전하는 자는 자기 한 몸의 재앙을 면하고, 두 벌을 전하는 자는 한 집의 재앙을 면하고, 세 벌을 전하는 자는 크게 평안함을 얻을 것이다. 만일 믿지 아니하고 이 글을 집 속에 감추어둔 자는 유혈의 재변을 볼 것이다. 이 글은 요동遼東에서 온 신강화상新降和尚의 글인데, 이것을 베껴 사람에게 전해주라' 했다" 했다.

_《성종실록》(7권) 1470년 8월 3일

즉 나이 많은 승려가 직접 전라도에 온 것이 아니라, 명나라 운남성의 원광사라는 절에 살던 어느 노인이 149세가 되어 세상을 뜬 후 그

혼백이 나타났다는 것이다. 그리고 혼백은 미래에 난리가 난다고 예언한다. 소문을 퍼뜨린 사람 중에 무당이 있는 것을 보면, 무당이 굿하는 중에 혼백에 씌었다고 하면서 말이나 노래로 사람들에게 전한 것일지 모른다.

여기에서 눈에 띄는 특징은 예언이 편지로 전해졌다는 점이다. 그런데 편지에는 예언 외의 다른 말도 쓰여 있었다. 그 내용을 정리해보면 이렇다.

· 여기 적힌 내용을 믿지 않으면 눈이 먼다.
· 여기 적힌 내용을 한 번 전하면 한 몸이 재난을 피한다.
· 여기 적힌 내용을 두 번 전하면 집안이 재난을 피한다.
· 여기 적힌 내용을 세 번 전하면 태평한 시절을 본다.

그러니까 삼구일두귀의 예언이 '체인 레터chain letter', 즉 '행운의 편지' 방식으로 퍼져나갔다는 이야기다.

체인 레터는 수신인에게 같은 내용을 퍼뜨려달라고 강조해 편지가 계속해서 새끼를 치며 퍼지게 한다. 비슷한 방식을 현대의 피라미드식 판매 조직이나, 네트워크 마케팅 기업이 활용하기도 한다. 많은 사람에게 가장 잘 알려진 것은 행운의 편지로, 편지를 받아 읽은 다음 똑같은 내용을 퍼뜨리지 않으면 불운이 닥치고, 반대로 퍼뜨리면 행운을 누린다고 강조한다. 1470년 삼구일두귀 이야기가 전라도 일대에 퍼져나간 과정에도 똑같은 수법이 사용되었다.

더 재미난 점은 행운의 편지가 "이 편지는 영국에서 시작되어"라고 시작해 이국적인 느낌을 주는 동시에 정말 넓은 범위로 퍼져나가고 있음을 강조하듯이, 삼구일두귀의 예언을 담은 편지도 외국에서 왔음을 밝힌다는 것이다. 《조선왕조실록》의 기록을 보면 이 편지를 처음 쓴 사람은 요동의 신강화상이라고 한다. 조선의 북쪽 국경 넘어 먼 외국에서 온 예언의 편지가 전라도에 이르러 확인되었다는 내용은 행운의 편지 도입부와 비슷하다.

내가 아는 한 한국사에서 기록으로 확인된 행운의 편지 꼴의 체인 레터 사례로는 이 사건이 최초다. 유럽에서 체인 레터가 지금의 모습으로 나타난 것은 18, 19세기 무렵으로 짐작되는데, 15세기 조선에서 그 전형이 나타났으니 무척 신기한 일이다. 관련 연구가 드물어 더욱 자세한 내용을 알 수 없지만, 명나라 운남성이 언급된 것으로 보아 비슷한 편지가 중국 남서부 그리고 동남아시아, 티베트, 네팔, 인도 등 가까운 지역에서 먼저 퍼지지 않았을까 짐작해본다.

조선 백성의 생활상을 담다

삼구일두귀 이야기는 피라미드식 판매 조직의 수법을 쓰는 사람이 조선 시대에 있었다는 점 외에 당대의 생활상을 몇 가지 더 알려준다. 우선 체인 레터가 퍼져나가려면 제법 많은 사람이 글을 읽고 이해할 수 있어야 한다. 즉 삼구일두귀 이야기가 널리 유행했다는 데서 당시 전라도에 글을 아는 사람이 상당히 많았다고 추측해볼 수 있다. 1470년이면 한글이 창제된 이후이니, 어쩌면 편지가 한글로 쓰였을지 모른다. 또한 종이를 쉽게 구할 수 있어야 한다. 그래야 많은 사람이 편지를 써서 퍼뜨릴 수 있기 때문이다. 그렇다면 당시의 종이 가격이 그리 높지 않았을 수 있다.

삼구일두귀 이야기의 결말에는 의금부義禁府가 등장한다. 의금부는 삼구일두귀 이야기를 유포한 사람들을 검거하고 죄를 물어 처벌한다. 박석로는 담양까지 도망치지만 끝내 잡히고 만다. 많은 사람이 매질 당하고, 부유한 집에서 평화롭게 살던 박석로는 북쪽 국경 지역인 의주義州로 유배당한다. 김내은만은 노비가 되어 지금의 개성開城 즈음에 있던 산예역狻猊驛으로 끌려가 노역한다. 이후 5년이 지나 1475년 성종은 이만하면 충분히 벌을 받았을 테니 모두 다시 풀어주라고 명한다. 그들이 다시 자유의 몸이 되어 따뜻한 남쪽 고향으로 돌아오며 삼구일두귀 이야기는 끝을 맺는다.

성종이 5년이 지나서도 이 소동을 잊지 않았다는 것인데, 입이 셋이라거나 몽두만 썼다거나 하는 귀신의 신기한 모습 때문에 유독 기억에 오래 남지 않았을까 싶다. 나는 괜히 몽두만 쓴 모습이 커다랗고 둥근 헬멧을 쓴 우주인 같기도 해서 외계인 이야기는 아니었나, 미래에서 조선으로 시간 여행을 떠난 사람 이야기는 아니었나 하는 상상을 실없이 한번 해본다.

가뭄과 홍수보다 혹독한 농부의 적

강철

경상도

누구는 소와 비슷하다 하고,
누구는 털 달린 용과 비슷하다 하고,
누구는 망아지와 비슷하다 합니다.
이놈은 홍수가 나게 하거나
가뭄이 들게 하니
모든 농부의 적입니다.

조선을 대표하는 괴물

조선 후기 사람들의 입에 가장 많이 오르내린 괴물을 꼽는다면 단연 '강철強鐵'이라고 생각한다. 강철은 하늘을 날아다니는 괴물로 소, 말, 용 등을 닮았다고 묘사된다. 괴물 이야기치고는 기록이 비교적 풍부한 편이고, 전국 각지에 널리 알려지기도 했다. 게다가 강철 이야기는 한두 해 동안 잠깐 돌고 만 것이 아니라, 수백 년 이상 끊어지지 않고 전해졌다. 그렇다 보니 이수광李睟光, 이익李瀷, 이덕무 같은 조선 후기를 대표하는 실학자들도 짧게나마 강철에 관한 글을 썼을 정도다.

실학자 박지원朴趾源도《열하일기熱河日記》에 강철에 관한 기록을 남겼다.《열하일기》는 외교 사절로 청나라를 방문하는 팔촌 친척 박명원朴明源을 따라가며 남긴 일종의 기행문이다.《조선왕조실록》에서 관련 기록을 살펴보면 박지원보다 박명원의 행적이 더 자세히 나온다.

유언호兪彦鎬를 형조판서刑曹判書로, 김익金熤을 판윤判尹으로, 박명원을 진하 겸 사은정사進賀兼謝恩正使로, 정원시鄭元始를 부사副使로 삼았다. 한광근韓光近을 서장관書狀官으로 삼았는데, 곧 병으로 체차遞差되고 조정진趙鼎鎭으로 대신했다. 윤방尹坊을 황해도관찰사로 삼았다.

_《정조正祖실록》(9권) 1780년 3월 20일

《열하일기》에는 청나라인들에게 용 같은 것이 나타나 극심한 더위와 가뭄을 일으켜 농사를 망친다는 소문을 듣는 대목이 나온다. 이런 내용은 박명원 등이 남긴 공식 기록에서는 찾아보기 힘들다.

더위와 가뭄을 일으키는 용 같은 괴물을 청나라인들은 '화룡火龍', '응룡應龍', '한발旱魃' 등으로 부른다. 그러자 박지원이 조선에서는 그런 괴물을 강철이라고 부른다고 설명한다. 그는 강철 이야기를 외국인들에게 재미있게 설명할 만한 조선의 특이한 풍속이라고 생각한 듯하다. 그렇다면 당시 조선인들이 강철 이야기를 조선을 대표하는 괴물 이야기로 여겼다고 볼 수 있지 않을까.

강철 이야기는 과거보다 오히려 현대에 상대적으로 덜 알려진 듯싶다. 요즘 사람들에게 한국 괴물 이야기를 물으면 대부분 도깨비나 사람으로 변신하는 여우 정도를 말할 것이다. 강철이라는 이름을 알고 있는 사람조차 많지는 않을 것으로 생각한다.

물론 완전히 맥이 끊겨버린 것은 아니다. 18세기 전국적으로 아주 유명한 괴물 이야기였던 만큼, 흔적이 남아 있다. 예를 들어 시골에서 최근까지 전승된 민속놀이로, 농사를 망치는 재해를 쫓아달라고 기원하는 '꽝철이 쫓기'가 있다. 《한국민속신앙사전》에 실린 사례를 보면 경상북도 일대의 농민들이 꽹과리와 징을 치며 산 능선을 돌았다고 한다. 꽝철이가 산 능선에 앉는 버릇이 있다고 믿었기 때문인데, 그렇게 꽝철이를 쫓고 풍년을 빈 것이다. 꽝철이는 조선 시대 기록에 등장하는 강철의 발음이 변형된 것으로 보인다. 다른 민속놀이에서도 강철을 용이 못 된 이무기 비슷한 것으로 보고, 꽝철이, 깡철이 등 변형된 발음으로 부르는 경우가 있다.

또한 한국 속담을 정리한 책을 보면 "강철이 지나간 곳은 가을도 봄과 같다"라는 말을 찾아볼 수 있다. 강철이 나타나면 농사를 망치므로 가을철에 거두어들일 것이 없어 그 모습이 농사를 시작하기 전인 봄과 같다는 뜻이다. 즉 큰 재난이 일어나 일을 망치면 오랫동안 공들여 노력한 것조차 한순간에 아무 소득 없이 끝난다는 의미다. 이 속담의 강철이 조선 후기 유행한 바로 그 괴물, 강철이다.

요즘 만화나 소설, 동화 등에서 강철을 소재로 다룬 사례가 아예 없는 것은 아니다. 하지만 조선 후기에 강철 이야기가 크게 유행한 것에 비하면 역시 이상할 정도로 많이 잊힌 편이라고 생각한다. 강철은 오래된 고대 신화 속 괴물도 아니고, 일제가 민족정신을 말살하기 위해 일부러 없앤 괴물도 아니다. 그런데도 강철 이야기는 점차 낯선 것이 되었다. 19세기부터 20세기까지, 불과 80~90년 정도의 시간이 흐르는 동안 조선을 대표하는 괴물 이야기가 낯설고 특이한 전설로 어렴풋하게 쪼그라들어버린 것이다.

폭우를 내리거나 햇볕을 내리쬐거나

강철에 관한 비교적 초기 기록은 17세기 이수광이 쓴《지봉유설芝峰 類說》에서 찾아볼 수 있다. 그는 우연히 "강철이 지나간 곳은 가을도 봄 과 같다"라는 속담을 먼저 접했다고 한다. 그 속담의 뜻이 궁금해 어느 시골 노인에게 도대체 강철이 무엇인지 물었더니, 노인은 재해를 일으 키는 괴물이라고 알려주었다. 그러면서 강철이 나타나면 근처 몇 리에 달하는 지역의 풀, 나무, 곡식이 모두 타 죽는다고 했다.

이수광은 자기 나름대로 궁리한 내용을 덧붙였다. 언젠가 중국 고 전에서 '비蜚'라고 하는 괴물 이야기를 읽은 적이 있는데, 이것이 강철 을 닮았다는 것이다. 중국 고전은 비가 눈이 하나 달린 소 형태의 괴물 로 일단 나타나면 전쟁이 벌어지거나 전염병이 돈다고 설명했다. 이런 점에서 이수광은 강철을 소처럼 생긴 괴물 비와 비슷하다고 생각한 것 같다.

이수광의 기록 이후 100년 정도 지나 쓰인 이익의《성호사설星湖僿 說》에도 강철이 등장한다. 다만 약간 차이가 있는데, 그는 중국의 '독룡 毒龍' 이야기를 꺼내면서 조선에 그와 비슷한 괴물인 강철이 있다고 설 명한다. 속담을 언급하거나 소와 비슷하다고 하는 것은《지봉유설》과 비슷하다. 그런데 결정적으로《성호사설》은 강철이 폭풍우를 일으켜 농사를 망친다고 설명한다. 주위를 불태워 농사를 망친다는《지봉유 설》의 설명과는 뚜렷하게 대조된다.

이런 차이는 이후의 기록들에서도 반복된다.《성호사설》과 비슷한 시기 쓰인 김이만金履萬의《학고집鶴皐集》〈기이記異〉를 보면 강철이 번개와 폭우를 일으키는 괴물로 나온다. 그는 한발 더 나아가 하늘에 나타난 이상한 형체를 직접 보았는데, 그것이 전설 속의 강철인 듯하다고 이야기한다. 《학고집》을 쓸 당시 그는 경상도 양산梁山에 머물렀는데, 실제로 당시 해당 지역에 폭우가 심했다고 한다. 이는 《조선왕조실록》의 기록으로도 확인된다.

> 좌의정左議政 송인명宋寅明이 아뢰기를, "흥해興海 앞바다에는 산이 불쑥 솟아났고, 영남에는 홍수가 졌으며, 물고기의 배 안에 사람의 귀, 코, 손가락 마디가 있어 바닷가의 사람들이 물고기를 먹지 않는다고 하니, 큰 변괴變怪입니다."
> _《영조英祖실록》(56권) 1742년 9월 14일

이덕무의 《앙엽기盎葉記》는 강철이 가뭄을 일으킨다며 정반대의 이야기를 한다. 강철이 김포金浦에 있는 어느 늪 속에 살다가 뛰쳐나와 바닷속으로 숨었는데, 그러자 바닷물이 끓어올랐다는 것이다.

이처럼 강철이 농사를 망친다고 하면서도 전혀 상반되는 형태, 즉 폭풍과 홍수를 일으키는 형태와 가뭄과 뜨거움을 일으키는 형태가 모두 기록된 셈이다.

철을 먹는 조선판 키메라

시간이 지날수록 강철의 모습은 여러 가지로 더욱 다양하게 묘사된다. 이수광과 이익은 소와 비슷하다고 하지만, 김이만은 털 달린 용과 비숫하다고, 이덕무는 망아지와 비슷하다고 한다. 그렇다면 강철은 소, 말, 용이 이리저리 섞인 모습일지 모른다.

한편 신돈복辛敦復의《학산한언鶴山閑言》을 보면 계룡산鷄龍山에 나타난 소 같기도 하고 말 같기도 하고 용 같기도 한 괴물을 이의제가 보고 강철이라 했다는 이야기가 나온다. 다음으로 철원의 어느 연못 속에 괴물이 있어 물리치기 위해 관청 사람들이 뜨거운 장작을 넣었더니, 말처럼 생긴 괴물이 튀어나와 우박을 뿌리며 날아갔다는 이야기가 이어진다.

이렇게 보면 강철은 어떤 특정 자연 현상을 상징하는 괴물이라기보다는, 농사를 허망하게 망치는 재해 그 자체를 상징하는 것 같다는 생각이 든다. 예를 들어 홍수 피해가 큰 지역에서는 강철을 폭우의 원인으로 본 이야기가 유행하고, 가뭄 피해가 큰 지역에서는 강철을 열기와 메마름의 원인으로 본 이야기가 유행한 것 아닐까.

중국 고전의 괴물 중 어떤 것이 강철과 비슷하다고 생각했는지도 사람마다 조금씩 다르다. 이수광은 소를 닮은 비와 견주었지만, 이익과 박지원은 화룡, 독룡과 견주었다. 한편 김이만은 '효蠵'와 비슷하다고 했고, 신돈복은 한발과 비슷하다고 했으며, 이덕무는 '후犼'와 비슷하다고 했다. 이때 효는 털 난 '교룡蛟龍'의 모습으로, 한발은 원숭이의 모습으로, 후는 사자의 모습으로 묘사되기도 하니, 강철의 모습은 깔끔하게 정리할 수 없다.

이처럼 사람마다 강철을 새롭고 재미있게 묘사한다는 점에서 그 이야기를 유형별로 나누어보는 것도 재미있을 듯하다. 용이 나오는 영화들을 보면 붉은 용, 흰 용, 검은 용 등 색별로, 또는 화염 용, 얼음 용 등

속성별로 성격이나 위력이 다르다는 식의 이야기가 자주 등장한다. 강철에 관해서도 비슷한 이야기를 만들어볼 수 있지 않을까. 그러니까 강철이 원래 두 종류라고, 즉 용과 비슷한 종류와 소나 말 같이 다리가 긴 짐승과 비슷한 종류가 있다고 이야기를 꾸며볼 만하다는 뜻이다. 이때 용같이 생긴 강철은 폭풍우로 농사를 망치고, 소나 말같이 생긴 강철은 가뭄으로 농사를 망친다는 식으로 이야기를 꾸며보면 재미있을 듯하다. 또는 용과 소를 섞은 모양의 강철이 있는가 하면, 용과 말을 섞은 모양의 강철도 있다고 할 수 있을 것이다.

비슷하게 김포의 강철 이야기를 전한 이덕무의 기록과 양산의 강철 이야기를 전한 김이만의 기록을 구분해, 북쪽 지역의 강철은 가뭄을 일으키고, 남쪽 지역의 강철은 홍수를 일으킨다는 식으로 이야기를 꾸미면 어떨까. 그렇다면 두 가지 강철이 서로 다투거나 겨루는 이야기도 만들어볼 수 있을 것이다.

"강철이 지나간 곳은 가을도 봄과 같다"

지금까지 다양한 형태로 등장하면서도 공통점으로 연결되는 여러 강철 이야기를 따라가며 강철이 어떻게 조선 시대에 유행하게 되었는지를 나름대로 추측해보았다. 여기서부터는 소설가로서 내가 상상해본 내용이다.

수수께끼를 풀기 위해 주목한 특징은 많은 강철 이야기가 "강철이 지나간 곳은 가을도 봄과 같다"라는 속담을 언급한다는 점이다. 이수광은 속담만을 아는 상태에서 그 뜻을 조사하다가 강철을 알게 되고,

이익, 김이만, 신돈복, 이덕무, 박지원 등 강철 이야기를 전한 대부분의 사람도 항상 속담을 언급한다. 따라서 속담이 먼저 유행한 다음, 그 뜻을 설명하기 위해 자세한 강철 이야기를 나중에 갖다 붙인 것일 수 있다고 생각한다.

그렇다면 강철이라는 말이 처음에는 괴물의 이름이 아니었을지 모른다. 예를 들어 창, 칼, 대포를 상징하는 말로 전쟁을 의미했을 수 있다. 즉 임진왜란을 겪은 시대에 "전쟁이 일어나면 열심히 농사짓고 재산을 모아도 한순간에 날아간다" 같은 이야기들이 "강철이 지나간 곳은 가을도 봄과 같다"라는 속담으로 변했으리라고 추측해봄 직하다. 또는 강철이라는 별명을 가진 악독한 벼슬아치나 장군이 있어 시달리며 한탄하는 와중에 생긴 속담일지 모른다. 그게 아니라면 임진왜란 때 중국이나 일본에서 온 군인들에게서 전해진 어떤 외래어가 변형된 것일 수 있다.

그렇게 해서 '단숨에 농사를 다 망쳐버린 재난'을 두고 강철이 등장하는 속담이 돌게 되었는데, 세월이 흐르며 강철이 폭풍우나 가뭄을 상징하는 말로 점차 바뀐 것 아닐까. 어떤 사람이 천둥 번개가 치고 비바람이 몰아치는 와중에 먹구름 사이로 지푸라기나 거적때기 따위가 날아다니는 모습을 설핏 괴물로 보고, 마침 어디선가 들은 "강철이 지나간 곳은 가을도 봄과 같다"라는 속담이 떠올라 "저게 바로 강철이다"라고 했을지 모른다는 말이다. 구체적인 형태를 갖춘 강철 이야기가 점차 퍼져나간 과정으로 보기에 제법 그럴듯하다.

2018년 나는 《한국 괴물 백과》라는 제목으로 그동안 모은 한국의 옛 기록 속 괴물 이야기들을 모두 정리한 책을 출간했다. 이후 기자들에게 책에 실린 282종의 괴물 이야기 중 가장 애착을 느끼는 것이 무엇이냐는 질문을 받았다. 나는 강철이 가장 기억에 남는다고 답했다.

왜냐하면 강철에 관한 여러 기록 중 특히 재미있어 보이는 것 하나를 우연히 찾아낸 기억이 매우 강렬했기 때문이다. 바로 우리 시대라고 할 수 있는, 대한민국이 건국되고도 한참 지난 1957년에 강철이 목격되었다는 신문 기사를 찾은 것이다. 이 기사가 지목한 강철의 출현지가 하필 200년 전 김이만이 강철을 보았다는 양산이라는 것도 공교로운 일이다.

> "깡철의 마력": 양산군 금산부락 앞 물 들판에는 홍수가 휘몰아치던 지난 3일 '깡철'이란 동물 두 마리가 나타나 가산과 가족을 잃은 이재민들은 '깡철' 구경에 한창 법석댔는데, '깡철'의 움직임에 따라 그 지대 수면이 약 5미터가량 높았다 얕았다 동요하더란……
> _《동아일보》1957년 8월 11일

그날 양산 사람들은 도대체 무엇을 보았던 것일까. 혹시라도 당시 현장에 있었던 독자께서 이 글을 보신다면 꼭 연락해주시기를 부탁드린다.

남해를 붉게 물들인 별

천구성

천구가 떨어지면 바다가 붉어져
백성이 놀라니, 제사 지내는 게
무익하다 해도 어쩔 수 없다.
사람을 보내 제사를 올리고
하늘을 달래도록 하라.

경상도

하늘을 날아다니는 강아지

'천구성天狗星'은 고대 중국에서 갑작스럽게 하늘에 나타난 혜성이나 유성 같은 것을 부르는 말이었던 듯싶다. 천구는 하늘의 개라는 뜻인데, 혜성이나 유성이 지나갈 때 생기는 빛나는 꼬리가 꼭 동물 꼬리 같다고 생각해 붙인 이름 아닌가 싶다.

물론 모든 혜성이나 유성을 다 천구성이라고 부른 것은 아니다. 《삼국유사三國遺事》에는 6세기에서 7세기 무렵 신라 진평왕眞平王 시대를 배경으로 지어진 〈혜성가彗星歌〉라는 향가가 실려 있다. 즉 혜성은 따로 혜성이라고 불렀다는 뜻이다. 한편 《조선왕조실록》에는 유성이 나타났다는 기록이 많이 남아 있다. 그렇다면 천구성은 혜성이나 유성의 다른 이름이라기보다는 그것들과 확연히 다르게 보여 눈에 띄는 무언가를 부르는 말이지 않았을까.

고대 중국의 별자리 체계에 따르면 귀수鬼宿로 분류되는 별자리 중

일곱 개의 별로 구성된 별자리를 천구로 불렀다. 이러한 별자리 체계를 받아들인 한국에서도 같은 별자리를 천구로 부른 기록이 있다.《조선왕조실록》1559년 9월 7일 자 기록을 보면 하늘의 별자리 중 천구성의 위치에 유성이 나타났다고 언급한다.

하지만 천구성에 관한 모든 기록이 별자리에 관한 것은 아니다. 오히려 하늘에서 땅으로 떨어지는 별 비슷한 것을 천구성으로 부르는 사례가 자주 등장한다. 그리고 이는 보통 흉한 징조로 여겨졌다.

오래된 기록으로는 서기 681년 6월 천구성이 곤방坤方, 그러니까 남서쪽으로 떨어졌다는《삼국사기》의 내용이 눈에 띈다. 바로 이어서 신라의 문무왕文武王이 세상을 떠났다는 내용이 이어진다. 즉 천구성이 떨어진 것이 삼국통일의 주역인 문무왕의 죽음의 징조인 듯 서술된 셈이다.

좀더 구체적인 기록을 찾아보면, 역시 신라와 관련된 것으로, 서기 767년 무렵 천구성이 동루東樓의 남쪽에 떨어졌다는《삼국유사》의 내용을 꼽을 만하다. 동루란 동쪽의 누각이라는 뜻이니, 당시 신라 궁전의 동쪽에 있는 높은 건물을 일컫는 듯하다. 즉 궁전 안에서 보기에 하늘에서 별 같은 것이 떨어졌는데, 꼭 동루의 남쪽으로 내려오는 듯했다는 이야기다. 그 구체적인 모습도 묘사되어 있는데, "머리는 항아리만 하고 꼬리는 3척(약 1미터)가량 되며, 빛은 활활 타오르는 불과 같다. 이 때문에 하늘과 땅도 또한 진동"했다고 한다.

이 기록에서 천구성은 굵고 통통한 머리와 긴 꼬리를 명확히 보이며 떨어지는 별이다. 하늘과 땅이 진동했다는 것을 보면, 실제로 어떤 덩어리가 땅에 추락한 듯싶다. 어쩌면 정말로 큰 소리를 듣거나 충격을 느낀 것인지 모른다. 이처럼 한국의 옛 기록에 등장하는 천구성은 덩어리진 굵은 머리통에 긴 꼬리가 달린 것으로, 무게와 형체를 지닌 채 하늘에서 내려오는 모습이다. 어쩌면 이러한 특징 때문에 사람들이 더욱 개의 모습이라고 여긴 것 아닐까.

조선 후기 허목許穆이 쓴 《미수기언眉叟記言》의 〈서술敍述〉을 보면 천구성을 설명한 부분이 있다. 중국에서 전해진 여러 이야기를 참조해 정리한 것으로 보이는데, 이에 따르면 천구성은 모양이 개 같고 황색이며 소리를 낸다. 위는 뾰족하고 아래는 둥근데, 크기는 몇 이랑쯤 된다. 떨어진 곳을 보면 불빛이 솟는 것처럼 보인다. 관련한 여러 설을 기록하며 "별에 털이 있다", "아래에 개의 형상이 있다", "발이 있는 듯하다"라고 썼다. 그도 천구성을 별 같으면서도, 털이 나고 발이 달려 있는 등 강아지를 약간 닮은 짐승 비슷한 것으로 본 것이다.

종합해보면 천구성은 주로 하늘에서 운석이나 유성이 떨어지며 폭발하는 현상을 두고 옛사람들이 붙인 이름 아닌가 싶다. 보통 유성이라고 하는 현상은 지름이 몇 밀리미터밖에 되지 않는 먼지 조각, 자갈 조각 등이 우주를 떠돌다가 지구에 떨어지면서 밝게 타오르는 것을 말한다. 그런데 가끔 큰 알갱이가 지구에 떨어지면 훨씬 더 강하게 타면서 폭발할 때도 있다. 이런 현상을 화구火球, fireball라고 부르는데, 그 중에는 정말로 밝게 빛나서 매우 커 보이는 것이 있다. 게다가 화구가 폭발하고 남은 덩어리 중 일부는 땅에 떨어져 발견되기도 한다.

악한 괴물이 땅을 덮치다

물론 옛사람들은 천구성을 우주에서 지구로 떨어진 돌멩이 정도로 보지 않았다. 그들은 천구성을 하늘 세상에서 온 어떤 사악한 신령이나 괴물로 여겼다. 천구성에 관한 고려 시대 기록을 보면 이런 인식이 선명하게 드러난다.

《고려사절요高麗史節要》1250년 5월 기록을 보면 "사람 50명을 천구성에 제물로 바칠 것이다"라는 유언비어가 돌아 사회가 혼란해졌다는 내용이 있다. 이에 남녀가 공포에 떨고, 간사하고 교활한 사람들이 갖가지 사기를 쳤다고 한다. 《고려사절요》에 따르면 "음탕한 짓이나 도둑질"을 하는 자가 많아졌다고 하는데, 유언비어를 퍼뜨린 사이비 종교인이나 거짓 예언가 등이 범죄를 저지른 듯하다. 자신에게 돈을 바치면 제물이 되지 않도록 빼주겠다는 식으로 사람을 속이는 사기꾼도 있었을 것이다.

또 1124년 기록을 보면 동북방에서 온 천구성이 도성 안팎을 빙빙 돌며 날아다니다가 서남방 땅에 떨어져 그 소리가 천둥 같았다고 한다. 당시는 이자겸李資謙이 국정을 농단한 때인데, 흉흉한 분위기에 맞춰 천구성이 나타난 셈이다. 또한 도성 안팎을 날아다녔다는 묘사에서 천구성을 단지 하늘에 나타난 유성의 일종으로 여긴 것이 아니라 살아 움직이는 악령이나 괴물처럼 여겼으리라는 추측도 해봄 직하다.

옛사람들은 정말로 천구성을 하늘의 악한 신령이나 괴물로 생각했을까. 앞서 언급한 《미수기언》도 천구성을 나쁜 징조로 이야기하고, 《삼국유사》도 신라 혜공왕惠恭王 시대에 나라가 어지러웠다며 천구성

을 이야기한다. 천구성이 출몰하고 얼마 되지 않아, 대공大恭 각간角干
이 반란을 일으켰다는 것이다. 이때를 기점으로 거의 3년간 '96각간의
난'이라는 대혼란기가 계속된다. 각간은 진골 명문가의 자제만 오를
수 있는 매우 높은 자리인데, 그런 자리의 사람 아흔여섯 명이 나서서
서로 죽고 죽이는 난리가 벌어졌으니, 피해가 막심했을 것이다. 당연
히 사상자도 많이 나왔는데, 멸망한 가문의 재산을 차지해 갑자기 부
자가 된 사람도 많았다고 한다.

참고로 《삼국유사》는 혜공왕이 본래 여자로 태어날 운명인데, 그 부
모가 남자아이를 바라므로 표훈대덕表訓大德이 비술을 써서 남자로 태
어났다고 설명한다. 그래서 그는 어려서부터 비단 주머니 장신구를 좋
아하고, 궁녀들과 잘 어울렸다는 이야기가 덧붙어 있다.

—

붉은 바다의 공포

조선 시대에 들어서면 천구성에 관한 색다른 이야기가 등장한다. 《조
선왕조실록》 1399년 5월 20일 자 기록을 보면 천구성이 지금의 경상
남도 고성固城 인근에 떨어지니 피처럼 붉은 바닷물이 솟아올랐다고
한다.

좀더 상세한 내용이 얼마 후인 1399년 8월 6일 자 기록에 나온다.
지역은 역시 경상도로, 울주蔚州부터 동래東萊까지 길이와 너비가 수
십 리에 이르는 바다가 피처럼 붉어졌다고 한다. 곧 바다의 물고기와
동물들이 모두 죽었는데, "바다 가운데 천구성이 떨어져 이런 일이 생
겼다"라는 말이 돌았다고 덧붙어 있다.

이런 일이 몇 차례 반복되었기 때문일까. 천구성이 떨어진 바다는 피로 물들고 물고기들이 죽는다는 생각은 당시 조선에서 거의 정설로 자리 잡은 듯하다.《조선왕조실록》1413년 7월 27일 자 기록을 보면 전라도와 경상도 바다에 이런 일이 발생하자 태종太宗이 천구성 때문이라고 말한다.

전라도와 경상도의 바닷물 색이 변했다. 순천부順天府 장성포長省浦에서는 물이 15일부터 비로소 붉어져 20일에 이르러서는 변해 검은 색이 되었는데, 고기와 새우가 죽어서 물 위로 떠서 나왔다. 만약 물을 길어 그릇에 부으면 그 빛깔이 보통 것과 같았다. 양주梁州 다대포多大浦에서는 18일부터 20일까지 물이 붉어지고, 27일부터 28일까지 또 붉어져, 고기가 죽어서 물 위로 떠서 나왔다. 물을 퍼서 그릇에 담으면 응결되어 끓인 우모牛毛의 즙汁과 같았다.

절영도絶影島에서는 18일부터 20일까지 물이 붉어지고, 동래 외평外坪에서는 21일에 물이 붉어지고, 부산포富山浦에서는 27일부터 28일까지 물이 붉어지고, 견내량見乃梁에서는 21일에 물이 짙게 붉어지며 고기가 죽었다. 번계포樊溪浦에서는 21일부터 24일까지 물이 붉고 누런빛이 되어 고기가 죽고, 두모포豆毛浦에서는 20일에 물이 붉어지고, 포이포包伊浦에서는 20일부터 21일까지 물이 붉어지고, 창원부昌原府 도만포都萬浦 등지에서는 21일에 물이 붉고 검어져 고기가 죽었다.

진해鎭海에서는 21일에 물이 담황색淡黃色이 되어 고기가 죽고, 기장機張에서는 20일에 물이 붉고 누렇게 되어 포갑鮑鮶과 고기가 모두 죽었다. 흥해에서는 21일부터 23일까지 물이 붉어져 고기가 죽었다.

임금이 "천구가 떨어지면 이러한 변이 있다. 제사 지내는 것이 무익하나 지난해에도 이러한 변이 있어서 사람을 보내어 제사 지냈으니, 지금도 또한 해괴제駭怪祭를 행하는 것이 좋겠다" 했다.

_《태종실록》(26권) 1413년 7월 27일

정황상 이때 일어난 일은 사실 적조 현상이 아니었나 싶다. 바다에서 붉은색을 띠는 미생물이 갑자기 많아지면 물 색이 붉게 보이고, 물고기들이 떼죽음하기 때문이다. 적조는 현대에도 남해안에서 종종 발생해 어민들에게 피해를 주므로, 조선 시대에 충분히 문제 되었을 수있다. 옛사람들은 물이 붉은색을 띠면 피 같다고 하면서 굉장히 흉한 징조로 여겼는데, 15세기 무렵에는 임금까지 그런 현상의 원인을 추락한 천구성으로 본 것이다.

당시 사람들은 천구성과 바다가 핏빛으로 물드는 현상이 어떤 식으로 연결되어 있다고 짐작했을까. 천구성은 원래 굉장히 악독한 것인데, 그것이 하늘에서 떨어져 바다에 피를 흘리니, 그 독한 피에 물고기들이 죽었다고 생각했을까. 천구성이 바다에 떨어져 물고기를 죽이는 독을 내뿜었고, 그 때문에 바다 자체가 피를 흘린다고 생각했을까.

우주에서 돌이 떨어져 정말 크게 폭발하면 바다 생물도 영향받기는 할 것이다. 만약 그렇게 된다면 생태계에 문제를 일으킬지 모른다. 따라서 우주에서 떨어진 돌 때문에 적조가 생긴다는 상상은 한번 해봄직하다.

그러나 태종이 단정한 것처럼 "적조는 화구 때문이다"라고 할 정도는 아닌 듯하다. 적조에 관한 연구가 많이 진행된 오늘날에도 학계에서 운석이나 유성을 적조와 연관 지었다는 이야기는 아직 들어보지 못했다. 《조선왕조실록》에 기록된 사건이 우주와 관련 있을 가능성은 크지 않다고 생각한다. 그보다야 평범한 적조 현상이 그해 유독 광범위하게 일어났고, 마침 그 무렵 유난히 밝은 유성을 본 사람이 밤하늘의 악령이라는 천구성 이야기를 퍼뜨린 것 아닐까.

그저 재미로 해보는 상상일 뿐이라면, 훨씬 더 놀라운 이야기도 갖다 붙일 수 있다. 예를 들어 빛나는 덩어리처럼 생긴 우주에서 온 외계 생명체가 바다에 떨어져 물고기들을 죽였다고 생각해보면 어떨까. 아니면 외계 생명체의 우주선에서 흘러나온 강한 독성의 무언가가 바다에 떨어진 것이라면.

사실 이 비슷한 이야기들은 현대에 들어서도 제법 인기가 있었다. 〈우주 생명체 블롭The Blob〉, 〈안드로메다 스트레인The Andromeda Strain〉, 〈크립쇼Creepshow〉 같은 할리우드 영화는 우주에서 떨어진 이상한 세균이나 곰팡이 등이 지구에 퍼지면서 생물들에 해를 입히는 내용을 다룬다. 그렇다면 15세기 태종도 그런 이야기가 그럴듯하다고 여긴 할리우드 영화 제작자와 비슷한 생각을 했다고 할 수 있겠다.

좋은 손님, 나쁜 손님, 이상한 손님

천구성 외에 밤하늘에서 벌어지는 현상을 괴이하게 여겨 기록한 경우를 하나만 더 꼽아본다면, 객성客星이 있다. 객성은 '나그네 별', '손님 별'이라는 뜻으로, 평소에 보이지 않다가 갑자기 나타난 별을 말한다. 대체로 유럽 과학자들이 신성新星, nova이라고 부르는 것과 같다고 보는데, 때에 따라서는 혜성을 객성에 포함시키기도 한다.

현대 과학자들의 연구에 따르면 신성은 갑자기 생겨난 별이라기보다는 빛을 잃고 꺼지는 등 잘 보이지 않다가 갑자기 밝아진 별인 경우가 대부분이다. 예를 들어 빛을 낼 수 있는 물질을 모두 소모해 거의 꺼진 늙은 별이 다시 물질을 조금 얻는다면 잠깐 밝아질 수 있다. 이런 별이 신성, 곧 객성이라는 이야기다. 신성이라는 단어는 새로운 별이라는 뜻인데, 실제로는 늙은 별이니 뜻과 상황이 정반대다. 잠시 빛을 내다가 곧 꺼질 운명이라는 점에서, 오히려 나그네 별, 손님 별이라는 뜻의 객성으로 부르는 게 더 어울린다.

천구성과 마찬가지로 객성도 보통 불길한 징조로 보았다. 고려 시대의 천문학자 최지몽崔知夢은 980년 객성이 임금을 상징하는 별자리인 제좌帝座 사이에 나타났다며 이것은 임금의 목숨을 노리는 반역의 징조라고 정종定宗에게 말한다. 그리고 얼마 후 왕승王承 등의 무리가 반역죄로 체포되어 처벌받자 정종은 최지몽에게 큰 상을 내린다.

최지몽은 임금의 존경을 받아 국정 전체를 다스린다고 할 만한 상주국上柱國의 자리에 오른 인물로, 객성에 관한 그의 생각은 당대의 정설에 가까웠을 것으로 보인다. 그러고 보면 한국사를 통틀어 천문학자, 나아가 과학자로 일하다가 이렇게 높은 관직에 오른 인물은 최지몽을 제외하고는 아무도 없지 않나 싶다. 현대까지 포함해도 마찬가지일 것이다.

《고려사절요》에 기록된 것으로 고려가 망할 무렵의 일도 눈에 띈다.

고려의 마지막 임금인 공양왕恭讓王은 자미원紫微垣이라는 별자리 사이에 객성이 나타났다는 이야기를 듣고 그것이 나라 망할 징조인 듯해 매우 두려워한다. 아닌 게 아니라 당시는 이성계李成桂의 무리가 고려를 무너뜨리고 조선을 건국할 즈음으로, 그들이 이미 우왕禑王과 창왕昌王을 차례로 갈아치운 상황이었다.

물론 객성을 긍정적으로 본 예가 아예 없는 것은 아니다. 《고려사高麗史》를 보면 신라 때 남쪽에 객성이 나타나자 태사太史가 "이것은 다른 나라 사람이 와서 조공을 바칠 징조"라고 했다는 기록이 있다. 실제로 얼마 후 지금의 제주도인 탐라국에서 사신 일행이 찾아오므로, 신라 임금이 기뻐하며 그때부터 탐라국 임금을 별을 상징하는 칭호인 성주星主로 불렀다고 한다.

현대의 연구 결과에 따르면 'SN393'이라고 하는 초신성이 393년에 전갈자리 방향에서 나타났다고 한다. 어디까지나 순전히 상상일 뿐이지만, 당시 신라인들이 본 것이 혹시 SN393이지 않을까. 마침 전갈자리는 한반도의 남쪽에 있다. 한 번 더 상상해보자면, 393년이면 광개토대왕廣開土大王이 신라와 동맹을 맺고 백제, 가야, 왜국과 싸워 승리한 시절이므로, 고구려의 힘을 등에 업은 신라와 친해지기 위해 탐라국에서 사신을 보낸 것인지 모른다.

조선 천문학의 자존심

한국사에서 가장 유명한 객성은 따로 있다. 바로 《조선왕조실록》 1604년 9월 21일 자 기록부터 등장하는 객성이다. 이는 전설이나 설화를 기록한 것이 아니라 정확한 과학 기록이다.

> 밤 1경更에 객성이 미수尾宿 10도의 위치에 있었는데, 북극성과는
> 110도의 위치였다. 형체는 세성歲星보다 작고 황적색黃赤色이었으
> 며 동요했다. 5경에 안개가 끼었다.
>
> _《선조宣祖실록》(178권) 1604년 9월 21일

이 기록의 객성이 유명한 까닭은 우리 은하계에 등장한 것으로 가장 최근에 눈으로 관찰한 초신성이기 때문이다. 이렇게 밝은 별이 갑자기 나타났으니, 다른 나라의 천문학자들이 모를 리 없었다. 행성의 궤도를 계산한 것으로 유명한 독일의 천문학자 요하네스 케플러Johannes Kepler도 이 초신성을 보고 기록해두었다. 이 때문에 '케플러초신성', 또는 1604년에 나타났으니 'SN1604'라고 부른다. 조선식으로 이름 붙여본다면 '갑진년 초신성', 또는 '갑진년 객성'인데, 갑자기 밤하늘에 나타나 다른 거의 모든 별보다 밝았다고 한다. 이후 400년이 넘게 지났지만, 우리 은하계에서 그 모습을 눈으로 볼 수 있는 초신성은 다시 나타나지 않고 있다.

초신성은 유독 강하게 폭발해 멀리서도 밝게 보이는 신성이다. 다만 옛날에는 어떤 기준을 두고 신성과 초신성을 구분하지 않았다. 그 기준은 비교적 최근 정해졌는데, 보통 20세기 초 독일 출신의 천문학자 월터 바데Walter Baade와 스위스 출신의 천문학자 프리츠 츠비키Fritz Zwicky가 제안한 것을 시초로 본다.

바데와 츠비키는 빛을 내뿜는 활동을 다 마친 늙은 별이 지나치게

무거우면 다른 별에서는 도저히 일어날 수 없을 정도로 강하게 폭발해 중성자별 등 아주 이상한 형태로 변한다는 점을 알아냈다. 이렇게 폭발할 때 상상할 수 없을 정도로 엄청난 빛을 내뿜는데, 때때로 별 수백억 개, 수천억 개가 모인 은하계 전체의 빛과 버금갈 정도다.

이렇게 어마어마한 현상이다 보니, 초신성은 20세기 이후 과학자들의 큰 관심을 받기 시작했다. 폭발 후에 생기는 이상한 현상을 연구해 과학자들은 중성자별과 블랙홀을 좀더 알게 되었고, 그 덕분에 상대성이론과 양자이론이 발전했다. 한편으로 은하계가 움직이고 우주가 커지는 속도를 알아내는 데 활용하기도 했다. 우주의 시초라고 생각하는 대폭발big bang과 우주에서 가장 거대한 힘이라고 생각하는 암흑에너지dark energy 연구에도 초신성은 중요한 역할을 했다.

자연스레 과학자들은 과거에 폭발한 초신성의 흔적과 잔해에 깊은 관심을 품게 되었다. 우리 은하계에서 가장 최근 폭발한 400년 전의 케플러초신성도 많은 과학자가 연구 소재로 삼았다. 당연히 《조선왕조실록》의 기록도 연구 대상이 되었다. 특히 《조선왕조실록》의 기록은 케플러의 기록 이상으로 세밀하고 꾸준해, 과학 연구에 의미 있는 것으로 평가된다.

별이 된 기대승의 혼

한국사의 초신성 기록 중 두 번째로 유명한 것을 골라보라면, 1572년의 것을 짚어볼 만하다. 그해 발견된 초신성은 천동설 시대에 가장 정교한 기록을 남긴 천문학자로 평가받는 튀코 브라헤Tycho Brahe가 관측해 흔히 '튀코초신성'으로 불린다. 발견된 해를 따 'SN1572'라고 부르기도 한다.

《조선왕조실록》1572년 10월 1일 자 기록을 보면 튀코초신성이 언급된다. "객성이 책성策星 주변에 나타났다"라고 쓰여 있는데, 브라헤는 카시오페이아자리 근처에서 보인다고 기록했다. 중국식 별자리 체계에서 책성은 유럽식 별자리 체계에서 카시오페이아자리와 겹치는 부분이 있으므로, 이날 조선의 천문학자들이 발견한 객성은 튀코초신성이었을 가능성이 매우 크다. 특히《조선왕조실록》기록은 객성이 금성보다도 컸다고 하니, 과연 초신성다운 모습이다. 그렇다면 튀코초신성은 '임신년 객성'이라고 부를 만하다.

튀코초신성은 우리 은하계의 초신성으로는 케플러초신성보다 빨리 발견된 것이다. 무엇보다 바데와 츠비키가 초신성의 기준을 세우며 자료를 구하고 근거로 삼은 초신성이다. 즉 현대의 모든 초신성 관련 연구는 바로 이 튀코초신성에서 시작되는 셈이다.

한 가지 안타까운 점은《조선왕조실록》에 케플러초신성의 기록은 상세한 데 비해 튀코초신성의 기록은 거의 남아 있지 않다는 것이다. 케플러초신성이 나타난 1604년은 임진왜란이 끝나고 10년도 지나지 않은 때이니, 혹시나 또 난리가 날까 싶어 하늘에 보이는 각종 현상을 자세히 관찰하려고 애썼지만, 튀코초신성이 나타난 1572년은 임진왜란 이전이라 특별히 난리의 징조 따위에 관심을 두지 않았기 때문은 아닌가 싶다.

물론 튀코초신성에 관한 재미난 기록이 전혀 없는 것은 아니다. 당시 이름을 날리던 성리학자 이이李珥는《석담일기石潭日記》라는 일기체의 기록을 남겼는데, 여기에 튀코초신성에 관한 내용이 있다. 그렇다면 튀코초신성을 '율곡 객성'이라고 부를 만하다는 생각이 든다. 이이는 객성이 나타났다는 기록 바로 다음에 왠지 조선의 명망 높은 성리학자로 손꼽히는 기대승奇大升이 급작스럽게 세상을 떠났다고 밝힌다. 자세하게 설명하지는 않지만, 문맥상 객성의 출현이 기대승의 죽음의 징조인 것처럼 생각한 듯하다. 또는 기대승이 세상을 떠나면서 초신성으로 변했다는 식으로 생각했을 수 있다.

그렇다면 현대의 과학자들이 초신성의 기준을 마련하게 도와준 튀코초신성을 '기대승 초신성'이나 '기대승 객성', 기대승의 호를 따 '고봉高峰 객성'으로 불러도 좋을 것이다. 기대승은 세상의 진리를 밝히기 위해 애쓴 학자다. 따라서 온 은하계를 번쩍거리게 한 초신성에 자신의 이름이 붙고, 그에 관한 연구가 우주의 시작을 밝히는 데 큰 도움이 됨을 알게 된다면 굉장히 기뻐할 것이다.

고래기름보다 좋은 인어기름

인어

강원도

우리 어부에게는 인어만 한 돈벌이도 없습죠.
이놈들에게서 짜낸 기름은 최상품이라
비싼 값에 팔리니 말입니다.
그러니 인어가 불쌍하다고 풀어주라는 말씀만은
거두어주십시오.

우리 인어 이야기의 서늘한 맛

나는 《한국 괴물 백과》의 자료를 모으는 일을 《어우야담於于野談》에 나오는 이야기를 훑는 것으로 시작했다. 이 책을 처음 본 것은 학창 시절, 한국 고전을 소개하기 위해 어느 교육 기관에서 펴낸 축약본을 읽었을 때다. 축약본의 내용을 아직 기억하는 이유가 몇 가지 있는데, 그중 하나는 조선의 '인어人魚' 이야기가 실려 있었다는 것이다.

우리에게 압도적으로 많이 알려진 인어 이야기는 한스 안데르센 Hans Andersen의 인어공주 동화다. 그렇다 보니 동화의 뿌리가 되는 유럽권의 인어 이야기도 제법 알려져 있다. 상반신은 아름다운 사람이고 하반신은 물고기인 인어가 바다 한편에서 노래를 부르는데, 거기에 이끌린 뱃사람들이 넋을 잃고 노래가 들리는 쪽으로 가다가 물에 빠져 사고를 당하게 된다는 이야기다.

고대 그리스 고전인 《오디세이아Odysseia》에 나오는 '세이렌Seiren'

이야기도 줄거리 구조가 비슷한 것을 보면, 유럽권에서 제법 뿌리 깊은 이야기인 듯하다. 정작 고대 그리스 고전은 세이렌을 인어 모습보다는 새와 사람이 섞인 모습으로 그릴 때가 많았던 듯싶지만, 요즘 만들어진 그림이나 영상을 보면 세이렌을 인어 모습으로 묘사할 때가 많다. 그만큼 인어 이야기는 유럽에서 널리 퍼진 이야기이고, 나도 어린 시절, 인어라면 그런 모습부터 생각했다.

그런데 《어우야담》에는 모습이 매우 다른 조선의 인어 이야기가 실려 있다. 전체 줄거리를 간단히 살펴보면 이렇다. 흡곡현歙谷縣의 관리가 된 김담령金聃齡이 바닷가의 어느 어부 집에 묵었는데, 누군가 낚시하다가 인어 여섯 마리를 잡으니, 둘은 창에 찔려 죽고 넷은 살아 있다는 이야기를 들었다. 김담령이 가서 보니 인어는 어린 새끼로 눈물을 비처럼 흘리고 있어 매우 가련해 보였다고 한다. 그래서 놓아주자고 하자 어부가 인어기름의 질이 좋다며 매우 아까워하면서 풀어주었다는 것이다.

흡곡현은 지금의 강원도 통천通川에 해당한다. 그러니까 당시 강원도의 어느 바닷가에서 어부들이 우연히 인어를 잡았고, 그 기름이 좋다는 소문이 이미 퍼져 있었다는 것이다. 어린 나에게 인어 이야기의 배경이 머나먼 이국이 아니라 강원도 바닷가라는 점도 신기했지만, 왕자님이 인어공주를 만나는 대신 어부가 우연히 낚시로 새끼 인어를 잡았다는 점도 굉장히 인상적이었다. 왕자와 인어공주가 주인공으로 나오는 그럴듯하게 지어낸 동화가 아니라, 정말로 희귀한 생물을 우연히 잡았다는 어렴풋한 소문의 느낌이 그대로 전해졌다.

《어우야담》의 인어 이야기는 몇 년 전 한 텔레비전 드라마의 소재가 되기도 했다. 그래서 이야기 자체는 이제 제법 알려진 편이다. 그런데 자세하게 들여다보면 더 신기한 대목들이 있다.

우선 인어의 구체적인 모습부터 안데르센의 동화와 차이가 난다. 김 담령이 본 인어는 한가운데 주름살 무늬가 있는 손바닥과 발바닥이 달려 있었다. 발바닥이 있다고 했으니 일단 다리가 있는 모습이다. 그리고 잡힌 인어들은 모두 새끼여서 네 살 난 어린아이 같으면서도, 입 주변에 달린 누런 수염이 눈에 띄었다. 그렇다면 고양이나 염소처럼 날때부터 수염이 달린 모습이었을 것이다. 메기나 새우 수염과 비슷했을지 모른다.

모든 털이 다 누런색은 아니었는지 검은색 머리털이 이마까지 덮고 있었다고 하며, 몸은 옅은 적색이거나 흰색이었다고 한다. 그리고 등에는 옅은 검은색의 문양이 있었다. 무릎을 껴안고 앉아 있었다거나 남성과 여성으로 구분된다거나 하는 모습은 사람과 비슷했다고 한다. 놓아주었을 때 헤엄쳐 떠나가는 모습이 마치 자라나 거북과 같았다.

그렇다면 이 인어들은 상반신은 사람, 하반신은 물고기인 모습이라기보다는 전체적으로 네발 달린 짐승이나 평범한 사람의 모습과 더 닮아 보인다. 얼굴이 아름답고 콧마루가 우뚝 솟아 있으며 귓바퀴가 분명하다는 묘사가 있는 것을 보면, 미모가 뛰어난 사람의 모습이었던 것 같다. 다만 몸의 나머지 부분에 무엇이든 보통 사람과 다른 특징이 있었지 싶다. 손바닥과 발바닥의 주름은 물갈퀴나 지느러미 같은 무언가를 가리키는 것인지 모른다. 유럽권의 인어 이야기가 주로 여성 인어를 언급하는 것에 비해, 이 이야기는 남녀를 모두 언급하는 것도 차이다.

사람들이 인어를 대하는 태도도 인어공주 이야기나 세이렌 이야기와 매우 다르다. 조선 시대 이야기에서 인어는 신비롭고 고결한 바다의 왕족도 아니고, 선원들을 유혹하는 마법적인 매력을 지닌 괴물도 아니다. 좀 희귀할 뿐이지 그저 한 마리 짐승에 불과하다. 낚시꾼에게 붙잡히고, 어부는 '기름 짜는 것'으로 인어의 쓸모를 말한다. 얼굴은 사람처럼 생겨 김담령에게 깊은 동정심이 우러나게 할 정도지만, 기본적으로 사람들이 인어를 대하는 태도는 여느 물고기를 대하는 태도와 별다를 바가 없다. 고래기름은 상하면 냄새나지만 인어기름은 그렇지 않다고 이야기할 정도다.

조선 시대에 고래기름을 등잔을 밝히기에 좋은 연료로 여긴 것을 생각해보면, 인어도 좀더 귀한 좋은 연료 정도로 여기지 않았을까 싶다. 이처럼 가차 없고 냉랭한 태도가 이 이야기의 특징이다. 낚시하다가 여섯 마리를 잡았는데 둘은 창에 찔려 죽었다는 내용을 보면, 붙잡힌 인어들이 격렬히 도망치려고 하자 날카로운 창으로 찌르는 장면이 떠오른다.

사람 같기도 짐승 같기도

조선의 인어 이야기가 이 한 편뿐인 것은 아니다. 역시 《어우야담》에 짧게 실린 것으로 성격이 좀 다른 이야기도 있다. 간성杆城, 그러니까 지금의 강원도 고성高城에서도 인어 한 마리가 잡혔는데, 피부가 눈처럼 희고 여성처럼 생겼으며, 장난을 치니 깊은 정이라도 있는 듯 웃었다는 것이다. 그리고 바다에 놓아주니 다시 돌아오기를 세 차례나 반복했다고 한다. 여성 인어가 남성 뱃사람과 사랑에 빠진다는 내용이라는 점에서 유럽권에서 유행한 인어 이야기와 좀더 비슷해 보인다.

강원도 외의 다른 지역에서도 인어를 목격했다는 사례가 있다. 예를 들어 18세기에 활동한 학자 위백규魏伯珪의 《격물설格物說》에는 "근년에 어부가 인어를 잡았다"라는 말로 시작하는 이야기가 실려 있다. 정확한 장소는 언급하지 않지만, 그가 주로 호남에 머물렀던 것을 생각하면, 전라도의 남해안이나 서해안이 배경이지 않을까 싶다. 인어는 세 살짜리 아이처럼 보이고 모든 생김새가 사람과 닮았는데, 다만 수염이나 머리카락은 없었다고 한다. 가까이서 보니 슬프게 울며 눈물을 흘리고, 손으로 아랫도리를 가렸단다. 이후 글은 인어조차 수치심 때문에 몸을 가린다고 지적하며 그것이 사람의 가장 기본적인 도리라는 논의로 옮아간다.

《격물설》에 나오는 인어는 두 팔, 두 다리가 달려 있어 모습이 사람과 거의 같지만, 말을 하거나 옷을 입지 않는 짐승 비슷한 것으로, 물고기처럼 항상 물속에서 산다고 보는 것이 맞을 듯하다. 수염이나 머리카락이 없다고 하는 점은 《어우야담》의 이야기와 다르지만, 어린아이를 닮은 인어가 붙잡혔다는 점, 슬프게 울었다는 점 등은 비슷하다. 위백규는 유학자로서 사람의 본성이나 도덕에 관한 논의를 펼치기 위해 인어 이야기를 꺼냈는데, 그렇다면 이 이야기에서 인어는 사람보다 못한 짐승이지만 사람과 닮은 점이 많아 어떤 깨우침을 주는 소재로 볼 수 있다.

이처럼 조선 후기 인어 이야기는 사람과 아주 비슷하지만 사람은 못되는 정체 모를 짐승으로 인어를 묘사하는 것이 특징이라고 생각한다.

《어우야담》의 이야기는 그런 특징을 더 극적으로 살려 모습은 오히려 사람보다 더 아름답게 묘사하면서도, 재주나 지혜는 사람보다 훨씬 모자란 영락 없는 짐승으로 묘사한 셈이다. 그렇게 해서 어떤 생명을 죽이거나 붙잡는 일이 정당한지, 어떨 때 동정심을 느끼고 해치지 말아야 하는지를 고민하게 하는 우화와 비슷한 느낌을 준다.

19세기 초에 활동한 작가 이옥李鈺의 《백운필白雲筆》에는 지금의 전라북도 김제金堤에서 배를 탄 사람들이 인어를 목격했다는 이야기가 실려 있다. 물 밖으로 상반신만 내놓은 여성을 발견한 사람들이 이상하게 여겨 쌀을 뿌리고 주문을 외웠다는 것이다. 이는 유럽권의 평범한 인어 이야기를 닮았다.

그런데 《백운필》에는 《어우야담》과 《격물설》의 인어 이야기에 가까운 다른 이야기도 실려 있다. 이 이야기에는 지금의 황해도로 유람을 떠난 어떤 사람이 주인공으로 나온다. 그는 우연히 어느 아름다운 여성과 어린아이들이 모두 몸을 하얗게 드러낸 채 빈집에 갇혀 있는 것을 본다. 그들이 말하지 않으므로 수줍어한다고 생각한 그는 정감 있는 태도 때문에 사람이라고 생각해 제법 깊은 관계를 맺고 어울린다. 그런데 얼마 후 집주인이 돌아와 기가 막히게도 그것들은 자기가 붙잡은 물고기라며 요리로 만들어 대접하려고 한다.

다행히도 인어를 불쌍하게 여긴 주인공이 집주인을 설득해 바다에 풀어주도록 한다. 그러자 인어가 감사를 표하는 듯이 세 번 돌아본 다음 완전히 떠나며 이야기는 끝난다. 이 이야기의 인어는 바다에 사는 습성이 있을 뿐, 모습은 누구나 착각할 만큼 사람과 완전히 비슷하다. 인어를 아름답고 정감 있어 사람보다 더 나은 것처럼 묘사해놓고는,

정육점의 고기 마냥 창고 같은 곳에 가두어두다가 삶아 먹으려 한다고 내용을 전환함으로써 아름다운 모습과 비정한 태도를 극단적으로 대조해 격정을 불러일으킨다. 이러한 점은 요즘 동물 복지나 축사 환경 개선 등의 논의를 위해 제시하는 이야기에 가깝게 느껴질 정도다.

이옥은 어떤 논의나 비평을 더 하지 않았다. 다만 쌍부雙阜라는 지역의 바다에서 어부들이 아이를 안고 있는 인어가 그물에 붙잡힌 것을 발견하고는, 왜인지 두려운 느낌이 들어 그냥 풀어주었다는 이야기를 짧게 덧붙인다. 쌍부는 지금의 경기도 화성華城인데, 이 짧은 이야기를 덧붙여 인어를 잡아먹거나 해치는 행동에 괜히 불길한 분위기를 덧씌워 독자의 고민을 끌어내려 한 것 같다.

진주 눈물을 흘리는 교인

인어 이야기가 널리 퍼진 데는 오래전부터 전해 내려오던 중국 고전의 영향도 있었을 것이다. 중국 고전에는 예로부터 '교인鮫人'이라고 하는, 바다에 사는 사람 같은 것이 있어, 그것이 '교초鮫綃'라는 매우 신비로운 옷감을 짠다거나 눈물을 흘리면 진주가 된다거나 하는 이야기가 종종 등장했다. 이런 이야기들은 문학의 소재로 좀 과할 정도로 자주 사용되었고, 그 영향을 받은 조선 시대 작가들도 시를 지으며 교인이나 교초 같은 말을 즐겨 썼다. 예를 들어 정약용丁若鏞은 달빛이 아름답게 일렁이는 밤바다의 파도를 보고 "달 밝은 은빛 물가에 교인의 옷감이 잘리고 있네[月明銀浦剪鮫紋]"라는 시구를 지었다. 《조선왕조실록》에는 바다 한가운데 있는 섬에서 귀양살이하는 여성의 신세를 교인, 즉 인어에 비유한 기록이 있다. 다음은 정온鄭蘊이 인조仁祖에게 올린 글에서 발췌한 것이다.

> 귀양 간 여러 사람이 사방에서 갖은 고생을 한 지가 이제 이미 10여 년이나 되었으니, 대사면을 내리는 오늘날을 당해 양이量移하거나 석방한다면 실로 당겼다 늦추었다 하는 도리에 합당하겠습니다. 그런데도 양사兩司의 신하들이 다시 논핵論劾하는 것은 너무 심한 처사가 아니겠습니까. 아, 보통 사람들에게도 오히려 그런데, 더구나 가장 가까운 친척 사이이겠습니까. 이길李佶, 이억李億, 이건李健 세 사람은 곧 선왕의 혈손으로서 섬으로 유배된 지 지금 여러 해가 됩니다. 당시 장성하던 자는 이미 노쇠해졌고 어리던 자는 이미 장성했는데, 남자는 장가를 들지 못했고 여자는 시집을 가지 못하고 있습니다. 아, 남자는 그래도 괜찮으나 애처로운 저 과년한 여자는 끝내 교인으로 늙어 죽으라는 말입니까.
>
> _《인조실록》(31권) 1635년 5월 2일

중국의 교인 이야기 중에 한반도와 간접적으로 관련된 것이 있다는 점도 재미있다. 신라나 고려 사람들은 바다를 건너 당나라나 송나라를 자주 찾았다. 그러니 중국에서 한국인들과 얽인 바다 건너 이상한 세계를 모험하는 이야기가 만들어질 만했다.

19세기 조선의 학자 한치윤韓致奫이 엮은 《해동역사海東繹史》는 그런 이야기 중 하나로 《견이기甄異記》에 실려 있다는 설화 하나를 인용한다. 고려를 찾은 중국 사신이 어느 날 바닷가 모래밭에서 붉은 치마를 입은 채 양쪽 어깨를 드러내고 산발한, 여성처럼 보이는 무언가를 보았다. 자세히 보니 팔꿈치 뒤로 희미하게 붉은 지느러미가 있어 인어라 했다는 것이다. 그 외에도 출전은 불분명하지만, 당나라의 세력가인 원재元載가 부유해 사치를 부리던 시절에 신라인에게 인어가 짠극히 가벼운 옷감을 사 와 설요영薛瑤英이라는 아끼던 여성에게 선물로 주었다는 이야기도 보인다.

강치는 비밀을 알고 있다

그러나 조선 후기 퍼져나간 인어 이야기는 이것들과는 다른 방향으로 발전해나간 것인 듯싶다. 조선 후기의 인어 이야기에는 교인 이야기의 상투적인 소재인 진주로 변하는 눈물이나 신비로운 옷감 같은 것이 거의 등장하지 않는다. 왜 그런 이야기가 생겼는가 하는 것은 여전히 밝히기 어려운 문제다.

끔찍한 해석이지만, 바닷가에 거점을 둔 어느 해적이나 악당이 표류한 사람이나 연고가 없는 사람을 붙잡아 제대로 대접해주지 않으며 노예처럼 부린다는 이야기가 와전된 것으로 볼 수 있지 않을까. 또는 난파되어 떠밀려온, 조선말을 할 줄 모르는 외국인을 같은 사람이라고 생각하지 않고 사람보다 못한 짐승이라고 생각해 인어라고 하며 감금해둔 일이 점점 와전되며 퍼져나간 것 아닌가 하는 생각도 해본다.

좀더 현실적으로 생각한 사람들도 있었다. 조선 후기의 역사학자 안정복安鼎福은 《동사강목東史綱目》에서 울릉도鬱陵島의 '가지어嘉支魚'를 바다에 사는, 사람과 비슷하지만 사람은 아닌 동물로 소개한다. 가

지어는 울릉도, 독도獨島에 사는 바다사자의 한 종류인 강치를 일컫는 말인 듯하다.

《동사강목》은 가지어, 즉 강치에 관해 몸은 물고기 같고 네발이 달렸으며, 바위 밑에 굴을 파고 살고 어린아이 같은 소리를 내며, 그 기름은 등잔의 연료로 쓸 만하다고 설명한다. 바다사자의 독특한 울음소리와 지방이 많은 몸을 제법 사실적으로 설명한 것이다.

《동사강목》이 강치를 어린아이와 비교하고 기름 짜는 것을 강조한 것을 보면, 《어우야담》의 인어 이야기와 통하는 부분이 있어 보인다. 수염이 있다는 것도 강치의 모습과 닮았다. 그렇다면 조선의 인어 이야기는 뱃사람들이 강치의 어린아이 같은 울음소리나 귀여운 모습을 신기하게 여겨 말을 전하는 와중에 만들어진 것으로 설명할 수 있지 않을까. 예를 들어 강치의 울음소리는 어린아이의 울음소리와 똑같더라 하는 이야기가 퍼져나가는 중에 살이 붙어 사람을 닮은 바다 생물인 인어가 있다더라 하는 이야기가 되었다고 해보면 어떨까. 유럽의 인어 이야기가 듀공 같은 바다 동물을 인어로 착각한 사람들 때문에 더 유행했다는 것은 이미 잘 알려진 바다. 강치의 기름은 귀한 가치가 있으니, 이야기가 점점 신비한 쪽으로 살을 불려가며 퍼졌을 가능성은 충분할 것이다.

한편 《어우야담》 속 인어 이야기의 주인공인 김담령을 《조선왕조실록》에서 찾아보면 그다지 평판이 좋지 않은 관리로 평가된다는 점도 한번 생각해볼 만하다.

사헌부司憲府가 아뢰기를, "흡곡현령縣令 김담령은 사람 됨됨이가 난잡스러운데, 임지에 도착한 뒤로 오직 백성의 재물을 빼앗는 것으로 일을 삼고 있습니다. 이렇게 흉년을 당한 해에 친족의 천장遷葬을 핑계로 본 현의 인마人馬를 조발調發해 아주 먼 호남에다 보냈는데, 쇄마刷馬 한 필에 그 값이 목면 수십여 필에 이르렀습니다. 가난한 백성이 말을 세울 수 없으면 자신이 관아의 말을 세우고는 그 값을 민결民結에서 받으니, 작은 고을의 쇠잔한 백성이 모두 도망해 흩어졌습니다. 쇄마로 서울에 도달한 자들이 도로에서 부르짖으며 우니 듣고 보는 자들이 매우 놀라지 않는 이가 없습니다. 파직하도록 명하소서. 그리고 본 고을은 매우 심하게 잔패殘敗되어 장차 버려야 할 땅이 될 형편이니 그 대임代任을 자상하고 성적聲績이 있는 사람을 엄밀히 가려 임명해 보내도록 하소서."

_《광해군光海君 일기》(중초본中草本)(22권) 1609년 11월 27일

《어우야담》에서는 김담령이 붙잡힌 인어들을 불쌍히 여겨 풀어주라 했다고 나오는데, 실제 성격은 조금 달랐던 듯싶다. 한편으로 그가 관리, 즉 유학을 공부한 사람이라는 점에서, 인어 이야기는 어민들의 삶을 잘 알지 못하면서 그저 낯설고 이상하다고 본 상위 계층의 시선이 반영된 것일지 모른다는 생각을 해본다. 예를 들어 서울에서 과거 공부를 하며 책만 읽던 유학자가 관리가 되어 어촌 마을에 부임했는데, 매일 물고기를 잡고 그 내장을 손질하는 거친 생업 현장의 어민들을 보고는 그저 잔인하고 험한 사람들로 여겼을지 모른다. 그래서 그들을 낮추어본 유학자가 바다 동물 손질하는 모습을 보고, 아름다운 인어를 잔혹하게 대한다며 수군거리고 다녔던 것 아닐까.

요즘 같은 세상이라면 인어 이야기의 배경이 된 바닷가 도시에서 인어 모양의 어묵이나 맛살을 만들어 기념품으로 파는 날이 올지 모른다. 곰 모양 젤리나 토끼 모양 솜사탕이 잘 팔리는 것처럼, 인어 모양 어묵이 들어간 찌개를 끓여 인어탕이라고 팔면 반응이 좋을 것이라고 생각할 사람이 꽤 있을 것 같다.

2장

상감마마를 지켜라

궁전을 뒤흔든 괴물들

왕건으로 이어지는 용의 계보

용손

경기도

네 이놈들!
나 우왕은 신돈의 자식이 아닌
고려 임금의 자손이 명백하니,
자 여기 증거를 보아라.
내 몸에 돋은 용 비늘을 보고도
못 믿겠느냐.

고려판 《오디세이아》

용과 사람 사이에 태어난 자손이라고 하면 요즘에는 소설이나 영화, 또는 유럽이나 미국의 텔레비전 드라마에서 활용할 만한 소재라고 생각할지 모르겠다. 그렇지만 한동안 용의 자손, 즉 '용손龍孫'이 있다는 괴물 이야기는 한국인들에게 굉장히 친숙했다. 그럴 수밖에 없는 것이 고려 시대에는 임금이 바로 용과 사람 사이에 태어난 자손이라는 이야기가 퍼져 있었기 때문이다.

이런 이야기는 조선 시대까지 이어져 내려왔다. 예를 들어 《조선왕조실록》에 실린, 지금의 서울로 천도한 것을 축하하는 권근權近의 글에 용의 자손에 관한 내용이 있다.

용손은 천명天命이 다하고, 선리仙李는 부창敷暢해 영화榮華하도다. 천 년 전에 그 징조가 심히 밝았도다. 하늘이 열어주어 우리 임금이

96

점치었도다. 아름답다! 천만 년의 태평을 열어놓았도다. 도도하게
흐르는 한강이요, 높고 높은 화악華嶽이로다.

_《태종실록》(10권) 1405년 10월 20일

"용손이 천명을 다했다"라는 말은 용의 자손이 하늘이 내린 운수를
잃었다는 것인데, 즉 용의 자손으로 상징되는 고려 임금이 망했다는
뜻이다. 그리고 여기에 대구를 이루는 "선리는 부창하다"라는 말은 신
선의 자두나무가 크게 열매 맺었다는 것인데, 즉 조선 임금의 성씨가
이李(자두나무)씨이므로 그 가문이 이제부터 번창한다는 뜻이다.

용손 이야기는 고려를 건국한 왕건王建의 할아버지가 얽힌 사연에
서 시작된다. 왕건이 보통 사람이 아니라 하늘이 내려 내력이 신비한
사람이라는 점을 강조하기 위해 그의 측근이나 고려 조정에서 일부러
퍼뜨렸기 때문인지 용손 이야기는 널리 알려졌다. 어쩌면 후삼국 시대
의 혼란을 끝내고 한반도를 통일한 왕건이기에 워낙 인기가 많아 사람
들이 그의 조상에 관한 이야기까지 좋아했는지 모른다.

이야기의 전체 내용은 비교적 자세하게 기록되어 있다. 조선 초기에
조정에서 발간한 《고려사》의 첫머리에는 왕건의 조상을 다룬 〈고려세
계高麗世系〉라는 글이 있는데, 용과 사람 사이에 자손이 생겼다는 이야
기를 여러 자료를 인용해가며 설명한다.

〈고려세계〉의 뼈대는 고려 시대 초기의 책인 《편년통록編年通錄》을
참고한 듯하다. 여기에 따르면 왕건의 할아버지는 작제건作帝建이다.
그는 신라 후기의 인물로 어릴 적부터 글씨를 잘 쓰고 활쏘기에 능했
다. 16세 때 아버지가 남겨두었다는 활을 물려받아 사용했는데, 워낙

에 솜씨가 좋아 쏘는 대로 다 맞힐 정도였다. 이 때문에 주위 사람들은 그를 일컬어 신궁神弓이라고 했다. 당시는 신라가 삼국을 통일한 지 한 참 지난 후였지만, 그가 살던 곳은 지금의 개성 근방으로 옛 고구려 땅 이었다. 그렇다면 당시 사람들은 먼 옛날 고구려의 주몽朱蒙 이야기를 떠올리며 그를 더욱 대단한 인물로 여겼을지 모른다.

작제건의 집안은 선대부터 배를 타고 바다를 건너 무역하는 일에 종 사했던 것 같다. 개성에서 예성강禮成江 강물을 따라가면 쉽게 바다로 나갈 수 있다. 그도 때가 되어 배를 타고 바다로 나가기로 마음먹었다. 《고려사》는 자신의 아버지를 찾기 위해 세상 이곳저곳을 돌아볼 목적 이었다고 설명한다. 그의 아버지가 당나라에서 성공했다는 소문이 돌 았기 때문이다. 보기에 따라서는 아버지의 행방을 어린아이에게 알려 주기 난처해 "아버지는 먼 나라에 출장 가셨다"라고 둘러댄 것 아닌가 싶기도 하다. 물론 고려 시대에는 이 이야기를 그대로 믿는 사람이 적 지 않았다. 심지어 그의 아버지가 사실 당나라 황제라는 이야기가 퍼 지기까지 했다. 고려 후기가 되면 원나라의 학자들이 그런 이야기가 황당하지 않으냐고 고려 임금에게 물어볼 정도였다.

작제건이 배를 타고 나가며 본격적인 모험담이 펼쳐진다. 그 내용은 《삼국유사》에 실려 있는 거타지居陀知의 모험담과 대단히 흡사하다. 작제건의 모험담을 더 멋지고 신기하게 꾸미기 위해 신라 말엽 인기 있었던 거타지 이야기를 섞은 듯하다.

거타지 이야기에 따르면 그 일행은 배를 타고 가다가 곡도鵠島에서 난처한 상황에 빠졌다고 한다. 곡도는 지금의 백령도白翎島로, 한반도 에서 가장 서쪽으로 뻗어 나간 곳이기에 안보상 중요한 섬이다. 이곳에서 중국 산둥山東반도까지는 거리가 200킬로미터도 되지 않는다. 요즘도 중국 어선이 심심치 않게 출현하는 지역이니, 중국으로 무역하러 떠나는 신라 뱃사람들이 즐겨 이용했을 만한 바닷길이다. 작제건의 고향인 개성에서도 가까운 곳이다. 그가 백령도 방향으로 가는 배를 탔다는 가정은 그럴듯하다.

그런데 작제건이 탄 배가 문득 바다 한가운데서 이상한 구름과 안개에 휩싸였다. 사방이 어두컴컴해 마치 갇힌 것처럼 되니, 배가 앞으로 나아갈 수 없었다. 선원들은 겁에 질렸다. 마침 점술에 능한 사람이 배에 있었다. 당시 먼바다로 나가 항해하려면 밤하늘의 별을 보고 방향을 잡는 것이 중요했을 테니, 별 보는 법인 점술을 익힌 사람이 배를 탔던 것 같다. 그가 점을 쳐보자 "고구려 땅에서 온 인물이 없어져야 한다"라는 점괘가 나왔다.

작제건의 고향이 옛 고구려 땅 아니었던가! 그는 분위기가 심상치 않은 것을 느끼자 활과 화살을 들고 스스로 배에서 뛰어내렸다. 다른 사람들이 자신을 제물로 바치려고 마음먹은 듯하다는 것을 눈치챘지 싶다.

관세음보살을 닮은 용의 딸

그다음 내용은 고려 후기의 문신이자 학자 민지閔漬가 쓴 《편년강목編年綱目》의 기록이 좀더 극적이다. 바다에 뛰어든 작제건은 근처에 있던 암초를 기어올랐다. 그런데 암초를 올라 파도를 피하며 살펴보니 바닷물이 깊지 않아 걸어갈 수 있는 길이 보이는 듯 보이지 않는 듯 몇백 발자국쯤 이어져 있었다. 어차피 바다 한가운데 있어보았자 살길은 없었으므로 그 길을 따라갔다. 길의 끝에서 바위로 뒤덮인 작은 섬에 도착했으니, 지금의 백령도나 백령도 근처의 작은 섬이었을지 모른다.

그 섬에는 상당히 화려한 기와집이 한 채 있었다. 작제건은 이상하게 여기면서도 집이 있으니 사람도 있을 것이고, 그렇다면 목숨을 건질 수 있겠다는 생각에 그곳으로 달려갔다. 도착해보니 문이 열려 있었다. 집 안에는 책상이 놓여 있었고, 그 위에는 알 수 없는 경전 한 권과 금가루를 풀어놓은 물감이 있었다. 누군가 경전을 금색 물감으로 베껴 쓴 흔적 같았다. 그러나 사람은 보이지 않았다. 가까이 가서 보니 글씨가 촉촉했다. 분명 조금 전까지 누군가 글씨를 쓰고 있었다는 뜻이다. 그런데 주변을 아무리 둘러보아도 사람을 찾을 수 없었다.

작제건은 한참을 기다리며 신비하다는 생각에 점점 더 빠져들었다. 도대체 누가 여기에 있었을까. 누구이길래 바다 한가운데 있는 섬에 이렇게 좋은 집을 지었을까. 여기는 어디일까. 나는 여기서 살아 나갈 수 있을까. 생각이 꼬리에 꼬리를 물었지만, 그는 일단 마음을 차분히 가라앉혔다. 그래야 무슨 판단이든 옳게 내릴 수 있겠다고 생각했기 때문이다. 그는 책상 앞에 앉아 붓을 들고 경전을 베껴 쓰기 시작했다. 글씨 쓰는 데 자신 있었으므로 그러면서 정신을 집중하자고 생각했던 듯하다.

그러고 있으니 홀연히 어떤 사람이 작제건 앞에 나타났다. 자신과 비슷한 나이의 여성이었다. 그는 여성의 모습이 너무나 신비로워서 관세음보살을 보고 있다고 생각했다. 뱃사람들이 안전한 항해를 바라며 관세음보살에게 비는 풍속은 조선 시대에도 계속되었다. 아마 그도 그런 풍습에 친숙했을 것이다. 또는 그가 그리 생각할 만큼 여성의 옷차림이 고귀하고 자태가 신비로워 아름답게 보였을지 모른다. 여하튼 그는 자리에서 벌떡 일어나 절하려고 했다.

그러자 여성은 말없이 사라졌다가 얼마 후 다시 나타났다. 아마 자신을 관세음보살로 착각한 작제건이 우습다고 생각했나 보다. 그제야 여성은 자신이 누구인지 밝히며 이렇게 말했다.

"나는 용녀龍女입니다. 여기서 몇 년 동안 경전을 베껴왔지만, 아직도 다 쓰지 못했소. 다행히 그대는 글씨를 잘 쓰는 재주와 활을 잘 쏘는 재주가 있으니, 이곳에 머물며 내가 경전을 베껴 쓰는 것을 도와주시오. 또한 집안의 어려움도 한 가지 해결해주기를 바라오. 그 어려움이 무엇인지는 이레가 지나면 알게 될 것이오."

용녀는 용의 딸이라는 뜻이다. 《편년통록》의 기록을 보면 먼저 서해의 용왕이 나타나 작제건을 만났고, 그다음 맏딸이 나타났다고 되어 있다. 즉 용녀는 용의 임금인 용왕의 첫 번째 딸, 첫째 공주라고 볼 수 있다. 《편년통록》은 용녀의 이름을 저민의翥旼義라고 전한다.

힘을 합쳐 늙은 여우를 잡다

얼마 후 작제건은 저민의가 말한 집안의 어려움이 무엇인지 알게 되었다. 변신하는 재주를 부리는 노호老狐, 즉 늙은 여우가 집안사람들을 괴롭힌다는 것이었다. 노호는 해 질 녘이 되면 치성광여래熾盛光如來의 모습으로 변신할 수 있었다. 불교에서 치성광여래는 아름다운 불빛을 뿜으며 어려움에 부닥친 사람들을 구해주는 신령 같은 모습으로 묘사된다.

　노호는 그렇게 변신한 모습으로 하늘에서 내려와 주변을 구름과 안개로 가득 차게 한 뒤 해, 달, 별을 주변에 벌여놓고 빛나게 했다. 그리고 소라로 된 나팔을 불고 북을 치며 괴이한 곡을 연주했다. 모든 준비를 마치면 돌 위에 앉아《옹종경臃腫經》을 읽는데, 그 소리를 들으면 용들은 머리가 쪼개질 듯이 아팠다.《삼국유사》의 거타지 이야기를 보면 노호 때문에 용의 집안사람 여럿이 죽게 될 정도였다고 한다. 짐작해 보면 세상의 온갖 고매한 지식을 깨우친 용들이지만,《옹종경》만은 듣기 싫었을 수 있다. 아니면 오히려 깨달음 때문에《옹종경》을 더욱 듣기 괴로워했던 것은 아닐까. 그렇다면 용이 아닌 작제건은《옹종경》을 들어도 별 탈이 없었을 것이다.

　저민의는 작제건에게 노호가 나타나면 활로 쏘아 물리쳐달라고 부탁했다. 하지만 막상 저녁이 되어 노호가 나타나자 그는 크게 감탄할 뿐이었다. 빛을 뿜으며 세상의 힘든 사람들을 구해준다는 치성광여래의 화려하고 멋진 모습을 보고 그는 정말로 신비하고 성스러운 신령이라고 여겨 감히 활을 쏘지 못했다. 옆에서 정신 차리고 활을 쏘라는 저민의의 말을 들은 후에야 그는 노호를 공격했다. 과연 그의 화살은 명중했고, 노호는 땅에 떨어졌다.

　작제건은 이후 궁궐 같은 곳으로 안내되어 용 무리에게 감사 인사를 받았다. 이어서 다음과 같은 제안을 들었다.

　"그대 덕분에 근심이 사라졌으니, 은혜를 갚고 싶소. 서쪽으로 바다를 건너가서 그대의 아버지를 찾겠소? 아니면 온갖 보물을 들고 동쪽의 고향으로 돌아가 어머니를 모시고 부자로 살겠소?"

모두 엄청난 제안이지만, 작제건은 임금이 되고 싶다고 포부를 밝혔다. 그러자 용들은 그 일은 나라의 운수가 엮여 있어 때를 맞추지 않으면 어려우니, 그의 자손 때나 이루어질 것이라고 답했다. 그러면서 다른 소원은 모두 들어주겠다고 다시 한번 제안했다.

작제건이 망설이자 어느 할머니가 "왜 용녀와 결혼하겠다는 소원을 빌지 않는 거요?"라고 웃으며 물었다. 결국 그렇게 소원을 말한 그가 저민의와 부부가 되어 고향으로 돌아가며 이야기는 끝난다.

이후에도 이야기가 좀더 이어지기는 한다. 섬에서 온갖 보물을 갖고 돌아가려는 작제건에게 저민의가 버드나무 지팡이와 돼지가 훨씬 더 큰 보물이라고 조언해, 부부는 그것들까지 챙겨 돌아왔다. 이후 돼지가 가는 곳을 따라가 터를 잡으니, 풍수지리상 아주 좋은 곳이었다는 것이다.

이야기에는 저민의가 우물을 파 그곳을 통해 용궁을 오갔는데, 그 모습을 절대 보지 말라고 했다는 내용도 있다. 하지만 작제건이 호기심을 참을 수 없어 엿보니, 저민의가 황룡黃龍으로 변신하는 장면을 목격했다. 그 후 저민의는 그가 약속을 어긴 것을 알고 떠나버렸다. 이 부분의 이야기가 유독 인기 있었는지, 《조선왕조실록》〈세종실록지리지世宗實錄地理志〉에도 개성 지역에 전해 내려오는 신기한 이야기로 실려 있다.

작제건이 서해 용왕의 딸에게 장가들어 이곳에 살면서 아들 넷, 딸 하나를 낳았는데, 용녀가 집 가운데 우물을 파고 늘 우물 가운데를 통해 서해에 왕래하며, 그 남편에게 경계하기를, "내가 장차 우물에 들어갈 터이니, 절대로 보지 마시오" 했다. 그후에 작제건이 창틈으로 엿보니, 용녀가 딸을 거느리고 우물가에 이르러 함께 황룡으로 화해 구름을 일으키고 우물에 들어갔다가 돌아와서, 남편을 꾸짖기를, "어째서 언약을 어기시오. 내가 여기에 있을 수 없습니다" 하고, 드디어 딸과 더불어 용으로 변해 우물로 들어가 돌아오지 아니했다.

_《세종실록》(148권)〈지리지 구도舊都 개성 유후사留後司〉

왕건의 할머니가 해적이라면

저민의는 왕건의 할머니다. 그러니까 임금의 할머니가 서해 용왕의 첫 번째 딸이고 노란 용으로 변신해 여러 색깔의 구름을 일으키며 우물 속으로 들어간다는 이야기가 널리 퍼져 있었던 것이다. 당연히 이 이야기가 황당하다고 비판한 사람도 많았다. 예를 들어 고려 말기의 학자 이제현李齊賢은《성원록聖源錄》을 인용, 왕건의 할머니는 지금의 황해도 평산平山인 평주平州 사람 두은점각간豆恩坫角幹의 딸이라고 하며 용녀 이야기는 현실성이 없다고 지적했다.

그렇지만 이제현조차 왕건의 할머니를 용녀라고 불렀다. 용의 딸이라는 말 자체는 이제현도 자연스럽게 쓰고 있었던 셈이다. 게다가 조선 시대 중기의 이야기책《어우야담》에는 고려 임금 우왕이 죽기 직전 자신도 용의 자손이라며 그 증거로 웃옷을 벗어 용 비늘이 돋은 피부를 보여주었다는 전설이 실려 있다. 이성계 일파가 고려 임금의 자손이 아니라 신돈辛旽의 자식이라는 이유로 처형하려고 하자, 자신은 고려 임금의 자손이라고 항의하며 용 비늘을 보여주었다는 것이다. 이처럼 고려 임금이 용손이라는 이야기는 조선 시대 중기까지 전해 내려온 인기 있는 전설이었던 듯싶다.

실제로는 과연 무슨 일이 있었을까. 정말로 1,000년 전에는 서해에 용이 살았고, 그 딸이 사람으로 변신할 수 있었을까. 근거는 없지만, 용의 딸이라는 저민의의 정체가 사실 해적은 아니었을까 하고 상상해본 적이 있다. 왕건의 할아버지뻘이라면 장보고張保皐가 해적을 물리치던 시기와 그리 멀지 않다. 특히 장보고가 몰락한 후 해적은 신라의 중요한 사회 문제였다. 거타지 이야기에도 선원들이 옛 백제 땅 출신 해적들을 방비하고자 고민했다는 대목이 있다.

그렇다면 작제건이 바다 한가운데서 만난 저민의는 용의 딸이 아니라, 용의 딸이라는 별명으로 불린 해적이었을 수 있지 않을까. 저민의가 이끄는 해적 무리가 다른 무리와 파벌 싸움을 벌이다가 위험한 처지에 놓이는데, 화살을 잘 쏘는 작제건의 도움을 받아 단숨에 상대편을 물리친 사건이 용손 이야기로 신비롭게 탈바꿈한 것은 아닐까.

치성광여래로 변신한다는 저민의의 적 노호는 치장이 화려한 사이비 종교 교주처럼 보이기도 한다. 또한 저민의가 결혼 후 자신이 우물에 갈 때 절대 보지 말라고 주의한 것은 해적들과 비밀스럽게 계속해서 연락을 주고받는 모습을 들키지 않기 위해서인지 모른다. 여러 가지 보물을 갖고 있다는 점, 배를 항해하지 못하게 막은 점도 해적과 연결되는 듯 보인다.

고려 시대라면 왕건의 할머니가 해적이라는 이야기는 불경한 취급을 받겠지만, 지금은 오히려 무척 재미난 이야기 같다. 글씨 쓰는 재주가 좋은 부잣집 도련님이 바다로 나갔다가 망망대해에서 고생 중인 여성 해적을 만나 의기투합해 사이비 종교 교주를 물리치고 그 와중에 정이 들어 부부가 되니, 손자가 왕건이라는 이야기는 흥미진진하다. 나는 사극에서 민족의 위대한 혼을 되살리겠다며 거창한 내용을 다루는 것도 좋지만, 이런 이야기를 좀더 많이 소개하는 것도 쓸모 있는 일이라고 생각한다.

2019년 7월 21일 북한의 《조선중앙통신》은 예로부터 원창왕후元昌王后, 즉 저민의의 무덤이라고 전해지는 개성의 온혜릉을 전면적으로 조사, 발굴해 국보로 등록했다고 보도했다. 돌짐승 세 개를 비롯해 여러 유물이 나왔다는데, 그중 용 모양인 것이나 항해와 관련된 것은 없는지 궁금하다. 또한, 있을 법한 일은 아니지만, 무덤에서 지금까지 발견된 적 없는 이상한 생명체의 디엔에이DNA가 나오지는 않았는지 한번 물어보고 싶다.

부처가 된 세조의 경고

생사귀

부처가 되신 세조께서 말씀하시기를,
다섯 갈래 뿔이 돋은 생사귀가
조선인의 살고 죽음을 관장하니,
궁전을 단단히 지켜
임금을 보호하라 하셨습니다.

전라도

조선을 뒤흔든 어느 군인의 꿈

1990년대 이후 한국 고유의 전설과 신화에서 환상적인 소재를 찾아 만든 이야기 중에는 저승에 관한 것이 많은 듯하다. 작가들이 쉽게 접할 수 있는 상세하게 정리된 자료 가운데 불교 계통의 종교적 전통과 얽혀 전해 내려온 전생 이야기나 혼령 이야기가 많았으므로 자연스럽게 저승을 소재로 활용한 것 같다. 또 1990년대부터 무속인들에게 조사한 굿 관련 이야기들이 자료집이나 서적 형태로 활발히 출간되기도 했다. 이 이야기들의 주된 내용은 당연히 무속인들이 하는 일과 관련된 것일 테니, 역시 이승을 떠난 귀신과 저승 이야기가 많았다.

한편으로 다양한 옛 기록이 충분히 소개되기 전, 널리 유행한 옛날 이야기 중에는 무서운 이야기, 귀신 이야기가 가장 흔했을 성싶다. 이런저런 이유로 저승 세계를 넘나들며 놀라운 재주를 부리는 신비한 인물 이야기라든가, 이상한 모습의 귀신이나 괴물 이야기라든가 하는 것들이 현대의 작가들이 즐겨 사용한 소재가 되었던 것 같다. 1960년대 라디오 드라마 〈전설 따라 삼천리〉부터 1990년대 피시PC통신에서 유행한 소설 《퇴마록》까지 저승을 소재로 활용한 창작물들은 꽤 깊이 뿌리내렸다.

《조선왕조실록》에도 저승 이야기가 기록되어 있다. 지금 소개하는 이야기는 15세기에 기록된 것으로 그리 유명하다고는 할 수 없다. 하지만 내용이 상당히 독특하고, 동시에 앞뒤로 다양한 이야기와 연결되어 있어 눈길을 끈다. 그래서 조선 초기 무렵 어떤 저승 이야기가 유행했는지, 당시 사람들은 신비로운 세계에 어떤 생각을 품었는지 짐작해 볼 단서가 된다고 생각한다.

이야기는 《조선왕조실록》 1471년 4월 27일 자 기록에 실린 이결李結이라는 어느 선군船軍의 꿈에서 시작된다. 선군은 배를 타고 싸우는 군인이라는 뜻이다. 따라서 그는 수군, 그러니까 해군이었던 듯하다. 높은 벼슬을 살고 있었다면 정확히 밝혔을 텐데, 별말 없이 그저 선군이라고만 한 것을 보면 직위가 높지 않은 직업 군인이었을 것이다. 다만 뒤의 내용으로 보아 그는 꿈 이야기를 문서로 써서 보고한 듯하다. 즉 한문으로 글을 쓸 정도로 교육받은 신분이었을 가능성은 있다.

그저 군인의 평범한 꿈 이야기에 불과하다면 《조선왕조실록》에 실리지도 않았을 것이고, 그 내용이 수백 년 지나 우리에게 알려지지도 않았을 것이다. 그런데 꿈 이야기가 화제가 되어 기록으로까지 남은 것은, 내용이 상당히 파격적이어서 의금부가 이결을 처벌해야 한다고 임금에게 보고했고, 실제로 그리되었기 때문이다.

그도 그럴 것이 이결은 꿈에서 세조世祖를 만났다고 밝힌다. 세조는 당시 임금이었던 성종의 할아버지다. 임금의 말이 곧 법과 다름없는 전제군주 국가에서 임금이 하지도 않은 말을 임금의 말이라고 지어내는 것은 곧 가짜로 법을 만들어 세상을 속이려는 사기이자, 임금의 권위를 농락하는 큰 죄다. 그런데 그는 임금의 할아버지가 꿈에 나타나 어떤 말을 했다고 하니, 그것만으로도 목숨이 위험할 만했다.

이결은 세조가 저승 같은 곳, 즉 서천불국세계西天佛國世界의 이야기를 들려주었다고 밝힌다. 이 대목의 내용이 상당히 특이해 눈에 띈다. 우선 서천불국은 불교의 발상지로, 조선에서 볼 때 서쪽에 있는 지금의 인도와 네팔 지역을 일컫는 말인 듯하다. 그런데 이 말은 종교적 깨달음의 세계를 가리킬 때 주로 활용된 것으로 보인다. 이런 이유로 서천불국세계는 일상, 또는 이승에서 접할 수 없는 세상이라는 뜻도 되니, 저승의 의미와 통한다.

이어지는 이야기에서도 서천불국세계와 저승의 의미가 비슷하다는 것이 드러난다. 그곳의 해중海中, 즉 바닷속에 검물덕檢勿德이라는 여성 신령이 사는데, 바로 검물덕이《조선국인명총록책朝鮮國人名摠錄冊》을 가졌다고 하기 때문이다.《조선국인명총록책》이 어떤 책이라고 명확히 설명하지는 않지만, 성종이 나라 다스리는 일의 운명이 담겨 있다고 한다. 그렇다면 제목 그대로 조선에 사는 모든 사람의 운명이 기록된 책일 것이다.

즉《조선국인명총록책》은 한국 전설에 종종 등장하는 '사람의 수명이나 선악을 써놓은 저승의 책'이라는 소재와 통한다. 이어서 이결은 "(검물덕의 아들 생사귀生死鬼가) 조선인의 생사대명生死大命(죽고 사는 운수)을 가지고 있다"라는 세조의 말을 전한다. 그리고 중요한 묘수라는 듯이 생사귀가 궁전으로 들어오지 못하게 하는 주술을 소개한다. 이것을 반대로 생각해보면 만약 어떤 사람이 목숨을 잃을 운수인데 아무 주술을 쓰지 않는다면 보통 그때 생사귀가 찾아온다는 말이다. 즉 생사귀가 저승사자 역할을 하는 셈이다.

지금까지 이야기를 정리하면 이렇다. 머나먼 서쪽 지역에 보통 세상과는 다른 환상적인 세상이 있다. 그곳의 바닷속에 검물덕이라는 여성 신령이 사는데, 모든 조선인의 운명을 기록한 책을 갖고 있다. 그 책에 따라 생사를 집행하는 것은 아들인 생사귀다. 생사귀는 조선에서 죽을 운명인 사람을 잡아 저승으로 데려온다. 여성 신령이 죽고 사는 운명, 또는 저승을 관장한다는 점, 아들이 저승사자 역할을 한다는 점, 바닷속 세상이 무대라는 점 등이 매우 독특해 기억에 남을 만하다.

〈인터스텔라〉를 뛰어넘는 4차원의 신비

이어지는 《조선왕조실록》의 기록을 옮겨보면 이렇다.

> "검물덕이 낳은 남자아이는 그 이름을 생사귀라 하고, 그 머리와 몸은 흑색黑色이다. 그 뿔[角]은 다섯 가지로 갈라져 나왔으며, 이 남자아이가 조선인의 생사대명을 가지고 있다. 만약 이 귀신이 궐내에 들어오지 못하게 하려면, 마땅히 팔지녹각八枝鹿角(여덟 가지로 뻗은 사슴뿔)과 흑두호黑頭狐(검은 여우 머리), 대저아大豬牙(커다란 돼지 엄니)를 궐내의 사방에 묻으라" 하고, 또 이르기를, "장영기張永奇의 흥행興行으로 금상今上이 안심할 수 없으니, 사천불四千佛과 완도莞島의 송宋

대장大將 등을 붙잡으라" 하고, 또 이르기를, "모든 국가의 일은 내가
마땅히 힘써 도모할 것이니, 아울러 이 뜻을 가지고 상달上達하라"
하셨다.

_《성종실록》(10권) 1471년 4월 27일

　이결은 지금의 전라남도와 완도 지역에서 일어난 사건 한두 가지를
엮어서 언급하니, 전라도 출신, 또는 전라도를 왕래하던 군인이었을지
모른다. 그렇다면 그의 꿈 이야기에 당시 전라도 해안 지역 사람, 또는
뱃사람 사이에 유행한 저승 이야기가 어느 정도 반영되어 있을 가능성
은 충분하다. 바닷속 세계가 저승이나 운명과 관련된 신비로운 곳으로
묘사된 것도 풍랑을 만나 배가 바다에 가라앉으면 속절없이 목숨을 잃
을 수밖에 없는 뱃사람들의 정서에 영향받았기 때문일 수 있다.

　한편으로《조선국인명총록책》이라는, 모든 사람의 과거와 미래가
기록된 책이 있어 사람은 그것에 기록된 대로 살 수밖에 없다는 운명
론 소재도 재미있어 보인다. 이때 과거와 미래는 이곳에서 저곳으로
흘러가는 것이라기보다는 한꺼번에 정해져 있어 책 속에 완성된 형태
로 기록되어 있다. 가히 시간의 흐름을 넘어서는 4차원적 책이라고 할
만하다. 만약 이런 책이 정말 있다면, 내가 지금《조선국인명총록책》에
관한 글을 쓰고 있다는 사실조차 그 책에 기록되어 있고, 이 글을 어떻
게 쓰다가 어떻게 마무리할 것인가 하는 미래도 그 책에 기록되어 있
을 것이다. 즉 무엇을 어떻게 하든 나는 책의 내용대로 살 뿐이다.

저승사자는 무슨 옷을 입었을까

기록 속 생사귀의 외모에 관한 묘사도 눈길을 끈다. 많은 사람이 전통적인 저승사자의 모습으로 검은 옷을 입고 검은 갓을 쓰며 얼굴은 창백한 중년 남자를 떠올린다. 하지만 이런 모습이 저승사자의 정형으로 널리 퍼져 자리 잡은 것은 그렇게 오래되지 않은 듯하다. 오히려 불교에서 비슷한 일을 한다고 전하는 감재사자監齋使者나 직부사자直符使者의 그림을 보면 굉장히 화려한 관복을 입은 모습이다.

저승에서 이승으로 죽을 운명의 사람을 찾아오는 저승사자라는 것은 조선 시대 기록 여기저기에서 눈에 띄지만, 그 모습이 검은 옷, 검은 갓 차림이라는 묘사는 많지 않다.《성소부부고惺所覆瓿稿》〈주흘옹몽기酒吃翁夢記〉에 다른 세상에서 와 저승사자와 비슷한 느낌을 주는 사람이 검은 옷을 입었다고 쓰여 있는 정도다. 정작《중대신문》에 실린 최상식 선생의 인터뷰를 보면 검은 옷, 검은 갓 차림의 모습은 텔레비전 드라마〈전설의 고향〉을 연출하면서 방송사 제작진이 창작해 만들어 낸 것일 뿐이라고 한다.

실제로《조선왕조실록》에 나오는 생사귀의 모습은 검은 옷, 검은 갓 차림의 저승사자와는 아주 다르다. 생사귀는 몸이 검은색이고 뿔이 다섯 가지로 갈라져 돋아난 모습이라고 한다. 머리에 사슴뿔 같은 것이 다섯 가지로 갈라져 솟은 모습이라는 뜻일까. 어쩐지 중세 유럽 전설에서 등장하는 염소뿔이 달린 악마와 비슷한 모습이 떠오른다. 이결은 검물덕이 생사귀를 대략 1, 2년 전에 낳았음을 제법 중요한 사실인 양 언급한다. 그렇다면 생사귀는 저승사자 하면 떠오르는 중년 남자의 모습보다는 아기나 어린아이의 모습에 좀더 가깝다고 해야 할 것이다.

생사귀의 몸이 검은색이라는 점도 특이하다. 그의 어머니 검물덕의 이름에서 '덕德'은 옛날 여성 이름에 흔히 붙이던 '데기'를 한자로 표기한 것일 가능성이 크다. 그러므로 검물덕은 '검을데기' 정도의 이름을 한자로 표기한 것으로 보인다. 그러니 검물덕은 이름부터 검은색을 상징하고, 자연스레 그 아들 생사귀도 몸이 검다. 이런 점에서 검은색이 저승, 죽음, 운명을 상징하지 않았을까 싶기도 하다. 묘하게도 현대에 널리 퍼진 저승사자의 모습과 통하는 점이 보인다.

검물덕이나 생사귀의 정체는 과연 무엇이었을까.《조선왕조실록》은 검물덕이 김수앙金守仰이라는 자의 딸이라고 한다. 그렇다면 전라도, 또는 서해안 지역에 어떤 신비로운 이야기가 떠돌았는데, 그 이야기에 등장하는 검물덕이 자기 딸이라고 주장하는 김수앙이라는 무당이 있었을지 모른다. 반대로 신비로운 이야기에 김수앙이 나오는데, 그가 자기 아버지라고 주장하는 검물덕이라는 무당이 있었을 수 있다.

정리하면 검물덕이든 김수앙이든 관련된 이야기가 뱃사람 사이에 제법 많이 돌았고, 그 이야기를 정말 믿었거나 아니면 일부러 퍼뜨리려고 했던 이결의 꿈에까지 나온 듯하다. 이결은 이 이야기를 임금에게 전해야 마땅하다고 생각해 스스로 나서서 보고했다. 어느 정도 교육받고 나라의 녹을 먹는 군인이 진지하게 믿었을 정도로 검물덕과 생사귀가 저승을 다스린다는 이야기가 널리 퍼져 있었던 듯싶다. 그게 아니라면 그 이야기가 임금의 관심을 끌 정도로 설득력이 있다고 적어도 이결 본인은 믿었던 것 같다.

짐승이 지키고 공무원이 다스리는 저승

검물덕과 생사귀 이야기가 그 이전의 저승 이야기들과 통하는 점도 몇 가지 눈에 띈다. 조선 시대 이전 오랫동안 널리 퍼진 저승 이야기 중 다수는 불교 문헌 《목련경目連經》의 지옥 이야기에서 소재를 얻었을 것으로 생각한다. 《목련경》에는 석가모니釋迦牟尼의 제자 목련이 지옥에서 고생하는 어머니를 구출한 이야기가 실려 있는데, 이는 조선 시대 내내 강조한 가치인 효와 통하기도 해서 더 널리 퍼졌던 것 같다. 불지옥, 칼날지옥 등 무시무시한 지옥의 모습은 역시 불교 문헌인 《능엄경楞嚴經》, 《지장경地藏經》, 《시왕경十王經》 등에도 언급되어 있지만, 유독 조선에서는 《목련경》, 《우란분경盂蘭盆經》 등에 나오는 목련 이야기가 널리 퍼진 듯싶다. 그런 만큼 세조가 직접 편찬에 참여했던 《석보상절釋譜詳節》이나 《월인석보月印釋譜》 같은 조정에서 펴낸 책에도 목련 이야기가 편집되어 실려 있다.

《월인석보》에 따르면 저승에는 임금처럼 그곳을 다스리는 신령으로 염라대왕閻羅大王이 있고, 지옥을 지키며 항상 엄청난 화염을 내뿜는 '구리개', 즉 구리로 된 커다란 개가 있다고 한다. 염라대왕의 명령을 받는 부하로는 1만 4,000명의 '우두옥졸牛頭獄卒'이 있는데, 이름 그대로 이들의 머리는 소이고 무기로 쇠스랑을 들고 있다.

《월인석보》의 이런 대목들은 후대에도 제법 인기를 끌었던 것 같다. 예를 들어 조선 중기에 활동한 유몽인柳夢寅은 《어우집於于集》의 〈증의림도인효능엄경贈義林道人效楞嚴經〉에서 저승의 무서운 것들로 '우두나찰牛頭羅刹(머리가 소인 마귀)', '마면졸속馬面卒屬(얼굴이 말인 군인)'을 소개한다. 조선 후기의 이야기책《천예록天倪錄》도 저승 이야기를 다루며 그곳의 마귀들을 '우두수면牛頭獸面', 즉 머리는 소이고 얼굴은 짐승이라고 묘사한다.《천예록》은 지옥의 다른 괴물들로 '철사鐵蛇(철로 된 뱀)'와 '동견銅犬(구리개)'을 꼽는다. 그렇다면 머리에 뿔이 다섯 가지로 뻗은 생사귀도 실은 그 모습이 우두옥졸이나 우두나찰을 닮았다고 할 수 있지 않을까.

검물덕이《조선국인명총록책》을 갖고 있다는 점도 저승에 왕과 신하, 관리들이 있어 행정 체계에 따라 문서로 업무를 수행한다는 다른 저승 이야기들과 통한다.

과거 한국인들은 저승도 관청에서 관리가 업무를 보는 이승과 비슷하게 돌아가리라고 생각했다. 예를 들어 한국에서 가장 오래된 저승 이야기로 꼽히는,《삼국유사》에 실린 신라 시대의 승려 선율善律 이야기를 보자. 이 이야기는 저승의 풍경을 거의 묘사하지 않는다. 그러면서도 저승을 '음부陰府'라는 관청 이름으로 부르고, 저승에서 만나 대화하는 상대를 '명사冥司'라는 높은 직함으로 부른다. 이는 중국 설화나 소설에 자주 나타나는 특징이지만, 한국 전설 중에도 저승의 관청이 서류를 잘못 처리하거나 착오를 저질러 목숨이 줄고 느는 이야기가 꽤 있는 편이다. 선율도 저승의 행정을 담당하는 명사의 판단에 따라 저승에 끌려갔다가 이승으로 돌아온다.

이결의 꿈 이야기도 당시 널리 퍼진 불교 계통의 저승 이야기가 토속적으로 변한 형태가 아닐까 생각해본다. 그의 꿈에 나타난 세조는 본인이 사천불 중에서 가장 높은 자리에 올랐다고 말한다. 즉 깨달음을 얻은 부처 4,000명 중 가장 높은 자리에 올랐다는 것이다. 실제로 세조는 생전에 불경과 관련된 사업을 벌이기도 했고, 말년에는 조카 단종端宗과 단종을 따른 충신들을 처형한 죄책감 때문인지 더욱 불교 관련 사업에 공을 들였다는 말도 있다. 그러니 세조가 세상을 떠날 무렵 여러 불교 관련 이야기가 갑자기 사회에 빠르게 퍼지며 새로운 이야기들이 만들어졌을지 모른다.

반대로 토속신앙에 자리 잡은 저승 이야기가 불교의 영향으로 좀 더 풍부해진 것일 수 있다. 이결은 생사귀가 궁전에 들어와 사람을 데려가지 못하게 하려면, 궁전 사방에 팔지녹각, 흑두호, 대저아를 묻으라고 한다. 이는 불교 계통 이야기라기보다는 무속이나 토속신앙 계통 이야기에서 자주 보일 만한 내용인 듯하다. 만약 당시 상황을 짐작할 만한 다른 기록을 더 찾아 비교, 분석할 수 있다면, 서로 다른 계통의 이야기들이 어떻게 영향을 주고받았는지 좀더 명확하게 드러날 것이다.

"임금이 장영기 때문에 안심할 수 없다"

의금부는 이결이 요사스러운 내용을 퍼뜨리는 죄를 지었으므로 사형에 처해야 한다고 보고한다. 즉 그가 고작 꿈을 근거로 세조를 들먹이고, 앞으로 어떻게 하지 않으면 운수가 나쁘리라고 성종을 위협했다고 본 것이다. 조선 시대 기준으로 그가 중한 죄를 저질렀다고 판단할 만하다. 다만 성종이 너그러운 마음으로 사형만은 면하게 해주며 《조선왕조실록》의 기록은 끝을 맺는다.

나는 이결의 꿈 이야기를 좀더 들어보고 싶다. 당시의 공식 기록에서 잘 드러나지 않는 다른 많은 이야깃거리가 남아 있는 것처럼 보이기 때문이다. 김수앙, 검물덕, 생사귀 등의 실체가 궁금하거니와 "임금이 장영기 때문에 안심할 수 없다"라는 기록도 흥미를 돋운다. 장영기는 《조선왕조실록》에서 몇 차례 등장하는, 남부 지방을 무대로 악명을 떨친 도적이다. 1470년 장영기 일당을 체포하는 문제를 놓고 성종이 내린 명령이 《조선왕조실록》에 남아 있다.

> 전라도관찰사 오응吳凝, 절도사節度使 허종許琮에게 하서下書 하기를, "장영기 등이 많은 도둑을 불러 모아서 공겁攻劫을 자행해 인물을 많이 죽이고, 마침내는 관병官兵에 항거해 대적하기에 이르렀으니, 반역과 다를 것이 없다. 이미 잡은 사람에게 각각 그 도당을 끝까지 캐어 물어 졸곡卒哭이 지난 뒤에 율律에 따라 행형行刑해 효수梟首하고, 시체를 팔도에 돌리되, 연좌인緣坐人은 율문律文에 따라 추쇄推刷해 계문啓聞하라" 했다.
>
> _《성종실록》(3권) 1470년 2월 9일

앞뒤 정황을 보면 장영기는 한동안 해적으로도 활동한 듯하다. 시간이 지나면 장영기를 토벌하는 데 공을 세운 몇몇 인물이 유명해져 그가 계속 언급되기도 하고, 김종직金宗直의 《유두류록遊頭流錄》 같은 유산기遊山記에도 그가 짧게 언급된다. 이런 것을 보면 당시 그는 분명 화제가 된 인물인 듯싶다.

그러나 같은 도적이면서도 다채로운 이야기를 많이 남긴 홍길동이나 임꺽정과 비교하면 장영기 이야기는 남아 있는 것이 적다. 설성경 선생은 장영기와 홍길동이 가까운 관계였다고 추측한다. 이결의 꿈이야기에 따르면 장영기는 한때 성종을 위협할 정도의 위세를 부렸다. 그 정도로 대단했던 도적을 놓고 당시 사람들은 어떤 소문을 퍼뜨리고, 어떤 이야기를 만들었을까. 어떤 재주가 유명했고, 어떤 부하들을 거느렸을까. 어떤 사건으로 악명을 떨쳤고, 어떤 보물을 모았을까. 그런 사연들을 더욱 자세히 알고 싶다.

이결은 장영기를 물리치려면 사천불과 완도의 송 대장에게 도움받으라고 한다. 송 대장이 누구인지 달리 설명은 없지만, 최근까지 완도에서 숭배의 대상이었다는 송징宋徵 장군을 말하는 것 아닌가 싶다. 활솜씨가 매우 뛰어났고, 백성에게 많은 도움을 주었다는 정도 외에 그가 도대체 누구였고, 왜 숭배받았는지 등은 거의 밝혀지지 않았다. 다만 최근 들어 고려 시대 삼별초의 행적과 연결해 이렇게 저렇게 추정하는 이야기들이 종종 눈에 띄는 정도다. 그런데 이결이 사천불과 송 대장을 나란히 언급한 것을 보면, 조선 시대 초기에 이미 송징이 부처와 엮일 정도로 종교적 숭배의 대상이 되었는지 모른다.

《조선왕조실록》에 이상한 저승 이야기를 남긴 이결은 남도를 오가는 군인인 동시에, 평범한 사람들 사이에 널리 퍼진 이런저런 신비한 이야기를 많이 안 이야기꾼임이 틀림없다. 그러나 아쉽게도 좀더 자세한 이결의 꿈 이야기도, 그가 꿈에서 세조에게 들은 김수앙, 검물덕 등에 관한 기록도 더는 남아 있는 것이 없다.

성종의 관심을 끈 땅속 귀신

지하지인

성안에 요귀가 많아
물건이 멋대로 움직이고
기와가 날아다닌다는
소문이 자자합니다.
총과 화포를 쏘아 요귀를
물리치고 백성의 소동을
잠잠하게 하소서.

서울

조선 제일의 귀신 이야기

조선 시대의 귀신 이야기 중 가장 유명한 것을 하나만 골라야 한다면 과연 무엇일까. 조선 중기 이후에는 이야기책과 실학자들의 저술이 많아져 다채로운 귀신 이야기가 실린 기록이 상당히 많은 편이다. 조선 후기에는 《청구야담青邱野談》이나 《계서야담溪西野談》처럼 '야담'이라고 이름 붙인 이야기책이 상당히 풍성한 분량으로 출간되는데, 여기에도 귀신 이야기가 여럿 들어 있다. 그러니 조선 후기에 나온 많은 귀신 이야기 중에 어느 하나를 최고라고 꼽기란 어려울 듯하다.

그렇지만 조선 전기로 시대를 한정한다면 이두李杜의 집에 나타난 귀신 이야기를 골라볼 만하다고 생각한다. 배경과 성격이 다른 여러 기록이 공통적으로 언급한다는 점부터 우선 눈에 띈다. 게다가 내용을 살펴볼수록 당시 서울에서 상당히 많은 사람이 알았을 듯해 더욱 관심을 끈다.

이두의 집에 나타난 귀신 이야기를 가장 앞서 다룬 것은 아마《조선왕조실록》1486년 11월 10일 자 기록이 아닌가 한다.

특진관特進官 예조판서禮曹判書 유지柳輊가 아뢰기를, "성안에 요귀妖鬼가 많습니다. 영의정領議政 정창손鄭昌孫의 집에는 귀신이 있어 능히 집 안의 기물器物을 옮기고, 호조좌랑戶曹佐郎 이두의 집에도 여귀女鬼가 있어 매우 요사스럽습니다. 대낮에 모양을 나타내고 말하며 음식까지 먹는다고 하니, 청컨대 기양祈禳하게 하소서" 하자, 임금이 좌우에 물었다. 홍응洪應이 대답하기를, "예전에 유문충劉文忠의 집에 쥐가 나와 절을 하고 서서 있었는데, 집사람이 괴이하게 여겨 유문충에게 고하니, 유문충이 말하기를, '이는 굶주려서 먹을 것을 구하는 것이다. 쌀을 퍼뜨려 주라'라고 했고, 부엉이가 집에 들어왔을 때도 역시 괴이하게 여기지 아니했는데, 마침내 집에 재앙이 없었습니다. 귀신을 보아도 괴이하게 여기지 아니하면 저절로 재앙이 없을 것입니다. 정창손의 집에 괴이함이 있으므로 집사람이 옮겨 피하기를 청했으나, 정창손이 말하기를, '나는 늙었으니, 비록 죽을지라도 어찌 요귀 때문에 피하겠느냐'라고 했는데, 집에 마침내 재앙이 없었습니다" 했다. 임금이 말하기를, "부엉이는 세상에서 싫어하는 것이나 항상 궁중의 나무에서 우니, 무엇이 족히 괴이하겠는가. 물괴物怪는 오래되면 저절로 없어진다" 했다. 유지가 아뢰기를, "청컨대 화포火砲로써 이를 물리치소서" 하니, 임금이 응하지 아니했다.

_《성종실록》(197권) 1486년 11월 10일

사실 이날 기록은 앞부분만 보면 딱히 귀신 이야기와 크게 관련 있는 것 같지 않다. 그보다는 조선을 다스리던 성종이 경연經筵에 나갔다는 게 요점이다.

당시 경연은 여러 사람이 같이 모여 고전을 읽으며 논하는 자리였다. 조선 시대에는 주로 학식 높은 학자들이 임금에게 고전을 해설하거나 학문을 강의했다. 그러므로 임금이라 하더라도 스스로 끊임없이 고전을 익히고 학문에 정진할 것을 강조한 조선 시대의 이상을 드러내는 시간이라고 할 수 있다.

그런데 아무래도 당시 학문이 정치사상과 인간의 도덕을 중시하는 유교 계통의 고전 중심이다 보니, 경연은 흔히 정치와 사상에 관한 토론으로 나아갔다. 고전 속 어느 구절의 의미를 해설하기 위해 시작한 이야기가, 어떤 사상이 옳은지 그른지, 진정한 의미가 무엇인지 하는 이야기로 흘러갔고, 그러다 보면 조정에서 시행 중인 정책에 관한 평으로까지 이어졌다. 그래서 어떤 학자들은 임금에게 자신의 생각을 건의하는 방편으로 경연을 활용했고, 그럴 때면 학문을 논하는 자리로 시작한 경연이 온갖 나랏일에 관한 토론으로 뜨거워졌다.

귀신도 총과 대포는 무서워

11월 10일 경연도 바로 그런 분위기였다. 시작은 중국 역사에서 악명 높은 인물인 풍도馮道가 남긴 말을 학자들이 해설하는 것이었다. 풍도는 오대십국 시대라는 수없이 많은 나라가 망하고 흥한 중국 역사의 혼란기에 오랫동안 높은 벼슬자리를 유지한 인물로 유명했다. 그의 처세술은 많은 사람의 관심을 받았고, 한편으로 한 나라에 충성하지 않은 태도는 많은 비판을 사기도 했다.

풍도의 말을 해설한 사람은 홍웅이다. 그는 풍도가 한 말을 풀며, 백성은 흉년이면 흉년인 대로 걱정거리가 있고, 풍년이면 풍년인 대로 걱정거리가 있는 법이라고 설명한다. 그러자 이야기는 당시 조선의 농사가 흉년인지 풍년인지와 세금을 어떻게 거둘 것인지로 자연스럽게 흘러간다. 특히 충청도 지역의 세금 거두는 일을 두고 토론하게 된다. 임금과 학자와 고위 공무원들이 역사를 공부하다가 문득 조세 정책을 논의하게 된 것이다. 이런 대목을 읽다 보면, 대한민국에서 정치에 참여하고 싶어 하는 학자와 교수들은 과연 조선 시대의 경연을 좋게 생각할 수밖에 없겠구나 싶다.

풍년과 흉년에 관한 이야기는 다시 백성에게 고통을 주는 자연재해, 그중에서도 수해에 관한 이야기로 이어진다. 그러면서 하늘이 내리는 재해를 막기 위해 조정이 무엇을 할 수 있을지 논의한다. 그런 분위기에서 유지라는 신하가 문득 이런 이야기를 꺼낸다.

"성안에 요귀가 많습니다."

말인즉 도성 안에 요사스러운 귀신이 많다는 뜻이다. 아마 요사스러운 귀신을 하늘이 내리는 나쁜 재해의 일종이라고 여겨 이런 말을 꺼낸 것 아닌가 싶다. 즉 서울에 요사스러운 귀신 때문에 피해를 본 사람들이 있다고 하니, 그 재해를 막기 위해 조정에서 무엇인가 조치를 취해야 한다는 것이다.

그러면서 유지는 두 가지 귀신 이야기를 짤막하게 소개한다. 하나는 정창손의 집에 나타난 귀신 이야기이고, 또 다른 하나는 이두의 집에 나타난 귀신 이야기다. 우선 정창손의 집에 있는 귀신은 그릇과 물건을 옮기는 특징이 있다고 설명한다. 이어서 이두의 집에 있는 귀신은 매우 요사스러우며, 특히 여귀라는 말로 그 귀신이 여성의 특징을 드러낸다고 강조한다. 게다가 대낮에 모습을 드러내고 말하며 음식까지 먹는다고 이야기한다. 두 귀신이 비슷하지만, 이두의 집에 있는 귀신이 더하다는 어조인 듯싶다.

당시 유지는 예조판서로, 조정의 신하 중에서 지위가 높은 편이었다. 더군다나 임금 앞에서 이런 말을 꺼낼 정도면 그저 허투루 들은 이야기 한두 마디를 근거로 했을 것 같지는 않다. 아마 두 가지 귀신 이야기가 이미 서울에 널리 퍼져 화젯거리이고, 대책을 세워야 한다는 분위기가 있어 유지가 그것을 감지한 것 아닐까 싶다.

무엇보다 유지 본인이 귀신 이야기를 심각하게 생각한 것 같다. 그가 말을 마치자 성종이 다른 신하들에게 의견을 내라고 한다. 그러자 처음 말을 꺼낸 홍응이 귀신 이야기란 그냥 무시하는 것이 상책이라고 하니, 임금도 동의한다. 그런데도 유지는 상황이 심각하다는 생각을 버리지 못한 듯, 과격하게도 화포, 즉 대포를 쏘아 귀신을 물리치자는 의견을 낸다.

조선 시대에는 총이나 대포를 쏘면 귀신이 물러간다는 생각이 제법 널리 퍼져 있었던 것 같다. 화약이 폭발할 때의 맹렬한 기운과 강렬한 빛, 커다란 소리에 음침하게 꼬인 잡다한 귀신들을 모두 흩어버릴 힘이 있다고 상상했던 듯하다. 예를 들어 《연려실기술燃藜室記述》은 성종 시대에서 한참 후인 17세기 서울을 배경으로 한 귀신 소동을 소개하는데, 여기에도 총과 대포가 등장한다. 당시 '탁탁귀병啄啄鬼兵'이라는 유령 군인 같은 것이 나타났다는 소문 때문에 사람들이 놀라 한밤중에 몰려다니는 일이 발생했다. 그러면서 귀신을 쫓겠다고 총, 또는 대포를 쏘아 더욱 혼란스러워졌다는 것이다. 《조선왕조실록》 1615년 3월 9일 자 기록에도 궁궐의 요사스러운 귀신을 몰아내기 위해 동궁에서 대포를 쏘려고 했다는 대목이 나온다.

전교하기를, "화포장火砲匠 20여 명을 관원이 거느리고 오는 10일부터 연이틀 동안 대궐 안 동궁에 방포放砲할 (일로 군기시軍器寺에 말하라)" 했다. [이때 궁내에 요변妖變이 있었기 때문에 화포를 놓아 진압했다.]
_《광해군일기》(중초본)(88권) 1615년 3월 9일

그러나 성종 시대의 귀신 소동에서는 대포를 쏘아 귀신을 몰아내자는 유지의 주장이 받아들여지지 않았다. 그의 주장에 반대한 홍응은 역시 집에 귀신이 든 정창손이 굳은 마음으로 무시하고 버티자 문제가 사라졌다고 했다. 정창손은 세종 시대부터 궁전을 드나들던 신하로, 계유정난 때 단종의 옥좌를 빼앗은 수양대군首陽大君(세조) 편에 선 인물이기도 하다. 그러니 성종 시대에는 화려한 경력을 자랑하는 원로 정치인 대접을 받았음이 틀림없다. 그러한 권위에 걸맞게 귀신 이야기 따위에 흔들리지 않으니, 과연 별 탈 없었다는 것이다. 그러므로 임금과 조정도 귀신 이야기에 호들갑 떨지 말고 의연해야 한다는 것이 홍응의 견해였다.

상반신은 없고 하반신은 있다

하지만 귀신은 그냥 사라지지 않았다. 정창손의 집에 든 귀신은 정말 사그라들었는지 기록에 더는 나타나지 않지만, 이두의 집에 든 귀신은 한 번 더《조선왕조실록》에 등장한다.

귀신 이야기가 처음 언급되고 보름이 지난 11월 25일, 이번에는 성종이 직접 승정원承政院에 이야기해 이두 집의 요사스러운 귀신이 지금도 있는지 확인해보라고 한다. 귀신 이야기를 듣고 보름이 지났지만, 무엇인가 찝찝한 느낌이 남았던 듯하다. 또는 보름 동안 마침 다른 사람에게서 비슷한 이야기를 다시 듣게 되어 자연스럽게 관심이 생겼는지 모른다. 어느 쪽이든 임금이 정체와 전모를 궁금해했을 정도로 이두 집의 귀신 이야기가 관심을 끌었다는 것만은 확실하다.

이 때문에 11월 25일 자 기록에는 귀신의 모습과 행동이 더욱 자세하게 묘사되어 있다.《조선왕조실록》에는 "와서 아뢰었다[來啓曰]"라고 나오는데, 그렇다면 이두가 직접 성종 앞에 나와 자기가 겪은 일을 이야기했거나, 글로 써서 바쳤을 것이다.

그 내용에 따르면 요귀, 즉 요사스러운 귀신은 9월부터 나타났다고 한다. 결론적으로 요사스러운 것이 없어졌다고 하니, 대략 9월부터 11월까지 두 달에서 석 달 동안 이두의 집에 귀신 소동이 벌어졌던 것 같다. 귀신은 '혹유혹무或有或無', 즉 어떤 때는 나타나고 어떤 때는 나타나지 않았다는데, 운율을 맞추어 귀신의 행동을 설명하기를 어떤 때는 창문 종이를 찢고, 어떤 때는 불빛을 내고, 어떤 때는 기와와 돌을 던졌다고 한다. 이런 특징은 정창손의 집에 나타난 귀신이 집 안의 그릇과 물건을 옮긴다는 것과 통한다.

이두는 귀신과 부딪혀도 보통 다치는 일이 없지만, 아내는 부딪혀 피가 난 적이 한 번 있다고 했다. 그러면서 자신은 귀신의 형상을 본 적이 없고, 밤에 사람 부르는 소리만 두 번 들었다고 기억했다. 다만 노비들이 들려준 이야기가 매우 자세하다며 덧붙이기를, 귀신은 마치 사람처럼 말할 수 있고, 그 전체 모습은 보이지 않지만, 허리 밑의 하반신은 여자의 옷 같은 남루한 흰 치마 차림이었단다. 정리하면 귀신은 거의 모습을 드러내지 않는데, 그 형상은 상반신이 없고, 옷을 입은 하반신만 있으며, 말할 수 있다는 것이다.

귀신의 형상에 관한 이런 설명은 이채롭다. 조선 시대 궁전에서까지 화제가 된 귀신 이야기 속 귀신의 형상이 현대의 우리에게 친숙한 전형적인 형상과 아주 다르기 때문이다. 요즘에는 전통적인 귀신이라고 하면 주로 흰 옷을 입고 긴 머리카락을 늘어뜨린 모습을 가장 먼저 떠올린다. 거기에 더해 얼굴이 창백하다고 묘사하기도 하고, 발이 보이지 않는다고 묘사하기도 한다. 그렇지만 이두의 집에 나타난 귀신은 긴 머리카락도 없고 창백한 얼굴도 없다. 게다가 발이 없기는커녕 오히려 하반신만 있다. 1990년대 후반부터 2000년대 초 무렵까지 상반신만 있는 귀신이 학교에 늦게까지 남아 있다는 귀신 이야기가 유행했는데, 공교롭게도 이두의 귀신 이야기 속 귀신은 하반신만 있다는 점에서 뚜렷이 대조된다.

뼈만 남은 두 다리

이 괴상한 모습의 귀신 이야기는 성종의 관심을 끈 이후 한동안 유행한 듯싶다. 어쩌면 임금이 궁금해한 귀신 이야기라는 점 때문에 더 퍼졌을지 모른다. 그래서인지 이 이야기는 조선 전기의 여러 가지 이야깃거리를 모아놓은 책인《용재총화慵齋叢話》에도 실려 있다.《용재총화》는 1439년 태어나 1504년 세상을 떠난 성현成俔이 쓴 이야기책이다. 이두의 집에 나타난 귀신 이야기가 유행한 1486년에는 그의 나이가 40대 후반이었다. 그러니 당시 세간에 떠도는 귀신 이야기를 직접들었을 것이다. 그러고는 시대상이나 풍속을 전할 수 있는 흥미로운이야깃거리라고 생각해 자신의 이야기책에 기록해 넣은 것 같다.《용재총화》는 1525년 출간되었으므로, 다음 세대의 조선인 중에도 책을읽고 이 이야기를 알게 된 사람들이 어느 정도 있었을 것이다.

《용재총화》의 귀신 이야기는 더욱더 자세하다. 우선 이 이상한 귀신의 정체를 선명히 밝힌다는 점이 눈에 띈다. 귀신의 형상은 보기 힘들고 목소리만 들린다는 대목까지는 이두의 설명과 일치한다. 그런데《용재총화》에는 그 목소리를 가만히 들어보니, 세상을 떠난 지 10년이나 지난 고모의 목소리라는 이야기가 덧붙어 있다.《조선왕조실록》에서는 그냥 요사스러운 귀신이라고만 하지만, 여기서는 세상을 떠나고아주 오랜만에 무덤에서 다시 돌아온 고모라고 구체적으로 설명하는것이다.

귀신의 형상 묘사도 상세하다. 상반신은 보이지 않고 하반신만 보인다는 것까지는 이두의 설명과 같다. 아마도 이 귀신 이야기가 유행한 조선 전기에는 '하반신만 있는 모습으로 걸어 다닌다'는 부분이 듣는 이에게 가장 강렬하게 느껴지지 않았을까 싶다. 약간 차이가 있다면《조선왕조실록》에서는 남루한 흰 치마를 입었다고 하지만, 여기서는 "종이를 둘러 치마를 삼았다[張紙爲裳]"라고 한다는 것이다. 단순하고 허름한 치마라는 점에서는 다를 바 없지만, 좀더 사람의 몰골 같지 않은 이상한 옷차림이라는 느낌이다.

《용재총화》는 치마 아래로 드러난 두 다리[兩足]를 '고수여칠枯瘦如漆', 즉 말라붙어 검게 칠한 듯하고, 살이 없어 뼈만 드러난 모습이라고 설명한다. 오래되어 뼈만 남은 시체가, 그것도 하체만 걸어 다니는 것을 귀신의 모습이라고 상상한다면,《용재총화》의 묘사와 들어맞을 것이다. 나는 이 묘사가 특히 강렬하다고 생각해《한국 괴물 백과》라는 책에서 이 이야기를 다룬 항목의 제목을 〈고수여칠〉로 삼았다.

괴상한 모습을 보고 사람들이 도대체 왜 이런 모습인지 묻자 귀신은 "죽은 지 오래되어 땅 아래에 있는 사람, 즉 '지하지인地下之人'인데 모습이 이와 같을 수밖에 없지 않겠느냐?"라고 되물었다고 한다.

이 귀신은 저승으로 이미 떠난 처지라는 의미로 자신을 지하지인이라고 일컫는다. 지하지인은 무덤에서 나온 귀신, 저승에서 돌아온 괴물을 부르는 조선 시대의 표현으로 적당한 말인 듯하다. 단순하게 생각하면 조선 시대 풍습으로는 장례를 치르고 시체를 땅에 묻으니까, 자연히 '땅 아래의 사람'이라는 말은 무덤에서 나온 귀신을 가리키기에 적합하다. 한편으로 당시 사람들은 땅속 세상을 일종의 저승 세계로 여기지 않았을까 싶기도 하다. 그도 그럴 것이 삼국 시대부터 고려 시대까지 나라에서 불교를 정책적으로 장려했으니, 불교 계통 문헌에서 자주 등장하는 땅속의 무서운 저승 세계인 지옥 등의 개념이 조선 초기 사람들에게도 매우 친숙했을 것이다. 그러니 지하지인이라는 말은 이 귀신을 표현하기에 적당하다는 느낌이다.

《용재총화》의 이야기에는 귀신의 행동에 관해서도 더욱 자세하고 구체적인 내용이 덧붙어 있다. 귀신은 집 안의 여러 작업을 하나하나 지휘했다고 하고, 아침저녁으로 밥을 바치면 수저를 잡는 것과 밥을 뜨는 것은 볼 수 없지만, 음식은 저절로 없어졌다고 한다. 먹고 싶은 것이 있으면 이것저것 내놓으라고 요구했다는데, 만약 심기를 조금이라도 거스르면 몹시 노했다고 한다.

이렇게 상세한 묘사는 《조선왕조실록》의 기록에서는 찾아볼 수 없다. 다만 이런저런 음식을 내놓으라고 행패 부리는 귀신, 특히 노인 형상의 귀신은 조선 시대 유행한 귀신 이야기에서 가끔 눈에 띄는 것이기는 하다. 예를 들어 《어우야담》에는 서울 낙산駱山 아래 살던 안安씨가 세상을 뜨자 '사장社長'이라는 귀신이 되어 밥과 고기를 내놓으라고 시위하는 귀신 떼거리를 이끌고 나타나 온갖 음식을 먹어 치운 이야기가 실려 있다.

《조선왕조실록》과 《용재총화》가 각각 다룬 이두 집의 귀신 이야기에서 가장 큰 차이를 찾는다면 바로 결말이다. 《조선왕조실록》에서는 이두가 귀신이 자연스레 없어졌다고 하며 이야기가 끝난다. 그러나 《용재총화》에서는 이두가 귀신을 쫓기 위해 온갖 방법을 다 썼지만 실패하고, 얼마 지나지 않아 병을 얻어 세상을 떴다고 되어 있다. 내용상 골치 아픈 귀신에게 끊임없이 시달리다가 결국 목숨까지 잃었다는 결말로 보인다.

나는 《용재총화》의 기록보다는 《조선왕조실록》의 기록이 좀더 사실에 가까울 가능성이 크다고 생각한다. 우선 기록의 성격부터 다르다. 《조선왕조실록》은 신하가 임금에게 사실을 아뢰는 내용을 그대로 기록한 것이고, 《용재총화》는 이야깃거리들을 모은 것이라는 차이가 있다. 게다가 《조선왕조실록》은 이두를 자신은 귀신의 모습을 직접 보지 못하고 집 안의 노비들만 보았다며 함부로 말하지 않으려는 신중한 모습으로 그리는데, 《용재총화》는 밥이 저절로 없어진다는 등 더욱 흥미로운 이야기를 전하는 데 집중한다. 귀신이 슬며시 사라지는 대신 이두가 세상을 뜨는 것도 무서운 귀신 이야기의 결말답다.

폴터가이스트, 또는 가스 중독

이두의 집에 나타난 귀신 이야기의 성격을 정리해보자. 우선 《조선왕조실록》에 따르면 이두가 직접 귀신의 모습을 본 적은 없으므로, 귀신이 저질렀다고 믿을 만한 일은 이상한 소리가 들리거나 기와와 돌이 날아다닌 것 정도다. 정창손의 집에 나타난 귀신 이야기에도 그릇과 물건이 저절로 움직였다는 대목이 나온다. 이런 일은 유럽과 미국에서 흔히 '폴터가이스트poltergeist'라고 부르는 현상들과 일치한다. 물건이 저절로 날아다니고 접시가 아무 이유 없이 떨어져 깨지는 현상 등이 대표적인데, 1982년 스티븐 스필버그Steven Spielberg가 제작을 맡고 토비 후퍼Tobe Hooper가 감독을 맡은 영화 〈폴터가이스트〉의 소재로도 유명하다.

현대에 폴터가이스트 현상을 조사한 기록을 보면, 대부분 사람이 한

짓이었다. 집 안에 귀신이 있다며 이상한 일을 몰래 저지르는 사람도 있거니와, 잠결에 물건을 던지거나 떨어뜨리고는 신비로운 현상으로 착각하는 사람도 있다. 정신적으로 어떤 문제를 가진 사람이 충동적으로 물건을 던지거나 부순 다음, 자기가 한 일을 기억하지 못하거나 착각하는 사례도 있다.

《조선왕조실록》의 기록에서 집주인인 이두는 귀신을 직접 보지 못했지만, 노비들은 귀신을 보았다는 대목도 어쩌면 이런 경우가 아닐까 상상해본다. 좋은 주인을 만나면 살 만했다고는 하지만, 노비라는 신분이 건강하고 편안하게 살기에 좋은 처지는 아니었을 것이다. 그렇다면 정신적인 압박에 시달리던 노비들이 자기도 모르게 귀신이 할 법한 일을 저질렀다거나, 환각에 빠져 헛것을 보았다거나 하는 식으로 설명해볼 수 있지 않을까. 《용재총화》의 이야기는 귀신이 하필 집 안에서 이런저런 일들을 지시했다고 하는데, 이것도 집 안에서 힘든 일을 하는 노비들과 귀신 사이에 어떤 관계가 있었다는 것으로 볼 수 있을 듯하다.

좀더 상상을 부풀려보면, 이런 상황이 성종 시대의 사회상과 연결되어 있는지 모른다. 사건이 벌어진 1486년은 수양대군이 단종의 목숨을 빼앗은 지 29년이 지난 해다. 계유정난의 와중에 충신들이 목숨을 잃고 그 집안이 몰락하며 위세 높은 양반 가문의 후손들이 하루아침에 노비 신세로 전락하는 일이 수없이 벌어졌다. 그리고 30여 년이 흘렀으니, 노비로 살며 유독 고통과 괴로움을 느끼는 사람들이 도성 안에 제법 많았을 법하다. 정말 그랬다면 노비들이 "우리 집에 저승에서 돌아온 귀신이 걸어 다닌다"라고 이야기하거나, 비슷한 환각을 보는 사건이 더 잘 일어날 수 있겠다고 상상해본다.

노비들의 정신적 괴로움 외에 다른 원인도 몇 가지 더 떠올려볼 수 있다. 예를 들어 밤에 약한 지진이 일어나거나 집 바닥이 살짝 꺼지는 바람에 그릇이 쏟아지고 가구가 넘어지는 일 등이다. 현대에는 공공기관이 1년 내내 지진을 정밀하게 측정하므로 정말 지진이 일어나면 곧바로 언론을 통해 알려준다. 하지만 조선인들은 깊은 밤중에 자다가 약한 지진이 일어나면 그런 줄도 모르고 "도대체 어째서 갑자기 기와가 떨어져 깨졌을까. 귀신이 한 일일까"라고 생각했을 것이다. 지반을 단단하게 다져 건물을 튼튼하게 짓는 기술이 부족했으니, 땅이 주저앉거나 건물이 비틀리면서 가구가 넘어지고 기와가 떨어지는 일도 있었을 법하다.

어쩌면 일산화탄소 같은 기체에 중독된 것이 원인일 수도 있다. 일산화탄소는 연탄가스 중독 사고의 원인이 되는 물질로 사람을 질식시킨다. 아주 약하게 작용하면 불편함을 느끼게 하거나 뇌를 상하게 한다. 현대에 지은 건물에서도 난방 중에 새어 나온 연탄가스 때문에 뇌를 다치는 사고가 종종 일어난다.

이두의 집은 온돌로 난방했을 것이다. 그런데 집을 지으며 실수해 유독성 기체가 조금씩 새어 나갔을 수 있다. 즉 난방 때문에 이런저런 풀과 나무를 태우느라 발생한 유독성 기체가 집 안으로 조금씩 스며들었고, 결국 모두 뇌가 이상해져 환각에 빠진 것은 아닐까. 공교롭게도 귀신 이야기는 9월부터 시작되어 11월까지 널리 퍼졌다. 이 시기면 여름이 지나 다시 난방을 위해 불을 땔 즈음이다. 여름 동안 세찬 비나 홍수 때문에 집이 약간 망가졌는데, 그것을 모르고 아궁이를 지폈으면 비슷한 일이 생길 수 있지 않을까. 물론 지금 와서 정확한 원인을 밝히기란 불가능하다.

《조선왕조실록》을 보면 이두에 관한 기록은 1년 후인 1487년까지 이어지다가 사라진다. 귀신을 쫓지 못하고 병들어 세상을 떠났다는 《용재총화》의 이야기와는 조금 차이가 있지 않나 싶다. 그에 관한 기록은 1487년을 마지막으로 그냥 사라졌을 뿐, 그해에 세상을 떠났다는 명확한 증거가 있는 것은 아니다. 그러므로 그의 최후를 지하지인 이야기와 연결해볼 근거는 딱히 없다고 본다. 다만 공교롭게도 그와 같은 시기에 귀신 소동을 겪었던 정창손은 1487년 세상을 떠났다는 기록이 남아 있다. 그러나 정창손은 이미 80세를 훌쩍 넘긴 나이여서, 그때 굳이 귀신 이야기를 떠올린 사람은 없었던 것 같다.

중종을 떨게 한 연산군의 그림자

수괴

서울

궁전 안에 이상한 짐승이 나타나
어머니 정현왕후께서 두려워
거처를 옮기신다고 하시니,
참으로 큰일이로다.
궁전 수비를 강화하고,
이상한 소문을 퍼뜨리는 자를
잡아 문초하라.

수괴의 등장

《조선왕조실록》에 실린 괴물 이야기 중 가장 유명한 것을 꼽아보라면, 역시 많은 사람이 중종 시대의 소동을 떠올릴 것이다. 개와 비슷하지만 언뜻 말 같기도 한 정체불명의 이상한 짐승이 궁전에 나타나 사람들이 놀랐다는 이야기인데, 중종 시대에 비슷한 일이 여러 번 발생해 눈길을 끈다. 게다가 단순한 목격담을 넘어 민심을 술렁이게 한 꽤 영향력 큰 사건이기도 했다.

이러한 이유로 중종 시대의 괴물 이야기는 〈물괴〉 같은 영화의 소재가 되기도 했다. 사실 '물괴'라는 말은 물건에서 괴상함이 발견되었다는 뜻이다. 따라서 요즘 흔히 쓰는 괴물이라는 말과는 의미가 조금 다르다. 《조선왕조실록》에는 '인요물괴人妖物怪'라는 말이 종종 나오는데, 즉 사람 중에 요사스러운 것이 나타나고, 물건 중에 괴상한 것이 나타난다는 뜻이다. 이런 일을 옛사람들은 나라에 나쁜 일이 생길 징조로 여겼다.

따라서 물괴라고 하면 정체불명의 이상한 괴물이 나타났다는 것뿐 아니라, 갑자기 강물의 색이 변했다거나, 오랫동안 서 있었던 바위가 갑자기 쓰러졌다거나 하는 것 등 물건에 나타난 모든 이상한 징조를 가리켰다. 예를 들어 성종 시대의 일로 《조선왕조실록》1486년 11월 10일 자 기록을 보면, 사람에게 절하는 듯한 몸짓을 한 쥐나 집 안에 들어온 부엉이를 모두 물괴의 일종으로 언급했다. 인요물괴를 줄여 요괴라고 할 때도 있었는데, 당시의 '요괴'는 오늘날의 '요괴'보다 어감상 사람과 물건에 나타난 나쁜 징조, 또는 이상한 것이라는 의미가 더 강했던 것으로 보인다.

그런데 중종 시대의 괴물 이야기를 기록한 《조선왕조실록》을 보면 특히나 물괴라는 말이 자주 등장하기는 한다. 이 괴물에 관한 이야기로는 1511년 5월 9일 자 기록이 가장 이른 시기의 것으로 보인다. 기록은 짧막하다. 밤에 개와 비슷한 부류의 짐승이 궁전 일대의 조상들을 기념하는 사당에 나타났다. 짐승은 그곳을 지키는 사람에게 쫓겨 서쪽 담을 넘어 달아났다. 소식을 들은 조정이 사람들을 시켜 찾게 하나, 결국 실패했다.

이 기록 뒤에 불길한 조짐이라는 짧은 논평을 덧붙어 있는데, 이런 조짐이 나타난 데는 분명 이유가 있으리라고 추측한다. 이를 보면 당시 사람들에게 이 사건은 별것 아닌 소동이 아니라 음침하고 무서운 느낌을 주는 일이었던 듯싶다. 특히 논평은 이 사건을 짐승이 얽힌 괴상한 일이라는 뜻에서 '수괴獸怪'라고 부른다. 《조선왕조실록》에서 이 사건 외에 수괴라는 단어를 쓴 사례는 찾아보기 힘들다. 그러므로 나는 이 사건에 등장하는 괴물을 수괴라고 불러도 좋겠다고 생각한다.

겁에 질린 군인들

16년 후 비슷한 사건이 다시 발생한다. 《조선왕조실록》 1527년 6월 17일 자 기록을 보면 사건은 취라갑사吹螺甲士, 즉 소라 모양의 나팔을 부는 군인이 악몽을 꾼 데서 시작한다. 16일 밤 어느 취라갑사가 가위눌려 기절했다. 악몽으로 크게 괴로워하며 공포에 떨었던 것 같다. 주변에서 자고 있던 다른 군인들이 일어나 그를 정신 차리게 하고 간호해주었다. 그때 갑자기 무엇인가 튀어나오는 듯한 소리가 들렸다. 일시에 일어난 군인들이 소리 난 쪽을 쳐다보았다.

그들의 목격담에 따르면 '방구尨狗(크고 두터운 개)' 같은, 망아지만 한 짐승이 방에서 뛰쳐나와 서명문西明門 쪽으로 달아났다고 한다. 방구를 삽살개로 번역하기도 하므로, 긴 털이 많이 난 개와 닮은 듯한데, 개라고 하기에는 조금 커서 망아지와 비슷하다고 느꼈을지 모른다.

정원政院이 아뢰었다. "간밤에 소라 부는 갑사 한 명이 꿈에 가위눌려 기절하자, 동료들이 놀라 일어나 구료救療하느라 떠들썩했습니다. 그래서 제군諸軍이 일시에 일어나서 보았는데, 생기기는 삽살개 같고 크기는 망아지 같은 것이 취라치吹螺赤 방에서 나와 서명문을 향해 달아났습니다. 그리고 서소위부장西所衛部長의 첩보에도 '군사들이 또한 그것을 보았는데, 충찬위청忠贊衛廳 모퉁이에서 큰 소리를 내며 서소위를 향해 달려왔으므로 모두 놀라 고함을 질렀다. 취라치 방에는 비린내가 풍기고 있었다' 했습니다. 이것은 바로 괴탄怪誕한 일이니 취신取信할 것이 못 됩니다."

_《중종실록》(59권) 1527년 6월 17일

　궁전에서 한밤중에 짐승 같은 것이 튀어나와 돌아다닌 것까지는 분명한 사실인 듯하다. 한 사람이 얼핏 목격한 것이 아니라 여럿이서 동시에 보았다는 점도 주목할 만하다. 취라갑사가 있는 곳에서만 목격자가 나온 것도 아니다. 서소위부장의 보고에도 이 짐승이 나온다. 그에 따르면 충찬위청 모퉁이에서 큰 소리를 내며 서소위로 치닫는 짐승을 많은 군인이 보고 놀라 고함을 질렀다고 한다. 취라치의 방에서 성전腥膻 냄새, 다시 말해 비린내와 노린내가 났다는 말도 덧붙어 있다. 이는 무엇인가가 있었다는 증거를 확인했다는 뜻이다.

　이날 밤 궁전에서 소란을 피운 짐승은 개를 닮았고 날쌔게 움직였다는 점에서 공교롭게도 16년 전의 목격담 속 짐승과 통하는 점이 있어 보인다. 원래 밤에 근무하는 군인들은 무서운 소문을 좋아하기 마련이다. 1511년 사건 이후 "개처럼 생긴 무서운 짐승이 밤만 되면 궁전을 돌아다닌다"라는 소문이 퍼졌는데, 정말로 비슷한 것이 나타나 유독 깜짝 놀랐던 것 아닐까. 그렇다면 이상한 소문이 더욱 빠르게 퍼질 이유가 되었을 것이다.

　이 이야기에서 또 한 가지 눈에 띄는 점은 짐승의 덩치를 제법 크게 묘사한다는 것이다. 어마어마하게 거대한 모습으로 묘사했다고 할 수는 없지만, 최초 목격담부터 크기를 망아지에 비유해 보통 개보다는 컸음을 강조한다. 게다가 서소위를 향해 달려들 때 군인들이 놀라 고함칠 정도로 큰 소리를 냈다는 것을 보면 실제로 덩치가 제법 커 위협적이었던 것 같다.

물론 놀란 군인들이 크기를 과장했을 수 있다. 그렇다고 해도 커다란 개나 늑대 정도 크기였을 가능성은 충분하다고 본다. 도대체 어떤 짐승이 그런 크기로 야밤에 궁전을 뛰어다닐 수 있었을까.

왕이 거처를 옮기다

나흘 후인 21일 이 사건은 좀더 큰 문제가 된다. 중종의 어머니 정현왕후貞顯王后가 불안해하며 궁전을 떠나 잠시 다른 곳에 피해 있고 싶다고 한 것이다. 이때 정현왕후는 중종의 어린 아들이 연약하므로 함께 피해 있겠다고 한다.《조선왕조실록》에 따르면 중종은 신하들에게 정현왕후의 뜻을 직접 전한다. 그러면서 사람이 가위눌리는 이상한 일이 연달아 일어났음을 지적한다. 그렇다면 취라갑사 외에 가위눌린 사람이 더 있었다는 것일까. 정현왕후나 중종의 어린 아들이 가위눌렸을지도 모른다.

신하들은 잡다한 소동 따위로 임금이나 임금의 가족이 궁전을 벗어나면 쓸데없이 사람들을 불안하게 할 거라고 지적하며 반대한다. 이런 논쟁이 이틀 뒤인 23일 자 기록과 25일 자 기록에 계속해서 언급된다. 특히 25일 자 기록은 이 사건 때문에 24일에서 25일로 넘어가는 밤에 궁전 밖 도성 시내가 흉흉했다고 전한다. 어떤 사람이 장례원掌隷院이라는 관청 앞에서 자다가 가위눌렸는데, 그를 깨우니 놀라 소리쳐 주변의 많은 사람이 함께 놀라는 바람에 괴물 이야기가 걷잡을 수 없이 퍼져 소동이 일어났다는 것이다. 장례원은 노비 관련 소송을 맡아보는 관청이므로, 궁전의 관리들뿐 아니라 서울의 여러 평범한 사람이 쉽게 드나들었을 것이다. 그렇다면 궁전에서 만들어진 괴물 이야기가 이곳을 통해 널리 퍼졌을지 모른다. 실제로 이날 홍문관弘文館은 소문이 점점 커지고 있으므로, 책임자를 처벌해야 한다는 의견을 올렸다.

결국 다음 날인 26일 중종과 정현왕후 등이 창덕궁으로 거처를 옮긴다. 아무래도 정현왕후의 주장이 반영된 듯싶다. 그러나 사건은 끝나지 않는다. 군인 중 괜한 소문을 퍼뜨린 자들을 붙잡아 처벌하기 시작한 것이다. 7월 1일 자 기록을 보면 많은 사람을 붙잡아 처벌했다고 나온다. 사건이 너무 커지는 것을 염려한 중종이 오히려 적당한 수준에서 그치라고 지시할 정도였다.

따지고 보면 무슨 짐승인지도 알 수 없고, 사람들을 놀라게 할 뿐 공격하지도 않았다. 하지만 불길한 소문이 퍼진 탓에 관청에 잡혀가 해를 입은 사람이 여럿 생겼다. 짐승 자체보다는, 관련된 소문과 조정의 대처가 더 큰 혼란을 일으켰다는 생각이 든다.

1527년 사건은 강렬한 만큼 꽤 오래 영향을 미친 듯한데, 5년 후인 1532년 거의 비슷한 사건이 다시 한번 《조선왕조실록》에 등장한다. 1532년 5월 21일 자 기록은 궁전을 수비하는 부대인 금군禁軍이 밤에 놀랐다고 전한다. 누군가 말처럼 생긴 괴물이 나타나 이리저리 날뛴다고 하는 바람에 군인들이 놀라 소리치며 소동을 부렸다는 것이다. 이후 별다른 기록이 없는 것으로 보아, 궁전의 사람들이 이제는 가끔 일어날 수 있는 일로 받아들인 것 아닌가 싶다. 그렇다면 궁전을 돌아다니는 말 같기도 하고 개 같기도 한 이상한 괴물 이야기가 한동안 조선에 정착했던 것은 아닐까.

정현왕후의 트라우마

앞뒤 정황을 따져보면 불안감을 느낀 정현왕후가 다른 곳으로 피신하자고 하는 바람에 사람들이 이 사건을 심각하게 받아들이기 시작했다고 할 만하다. 만약 1511년 때처럼 그냥 신기한 일 정도로 치고 넘어갔다면, 궁전 바깥까지 이상한 소문이 퍼지지는 않았을 가능성이 크다고 생각한다.

따지고 보면 정현왕후로서는 그렇게 주장할 만하다. 중종은 자신의 형이자 앞선 임금인 연산군燕山君이 신하들에게 쫓겨나는 바람에 임금이 된 사람이다. 당시 정현왕후는 궁전 어른으로서 중종이 임금이 되는 것이 옳다고 동의했다. 즉 연산군을 몰아낸 중종반정이 정당하다고 최종적으로 인정해준 것이다. 그러니 중종반정에 가담한 주요 인물인 셈이다.

그런 만큼 정현왕후는 비슷한 일이 거꾸로 자신에게 닥칠지 모른다는 불안감에 시달렸을 것이다. 어느 날 갑자기 중종을 몰아내자는 일당이 궁전에 쳐들어오면 하루아침에 자신까지 쫓겨나지 않을까 걱정했을지 모른다. 게다가 1519년 기묘사화가 터지며 여러 조정 대신과 선비가 떼로 처형당하는 일이 발생했다. 괴물 사건이 본격적으로 터진 1527년이면 원한에 맺혀 복수하겠다는 사람들이 곳곳에 있었을 것이다.

심지어 1527년 초에는 궁전에서 '작서灼鼠(불태운 쥐)의 변'이라는 악명 높은 저주 사건이 벌어졌다. 임금의 자손을 저주해 해치려고 한 듯한 이 사건으로 많은 궁녀가 고문당하고, 경빈敬嬪 박朴씨와 아들 복성군福城君이 쫓겨났다. 괴물이 나타났다는 소리에 정현왕후가 임금의 자손부터 걱정한 데는 이런 까닭이 있었을 듯싶다. 이후 몰락한 경빈 박씨와 복성군은 결국 처형당하는데, 임금이 자기 친아들을 처형한 사건은 당시로서도 드문 비극이었다.

궁전 분위기가 이처럼 흉흉한 가운데, 괴물이 나타나 돌아다닌다는 소문까지 퍼진다고 해보자. 정현왕후라면 반란이 일어나거나 누군가 암살당하거나 하는 일이 벌어질지 모른다고 걱정했을 가능성이 크다. 혹시 죽은 연산군의 혼령이 지옥에서 마귀들을 이끌고 나타나 복수한다고 상상하지는 않았을까. 반대로 경비가 허술해 위험하다고 아주 현실적으로 판단했을 수도 있다. 망아지만 한 괴물이 날뛰다가 잡히지 않고 도망칠 정도라면, 암살자가 몰래 숨어들어 일을 저지르기는 더욱 쉬울 것이다.

또한 정현왕후가 유독 연산군에게 죄책감이나 두려움을 느꼈을 가능성도 있다고 생각한다. 연산군이 친어머니인 폐비 윤尹씨의 처절한 죽음을 알고 크게 절망했다는 이야기, 폐비 윤씨에 대해 알기 전인 어린 시절 정현왕후를 친어머니로 알고 자랐다는 이야기는 예부터 제법 알려진 편이다. 그런 연산군을 몰아내는 데 가담했으니, 분명 정현왕후는 강한 감정을 느꼈을 것이다. 게다가 연산군이 한창 악행을 저지를 때 궁전에 머물며 지척에서 모든 사건을 보고 들은 터라 그 끔찍한 기억이 생생했을 테다. 심지어 1504년 3월 20일에는 연산군이 직접 장검을 들고 찾아와 행패를 부린 일까지 있었다.

정현왕후의 불안감을 좀더 직접적으로 보여주는 기록이 있다. 《조선왕조실록》 1530년 7월 16일 자 기록은 정현왕후가 다시 한번 거처를 옮겼다고 전한다. '백주귀물白晝鬼物', 즉 대낮에 귀신 같은 이상한 것이 나와 난리 쳤기 때문이다. 이 백주귀물의 형체는 전혀 설명하지 않지만, 임금이 자리를 뜨면 못 하는 짓이 없었다고 한다. 그러니 형체가 보이지 않으면서 이상한 일을 벌이는 유령 같은 것인 듯싶다.

백주귀물은 대낮에도 나타나 창과 벽을 마구 두들겼다고 하는데, 특히 "잡물雜物로 기희欺戲한다"라는 표현이 나온다. 이 말을 직역하면 잡스러운 물건으로 추하게 희롱했다는 뜻이다. 《조선왕조실록》을 기록한 사관들이 차마 글로 상세히 옮기지 못할 방법으로 정현왕후를 희롱했다는 뜻인 듯하다.

게다가 이 사건은 누군가 퍼뜨린 헛소문이라고 하지 않고, 마치 사실인 양 별다른 설명 없이 짤막하게 기록되어 있다. 정말로 무엇인가 이상한 것이 16세기 초 조선의 궁전에 나타났던 것일까. 그게 아니라면 정현왕후가 괴물이 있다고 확신하기에 감히 아니라고 따지지 못했을 수 있다. 당시 정현왕후는 병들어 한 달 뒤면 세상을 떠날 터였다. 말년에 접어들어 병약해진 마음을, 죽고 죽이는 궁중의 권력 다툼과 불길한 괴물 이야기가 동시에 흔들었던 것은 아닐까.

백성의 고통을 살피지 않는 정치

그렇다면 도대체 궁전을 휘저은 괴물의 진짜 정체는 무엇이었을까. 처음 이 사건에 관한 자료를 수집하면서, 나는 괴물의 정체가 연산군이 임금일 때 키운 기이한 짐승일지 모른다고 생각했다. 그가 쫓겨나고 궁전의 주인이 바뀌는 혼란 통에 짐승 우리가 부서졌다고 생각해보자. 처음 괴물 이야기가 기록된 1511년은 그가 쫓겨나고 5년 정도밖에 지나지 않은 시점이다. 궁전 정원 어귀나 근처 산과 숲 깊숙한 곳에 탈출한 짐승이 살다가 문득 돌아오니, 사람들이 깜짝 놀란 것 아닐까. 마침 영화 〈물괴〉의 줄거리에 비슷한 대목이 있어 묘하다고 생각했다.

연산군이 이상한 짐승을 잡아 궁전 안에서 기르기를 좋아한 것은 확실하다. 《조선왕조실록》 1497년 3월 1일 자 기록을 보면, 그가 여우를 궁전 정원에 풀어두고 구경한다는 소문을 들은 신하들이 비판하는 장면이 나온다. 그러자 그는 여우를 풀어두고 기르며 구경한 것이 아니라 그저 여우 사냥을 하려고 한 것뿐인데 소문이 잘못 났다고 답한다.

> "들은즉, 후원後苑에서 여우를 구경하시며, 목공木工, 옥공玉工, 은장銀匠이 궁중의 일로 하여 오래도록 대궐 안에 있다 하오니, 신 등은 전하께서 유희와 구경에 빠지심이 아닌가 하옵니다" 하니, 전교하기를, "근일 재앙을 물리치기 위해 여우를 잡으라 했는데, 사냥하는 자들이 꺼려 이런 말을 하게 된 것이다. 우리나라의 원유苑囿는 중국과 같지 않아 담장 밑에 땅이 좁아, 놓아주더라도 도망쳐 달아날 것이니 어찌 구경할 수 있겠는가" 했다.
> _《연산군일기》(22권) 1497년 3월 1일

그러나 바로 얼마 후인 5월 23일 자 기록을 보면, 연산군이 정원에 사로잡은 짐승을 풀어두고 사냥했다고 한다.

짐승을 기르는 연산군의 취미는 점점 더 규모가 커진다. 1499년 10월 30일 자 기록에 따르면 약재로 쓰기 위해 짐승이 필요하다는 핑계를 대고 전국 각지에서 신기한 짐승을 잡아 오라고 지시를 내린다. 특히 경기도와 강원도에 수달을 잡아 오라고 명령한다. 1501년 1월 8일 자 기록을 보면 신하들의 비판에 궁전 어른들에게 바칠 약재를 구하는 효심에서 나온 일이라고 변명한다. 그러다가 1504년 11월 11일 자 기록에는 '호표웅비虎豹熊羆', 즉 호랑이, 표범, 곰, 말곰 같은 사나운 짐승은 궁전 뒤뜰에서 기르고, 멧돼지, 노루 같은 비교적 유순한 짐승은 산에 둔다는 내용이 보인다. 그 때문에 많은 사람이 '산해기괴山海奇怪'를 궁전으로 가져오느라 길을 나선다는 말이 덧붙어 있다.

1년쯤 지난 1505년 9월 14일 자 기록은 당시 궁전에서 매를 기르며 사냥을 담당한 부서인 응방鷹坊을 좌패와 우패 두 개 부서로 나누어 운영했다고 전한다. 그러면서 두 부서가 기르는 매와 개가 몇만 마리에 이르렀다고 설명한다. 여기서 '만萬'은 단지 매우 많다는 뜻으로 쓴 표현일 테니, 실제로 1만 마리에 달했을 것 같지는 않다. 하지만 그 숫자가 1,000마리 정도, 또는 그 이상이었을 수는 있다. 1506년 2월 7일 자 기록을 보면 평안도에서 여우 가죽 300장을 비롯한 온갖 짐승 가죽을 바쳤다는 구체적인 내용이 나온다. 여우 300마리를 사냥해 잡은 다음 그 가죽을 다듬어 보낼 정도였다면, 궁전에서 기르는 개가 그보다 많았을 가능성은 충분하다.

그렇다면 당시 궁전에는 온갖 이상한 짐승이 가득했을 것이다. 특히 연산군은 짐승을 그냥 구경하는 것은 물론이고, 그것을 사냥해 잡는 장면 보는 것을 특히 재미있어 한 듯하다. 예를 들어 1504년 9월 12일

자 기록에는 병사들과 함께 사냥할 때 단순히 짐승을 잡는 데 치중하지 말고 짐승을 임금이 앉은 자리까지 몬 다음 잡아 구경거리를 만들라고 지시하는 대목이 나온다. 그런 취향이 있는 사람이니 잘 도망치고 사나운 짐승을 원하지 않았을까. 전국에서 잡아 온 온갖 짐승과 궁전에서 기른 개 중 아주 희귀한 탓에 특이해 보이는 것도 분명 있었을 것이다.

연산군의 이러한 취미는 백성의 큰 원망을 산다. 그가 사냥터를 확보하기 위해 집들을 허물거나, 많은 짐승을 산 채로 붙잡아 오라며 전국에 지시를 내려 고달프게 한 탓이다. 1503년 3월 17일 자 기록에는 불교 승려들을 사냥에 동원하고, 여성들이 군인이 되어 짐승을 잡으러 다닌다는 이야기가 나온다. 1506년 3월 7일 자 기록에 따르면 짐승을 생포해 운반할 수 있는 기구를 특별히 제작하라고 명하기까지 한다.

그렇다면 16세기 초 궁전을 들쑤시고 다녔던 그 괴물은 연산군이 길러낸 아주 이상한 개의 한 종류였을까. 그게 아니라면 깊은 산속에 살고 있다가 잡혀 온, 정말 아무도 모를 정도로 희귀한 또 다른 짐승이었을까.

그런데 최근 생각이 바뀌었다. 정체 모를 짐승이 최초로 등장한 1511년 5월 9일의 바로 전날 자 기록을 보면 종묘 담장 밖에서 불이 나 근처 민가 예순일곱 채가 타버렸다고 한다. 그렇다면 화재 때문에 갈 곳 잃은 개나 고양이, 아니면 소나 말 같은 가축이 우연히 종묘 안쪽으로 들어가 다음 날 목격된 것일 수 있다. 기록에 개와 비슷한 이상한 짐승이라고 되어 있으니, 역시 그냥 개였을 가능성이 가장 크다고 본다. 백성이 화재로 집을 잃고 절망하는 상황에서조차 목숨 건 정치 다툼에 정신없이 빠져든 궁전 사람들의 눈에 떠돌이 개가 무시무시한 괴물로 보인 것이라면 어떨까.

이 모든 것을 가장 잘 알고 있을 정현왕후는 세상을 떠난 뒤 남편 성종의 무덤인 선릉에 합장된다. 그 바로 옆에 있는 정릉이 바로 중종의 무덤이다. 지금 선릉과 정릉은 조선 시대 임금의 무덤 중 서울 도심에서 가장 가기 편한 곳에 있는데, 밤이 되어 환하게 빛나는 강남 거리의 빌딩 숲 사이로 그 모습을 보면 도대체 무슨 괴물이 어디에 있었다는 것일까 싶다.

물괴야행

인종이 죽자 나타난 검은 기운

황해도

조정에서 삼성당의 제사를 폐했으니,
이에 노한 신령들이 전염병을
퍼뜨린 것이 틀림없습니다.
하루빨리 신령들의
화를 풀지 않으면 백성의 삶이
더욱 곤궁해질 것입니다.

단군의 사당을 찾아서

한국인들의 나라를 처음 건국한 인물로 보통 단군壇君을 꼽는다. 그런데 현재 남아 있는 단군에 관한 옛 기록들은 종교 활동과 관련되어 보이는 것들이 많다. 가장 널리 알려진 《삼국유사》의 단군 신화만 보아도 그의 아버지 환웅桓雄이 신단수神壇樹에 내려왔다고 한다. 신단수에서 '신'은 신령, '단'은 제단, '수'는 나무를 의미한다. 게다가 단군이라는 말은 직역하면 제단의 임금이라는 뜻이므로, 제사 지내는 일의 우두머리를 가리키는 것 아닐까. 한국인이라면 신성하게 여기는 커다란 나무를 '당산나무', '서낭나무' 등으로 부르며 그 앞에서 제사 지내는 풍속을 쉽게 떠올릴 수 있을 것이다.

사실 단군 신앙이 구체적으로 어떤 모습이었는지 알 수 있는 자료는 거의 남아 있지 않다. 다만 중국 역사서 《구당서舊唐書》를 보면 고구려인들이 기자가한箕子可汗에게 제사 지냈다는 기록이 있다. 기자는 먼 옛날의 현자로 나중에 임금이 되었다는 중국 전설 속 인물이고, 가한은 북방 이민족이 우두머리를 일컫는 말이다. 따라서 기자가한을 단군으로 보고, 고구려 시대부터 그에게 제사 지내는 풍습이 있었다고 추측기도 한다. 그렇지만 강진원 선생 등의 최근 논문을 보면 명확한 근거는 없는 듯하다.

단군 신앙을 조사해 더욱 상세히 기록하고 그 이야기를 알린 것은 조선 시대에 이르러서다. 전설 속 단군이 태어난 해부터 수천 년이 흐른 뒤의 일이다. 그런데 한 가지 눈길을 끄는 점은 단군 신앙 이야기가 검은 기운의 이상한 괴물에 관한 소문과 엮여 있다는 점이다.

《조선왕조실록》1472년 2월 6일 자 기록에는 황해도를 다스리는 관찰사 이예李芮가 성종에게 보낸 보고서가 실려 있다.

> "신이 전번의 하유下諭로 인해, 문화현文化縣의 옛 노인 전 사직司直 최지崔池, 전 전직殿直 최득강崔得江을 방문하고 삼성당三聖堂의 사적事跡을 얻어 그것을 조목으로 기록해 아룁니다." '속언俗諺에 전하기는 단군이 처음 신이 되어 구월산九月山에 들어갔다고 합니다. 사우祠宇는 패엽사貝葉寺의 서쪽 대증산大甑山의 불찰에 임해 있었다가 그 뒤에 절 아래 작은 봉우리[小峯]로 옮겼고, 또다시 소증산小甑山으로 옮겼다 하는데, 곧 지금의 삼성당입니다. 대증산과 패엽사 아래의 작은 봉우리에 지금은 당기堂基가 없고, 따라서 그때 치제致祭한 것과 또 삼성도 아울러 제사 지냈는지 그것은 알 수가 없습니다.'
>
> _《성종실록》(15권) 1472년 2월 6일

이예의 보고서에 따르면, 당시 황해도 사람들은 단군이 신령으로 변해 구월산으로 들어갔다고 믿었다. 《삼국유사》에 나오는 단군 신화와 관련된 지명 중 구월산 근처로 보이는 곳들이 있고, 6년 뒤인 1287년 출간된 《제왕운기帝王韻紀》도 단군 신화의 무대로 구월산을 언급한다. 즉 고려 시대 후기에 기록된 이야기가 1472년까지 전해 내려왔다는 것이다.

소문에는 원래 대증산이라는 곳에 단군을 숭배하는 사당이 있었는데, 소증산이라는 곳으로 옮겼다고 한다. 이예가 조사해보니 대증산에 있었다는 사당의 흔적은 찾기 어려웠고, 다만 소증산에는 삼성당이라고 불린 사당이 남아 있었다. 단군뿐 아니라 그의 아버지 환웅, 할아버지뻘 되는 환인桓因까지 모두 모시고 제사 지내는 곳이었다. 그런 점에서 '세 분의 성스러운 신령에게 제사 올리는 곳'이라는 의미로 삼성당이라는 이름을 붙였던 것 같다.

삼성당에는 각각 '환인천왕桓因天王', '환웅천왕桓雄天王', '단군천왕檀君天王'이라고 새긴 위패가 세 개 있었다. 환인천왕 위패는 남쪽을, 환웅천왕 위패는 서쪽을, 단군천왕 위패는 동쪽을 보고 있었는데, 그렇다면 환인천왕의 위패를 중앙에 두고 좌우에 환웅천왕과 단군천왕의 위패를 배치한 것 아닐까 싶다. 소문에는 나무로 만든 조각상도 있었는데, 태종 시대에 하륜河崙이 잡다한 신을 숭배하는 풍습을 폐해야 한다고 건의해 없앴다고 한다.

이예의 보고서를 계속해서 살펴보면, 예전에는 삼성당에서 제사 지낼 때 금은으로 만든 제기를 썼다고 한다. 또한 국가에서 공식적으로 제사 지내지는 않았지만, 기우제를 지내야 할 일이 생기면 해당 지역의 관리가 삼성당을 찾아 정성 들여 제사 지냈다. 반대로 비가 너무 많이 내려 멈추도록 기청제祈晴祭를 지내야 할 때도 이곳에서 제사 지냈다. 그러니 1472년까지 삼성당의 단군은 제법 영험한 신령으로 알려져 있었다고 볼 수 있다.

이예의 보고서에는 삼성당 서쪽에 세 개의 다른 위패를 모신 작은 건물이 하나 더 있었다는 내용도 실려 있다. 세 위패 가운데 중앙에 있는 것에는 '구월산대왕九月山大王'이, 왼쪽에 있는 것에는 '토지정신土地精神'이, 오른쪽에 있는 것에는 '사직사자四直使者'가 새겨져 있었다고 한다. 이것은 산신령과 땅의 신령을 숭배하는 전형적인 풍습으로 보인다.

노한 신령들이 전염병을 퍼뜨리다

그런데 이예는 보고서 말미에 괴상한 이야기를 하나 덧붙였다. 이야기 인즉, 삼성당 아래쪽에 원래 마을이 있어 사람들이 제법 빽빽하게 모여 살았다고 한다. 그런데 몇십 년 전 악병惡病, 즉 나쁜 병이 돈 후로 사람들이 떠나버렸다. 그런 까닭에 사람이 거의 살지 않는 유령 마을이 되었다. 이예는 문제의 악병이 국가에서 삼성당에 제사 지내는 일을 멈춘 직후부터 유행했다고 썼다.

조선 시대 학자들은 고조선의 수도가 지금의 평양平壤이라고 보았다. 이 때문에 고조선이나 단군을 위해 제사 지낸다면 평양에 설치한 사당에서 지내는 것이 옳다고 생각했다. 그렇다 보니 산신령 사당 같은 구월산의 삼성당에서 제사 지내는 일에 국가가 나설 필요는 없다고 판단했던 듯싶다. 이것이 삼성당에서 제사가 중단된 이유다. 그래서 이예가 국가가 제사를 중단하므로 단군, 환웅, 환인 등 삼성당 신령들이 노해 병이 돌았다고 암시한 것이다.

당연히 조정에서는 이런 생각에 동의하지 않았다. 실제로《조선왕조실록》에 기록된 조정의 반응은 "제사를 지내지 않았다고 악병이 일어났다는 이야기는 괴탄무계怪誕無稽하다"라는 것이다. 즉 단군, 환웅, 환인의 신령이 병을 내렸다는 소리는 괴이하고 헛되며 황당무계하다는 뜻이다.

그렇지만 구월산 근방에 이상한 병이 돌아 사람들이 혼란에 빠졌던 것은 사실로, 이예가 보고서를 쓰기 20년 전의 일이었다.《조선왕조실록》1452년 6월 28일 자 기록에는 경창부慶昌府의 관리 이선제李先齊가 당시 임금이었던 단종에게 올린 글이 실려 있다. 글의 시작은 이렇다.

> 신이 들으니 황해도 인민의 병이 갑자기 여항閭巷에서 발생해 사방에 전염해서 북으로 평안도에 이르고 남으로 기현畿縣에 이르러, 사망이 서로 이어 민호民戶를 싹 쓸었다 합니다. 어찌 까닭 없이 그러하겠습니까.
>
> _《단종실록》(1권) 1452년 6월 28일

즉 황해도에서 전염병이 시작되어 북으로는 평안도, 남으로는 경기도까지 퍼졌다는 이야기다. 사람이 많이 죽어 어떤 지역은 민가가 싹쓸이될 정도였다는 표현으로 보아, 1452년 상반기 조선 서북부 지역을 강타한 전염병은 작지 않은 문제였던 듯싶다.

이어서 이선제는 자신이 알고 있는 이상한 이야기 한 가지를 들려준다. 다시 15년 정도 앞선 세종 시대인 1439년 즈음 들은 구월산 관련 소문이었다. 그때에도 마침 황해도에 전염병이 돌고 있었는데, 어느 날 밤 숙직하는 중에 하급 관리였던 오성우吳成祐가 전염병은 삼성당의 제사가 끊겼기 때문이라고 했다는 것이다.

오성우가 들려준 이야기는 내용이 제법 풍부하다. 삼성당에서 지내던 제사를 평양으로 옮긴 후 괴이한 기운이 뭉쳐 맺힌, 마치 신령 같은 모양의 이상한 검은 기운이 나타났다고 한다. 누군가 밤에 우연히 검은 기운을 목격하니, 진陣을 이루고 있었다. 게다가 움직일 때는 소리도 났다. 이에 놀라 도망쳤는데, 바로 그 목격담이 널리 퍼진 것이다. 동시에 전염병이 도는 것은 삼성당의 제사가 끊겼기 때문이라는 말과 '여기癘氣', 즉 떠돌이 귀신, 또는 전염병의 기운이 구월산에서 인근으로 흘러간다는 말이 퍼졌다.

그러니까 당시 사람들은 검은 기운을 노한 단군, 환웅, 환인의 신령이 만들어낸 전염병의 기운으로 상상했던 듯하다. 이선제는 그나마 단군의 제사는 평양에서라도 지내지만, 환웅, 환인의 제사는 끊긴 것 아니냐고 지적한다. 그렇다면 전염병의 기운은 특히 환웅, 환인의 신령이 노해 나타났다고 생각할 만하다.

괴이한 기운이 뭉쳐 신령 같은 모양이 되었다는 설명을 보면 어렴풋이 사람 형체를 이루었다는 것 같다. 검은 기운이 진을 이루었다고 하니, 좌우로 넓게 펼쳐졌다는 듯한데, 어쩌면 군인들이 줄을 서 진을 친 모양을 연상했는지 모른다. 그렇다면 노한 단군, 환웅, 환인의 신령이 괴상한 소리를 지르며 움직이는 저승의 군인들을 불러왔고, 그들이 전염병을 흩뿌리고 다녔다는 것일까.《삼국유사》에 비슷한 이야기가 실려 있는데, 세상을 떠난 신라 미추왕味鄒王이 저승에서 군인들을 데리고 와 적의 침입을 막아낸 전설을 소개하며 그들을 '음척陰隲'이라고 표현한다.

정치가 혼란하고 민심이 흉흉하니

재앙을 내리는 검은 기운은 도대체 무엇이었을까.《조선왕조실록》에는 재앙의 빌미가 되는 무서운 것으로 검은 기운이 등장하는 이야기가 더 실려 있다. 단연 눈에 띄는 것은 인종仁宗이 눈을 감은 날의 전후 상황을 설명한 1545년 7월 2일 자 기록이다. 당시 서울에서 사람들이 갑자기 공황에 빠져 놀라 거리를 뛰어다니는 이상한 일이 발생했다고 한다. '물괴야행物怪夜行', 즉 이상한 괴물이 한밤중에 돌아다닌다는 말이 맹렬히 퍼져나갔기 때문이다.

소문에 따르면 물괴야행이 벌어진 곳은 검은 기운이 서려 아주 캄캄하게 어두워지고, 수레들이 몰려 지나가는 것 같은 큰 소리가 났다고 한다. 구월산 삼성당의 전염병을 내리는 신령 이야기와 똑같지는 않지만, 큰 소리를 내며 떼로 움직였다는 점이나 검은 기운이 밤에 나타났다는 점 등은 확실히 닮았다.

이 사건과 직접 관련된 것은 아니지만,《연려실기술》에는 인종이 임금이 되기 전 궁전 안에 요사스러운 검은 기운이 있어 홀연히 마루와 섬돌 사이를 지나다녔다는 이야기가 실려 있다. 인종이 왕위에 오르기 전이라면, 그의 아버지 중종이 다스리던 시대로, 영화 〈물괴〉의 소재가 된 궁전을 뒤집어놓은 괴물 이야기가 돌았을 때와 멀지 않다.《연려실기술》의 이야기도 검은 기운이 지나다닐 때 우레 같은 소리가 났다고 묘사한다. 그 때문에 모든 궁녀가 놀라 엎드려 숨을 죽였는데, 침착하고 지혜로워 명망이 높았던 귀인 정鄭씨만 홀로 놀라지 않고 가만히 일어나 문을 닫았다고 한다.

1545년 인종 사망 당시 사람들은 큰 소리를 내면 귀신을 쫓을 수 있다고 믿었던 듯하다. 그래서 징을 치고 몰려다니며 검은 기운을 몰아내려고 했다. 여기에 놀란 다른 사람과 말들이 여기저기로 종잡을 수 없이 뛰느라 서울 시내는 더욱 혼란스러워졌다. 관청에서도 이것을 말릴 수 없어, 사나흘 동안 소란이 계속된 후에야 진정되었다.

사실 연기나 흙먼지, 짙은 안개 따위를 밤에 잘못 보고 이상한 검은 기운으로 착각하는 일은 언제든지 발생할 수 있다. 어쩌면 빠르게 움직이는 털이 까만 짐승을 보고 착각한 것인지 모른다. 이때 우연히 어디선가 큰 소리까지 들려오면, 검은 기운이 그런 소리를 냈다고 생각할 만하다. 단군의 저주가 서린 저승의 군인들 이야기나 서울 시내를 큰 소리를 내며 돌아다니는 괴물 이야기가 그런 상황과 제법 어울리기 때문이다.

나는《조선왕조실록》에 실린 두 가지 검은 기운 이야기의 배경에 공통점이 있다고 생각한다. 이선제가 삼성당 이야기를 꺼낸 것은 단종 즉위 무렵의 일이다. 이 시기는 김종서 일파와 수양대군 일파의 대립이 점점 심해져 계유정난을 앞둔 때였다. 한편 인종은 대윤大尹(인종의 외척 일파)과 소윤小尹(인종의 이복동생 일파)의 두 정치 세력이 강하게 대립하는 와중에 세상을 떠나니, 문정왕후文定王后가 자기 친아들을 임금으로 만들기 위해 그를 죽음으로 내몰았다는 풍문이 파다하게 돌았다. 그렇다면 두 가지 검은 기운 이야기는 결국 혼란한 정치로 흉흉해진 민심을 먹고 탄생한 것으로 보아야 하지 않을까.

전염병 등의 위기가 닥쳤을 때 정치가 사람들을 위로해야지, 오히려 정치적 이익을 위해 혼란을 부추겨서는 안 된다. 바로 이런 교훈을 조선의 밤을 거닐던 검은 기운이 알려주려고 한 것 아닌가 싶다.

사도세자를 향한 저주

도깨비

전라도

이 도깨비란 놈들은
딱히 모습이 없단 말이지.
밝게 빛나는 불꽃처럼 있다가
어느새 사람처럼 변하고는
김첨지라고 이름을 밝힌다지.
참으로 신기하지 않은가.

임금의 아들을 노리다

사극에서 많이 다룬 영조와 아들 사도세자思悼世子 이야기를 따라가다보면 이상한 곁가지를 하나 만나게 된다. 바로 한국인들에게 너무나 친숙한 도깨비 이야기다.《조선왕조실록》1745년 2월 13일 자 기록을 보면 영조가 죄인들을 직접 조사했다는 이야기가 나온다. 심문당한 이들은 이경중李敬中, 이득중李得中, 조징趙徵, 차섬次暹 등으로, 사도세자를 해치려 했다는 게 그들의 죄목이었다. 1745년이면 사도세자가 만 10세일 때다. 영조는 어린 늦둥이 아들을 엄격하고 철저하게 가르치려고 했다. 당시만 해도 지나칠 정도로 기대를 품었기 때문이다.

그런 아들을 몇몇 무리가 해치려 했다니, 영조는 크게 분노했다. 그는 죄인들을 철저히 다그쳤다. 이들이 도대체 어떻게 임금의 아들을 해치려 했는지는 이경중을 심문하는 중에 밝혀졌다. 무당인 차섬이 저주를 걸어 사도세자를 괴롭히려 했다는 것이다. 이러한 내용은《조선왕조실록》의 당일 기록 앞부분에 자세히 나와 있다.

> 죄인 이경중을 문초하니, 공초供招하기를, "지난번 천재天災가 혹심
> 해 상하가 두려워하고 있을 즈음에 신의 팔촌 이득중이 말하기를,
> '듣건대 요사스러운 무당 독갑방獨甲房이란 자가 매흉埋凶하는 방술
> 에 능해 대궐 안을 출입하면서 곧바로 동궁東宮을 해치고 조빈趙嬪에
> 게 미루려는 마음을 두고 있다'라고 했는데 어디에서 들었는지는 말
> 하지 않았습니다. 신이 실로 놀랍고 통분해 동네 송창명宋昌明에게
> 가서 말하기를, '이러한 요사한 사람을 마땅히 그 길을 끊어야 한다'
> 라고 했습니다."
>
> _《영조실록》(61권) 1745년 2월 13일

'독갑방'은 차섬의 별명으로, 여기서 '방'은 지금도 일부 지방에서 쓰
이는 방언 '심방'처럼 무당을 뜻하는 듯하다. 그리고 '독갑'은 '도깨비'
를 그 발음대로 한자로 옮겨 쓴 것일 가능성이 크다. 기록의 뒷부분을
보면 차섬을 '망량방魍魎房'으로도 불렀다는 내용이 나오는데, '망량'은
중국 고전에 나오는 도깨비와 비슷한 괴물이다. 그러므로 독갑의 의미
가 도깨비임을 추측할 수 있다.

이득중이 다시 공초하기를, "조징은 본디 술을 잘 마시는 사람으로
서 말을 가리지 않았는데, 판계板契의 말을 분명히 신에게 말하기를,
'동촌東村 사람들이 판계를 결성해 독갑방에게 전화錢貨를 썼다'라
고 했습니다. 조징이 스스로 도깨비방[魍魎房]이라고 말했기 때문에

그 무녀의 호칭을 알았던 것입니다. 조징이 스스로 병조판서兵曹判書가 되겠다는 말은 신이 처음에 발설한 것이 아니며, 이희李熙와 조징은 본래 관련된 일이 없습니다."

_《영조실록》(61권) 1745년 2월 13일

그러니까 당시 사람들은 차섬을 '도깨비방'이라고 불렀는데, 그 발음을 한자로 옮겨 쓴 말이 독갑방이고, 그 뜻을 한자로 옮겨놓은 말이 망량방인 듯하다.

앞뒤 내용을 좀더 살펴보면 이 이야기에서 도깨비는 무당이 섬기거나 무언가를 부탁하는 귀신, 또는 신령 같은 대상이다. 심지어 임금의 아들을 해치는 음침한 주술까지 들어주는 듯하다. 기록의 뒷부분에는 차섬이 원래는 '호구방虎口房'으로 불렸다는 내용이 나오는데, 당시 '호구'는 흔히 '호구마마虎口媽媽' 같은 식으로 쓰여 천연두나 전염병을 내리는 귀신을 의미했다. 그렇다면 영조 시대 무당과 추종자들은 도깨비를 전염병 귀신과 비슷한 괴물로 믿었다고 추측해볼 만하다.

《조선왕조실록》에 드물게 나오는 도깨비 이야기는 하필 이처럼 몰래 궁전에 침입해 주술로 임금의 아들을 해치려 한 무당과 엮여 있다. 이는 오늘날 동화 등에서 소개되는 도깨비가 장난스럽고 해학적이며 친근한 대상인 것과는 제법 차이가 난다.

도깨비의 두 얼굴

도깨비를 어떤 주술을 부려달라고 기원하는 대상, 요사스럽고 음침한 대상으로 보는 시각은 조선 시대의 다른 기록들에서도 드러난다. 영조 시대에서 몇백 년을 더 거슬러 올라간 조선 초기에 쓰인 《석보상절》을 살피면 '돗가비'라는 말이 나온다. 이는 도깨비를 한글로 표기한 매우 오래된 기록으로 손꼽힌다. 《석보상절》은 세종이 한글을 만들고 몇 년 되지 않은 때 수양대군에게 석가모니의 삶을 한글로 쓰라고 명해 만들어진 책이다. 그러니까 도깨비는 한글이 세상에 나온 지 얼마 되지 않은 때 기록된 괴물이다. 과연 한국인에게 가장 친숙한 괴물에 걸맞은 기록이라고 생각한다.

《석보상절》에서 돗가비, 그러니까 도깨비는 허망하게 비명횡사하는 것을 무서워한 사람들이 오래 살게 해달라고 부질없이 비는 대상으로 등장한다. 즉 여기에서도 도깨비는 사람들이 숭배하거나 주술적인 힘을 얻기 위해 도움을 청하는 신령에 가깝다. 다만 《석보상절》은 불교 사상을 설명하는 책이기에, 도깨비를 바람직하기보다는 불길하고 나쁜 괴물처럼 묘사했다.

그렇다면 당시 조선인들은 도깨비를 어두운 소원을 빌면 사악한 방식으로 도와주는 괴물 정도로 생각했으리라고 추측해볼 수 있다. 반대로 현대에는 도깨비가 동화의 소재로 워낙 많이 사용되어, 그에 적합한 우스꽝스럽고 친근한 모습만이 지나치게 강조되지 않았나 싶다.

현대의 연구자들은 도깨비 이야기를 연구할 때 입에서 입으로 전해진 이야기들을 정리한 《한국구비문학대계》 같은 자료집을 주로 참고한다. 이런 자료집 중 많은 수가 1970년대 말 이후 유행한 이야기들을 수집해 만들어졌다. 그런데 도깨비를 소재로 한 동화는 일제강점기 때부터 현대적인 출판물과 대중매체로 유포되었다. 그러니 1970년대 말 사람들에게는 이미 동화에 어울리는 모습의 도깨비만이 익숙하지 않았을까. 그렇게 도깨비의 음침하고 사악한 모습은 점점 사라지고, 친근하고 우스꽝스러운 모습만이 굳어진 것 같다고 생각해본다.

한·중·일의 이매망량

조선 시대에 기록된 도깨비 이야기가 모두 어둡기만 한 것은 아니다. 친근한 도깨비가 등장하는 기록도 없지 않다. 조선을 건국한 사상가 정도전鄭道傳이 쓴 〈사리매문謝魑魅文〉이 대표적이다.

〈사리매문〉은 정도전이 젊은 시절 지금의 전라남도 나주羅州 어느 외딴 마을에서 귀양살이하던 때의 경험을 소재로 쓴 글이다. 당시 그는 "낮은 길기만 한데 사람은 아무도 없는" 외롭고 무료한 생활에 지쳐 과거의 꿈을 잃고 실의에 빠진 상태였다. 그러던 중 어느 날 잠결에 언뜻 '이매망량魑魅魍魎'이란 것이 떼거리로 찾아와 뛰기도 하고 기대기도 하며, 기뻐하기도 하고 슬퍼하기도 하며, 소란 떠는 듯한 느낌을 받는다. 이매망량은 원래 중국 고전에서 어느 특정 괴물이 아닌 잡다한 괴물 떼나, 귀신 떼를 싸잡아 일컫는 관용어였다. 그런데 조선 시대에는 이 말을 도깨비라는 뜻으로 쓸 때가 종종 있었던 것 같다.

영조 시대에 도깨비와 관계하는 무당을 망량방이라고 부른 것이 대표적이다. 앞서 소개한 《석보상절》의 도깨비도 이매망량과 통하는 부분이 있다. 《석보상절》은 다양한 불교 문헌을 참고해 쓰인 책이니만큼, 각 구절과 관련된 원전이 따로 있다. 도깨비가 언급된 구절은 또 다른 불교 문헌인 《약사경藥師經》에서 따온 것인데, 여기에서는 《석보상절》

에서 돗가비, 즉 도깨비라고 한 대상을 망량이라고 표현했다. 즉 조선 초기 수양대군 주도로 《석보상절》을 쓸 때 한자 '망량'을 한글 '도깨비'로 옮겼다는 것이다.

조선 말기에도 비슷한 사례가 있다. 1908년 일본인 우스다 잔운薄田斬雲이 조선의 풍속을 연구해 펴낸 《암흑의 조선暗黑なる朝鮮》을 보면, 조선의 독특한 요괴와 귀신을 나열하면서 이매망량과 '독각獨脚'을 하나로 묶어 소개했다. 특히 "둘 다 성을 김씨라고 한다"라고 설명해놓았는데, 이것은 현대에까지 전해지는 "도깨비를 김첨지라는 별명으로 부른다"라는 속설과 통한다. 그렇다면 독각도 도깨비를 그 발음대로 한자로 옮겨 쓴 말일 것이다.

《암흑의 조선》은 이매망량을 사람이 홀린 피가 변한 것으로 사람보다 크고 불덩이에 휩싸인 악마 같은 모습의 괴물이라고, 독각을 피 묻은 빗자루 같은 모습의 괴물이라고 설명한다. 그러면서도 이매망량은 씨름을 좋아한다고 하고, 독각은 많은 돈을 가져다준다고 하니, 이런 점은 현대에 널리 알려진 장난을 좋아하고 사람과 친구가 되는 도깨비의 모습과 크게 다르지 않다.

다시 〈사리매문〉으로 돌아가보면, 정도전은 뜻이 꺾이고 관직을 잃은 채 실의에 빠진 자신의 처지가 어찌나 외롭고 괴로운지 헛것인 이매망량, 즉 도깨비가 보일 정도라고 답답하고 서글픈 심정을 밝힌다. 그러면서도 결말에 이르러 도깨비와 친구가 되어 어려운 상황을 웃어넘겨 보겠다고 한다. 이처럼 〈사리매문〉은 첫째로 자신의 낙망한 심정을 토로하고 자신의 뜻과 능력을 알아주는 곳이 없음을 한탄하는 글이고, 둘째로 누구나 공감할 만한 진한 외로움을 토로하는 글이며, 그러면서도 셋째로 도깨비라는 신비로운 소재로 독자의 호기심을 자극하고, 마지막 넷째로 귀양살이의 괴로움을 담은 글답지 않게 도깨비와 어울려 놀겠다는 유쾌함을 선보이는 글이니, 반전이 있다고 하겠다.

정도전이 훗날 재기해 조선을 건국했다는 사실을 아는 현대의 독자는 〈사리매문〉을 읽으며 더욱 감동할 것이다. 그가 가장 낙심한 시절에 쓴 〈사리매문〉은 바닥을 친 상황에서도 무너지지 않는 멋이 돋보이는 글이다. 여기에 더해 반전이 있는 글의 흐름이 도깨비는 괴물이지만 사람과 친근하게 어울린다는 점과 맞아떨어져 더 재미있고 생기 있게 느껴진다. 그런 까닭으로 나는 정도전이 남긴 많은 글 중에서 〈사리매문〉을 가장 좋아한다.

네 모습을 밝히거라

도깨비의 모습을 묘사한 기록은 부족한 편이다. 일제강점기 이후 일본의 '오니鬼, おに' 그림을 도깨비 그림으로 제시한 일이 많았다는 사실은 이미 유명하다. 그렇다 보니 1980년대 무렵부터 한국 도깨비 고유의 모습을 찾는 시도가 많아져, 오니와 아주 다른 이런저런 모습이라는 여러 설이 돌았다.

그런데 도깨비의 모습을 구체적으로 묘사한 조선 시대 기록은 많지 않다. 조선 후기의 실학자 이익은 《성호사설》의 〈기선箕仙〉 항목에서 우리나라의 독각, 즉 도깨비가 중국 고전에 나오는 '기선'과 비슷하다고 설명한다. 둘 다 주술을 부려달라고 비는 대상이기 때문이다. 그러면서 도깨비의 특징으로 사람과 어울리는 것을 좋아해 사람 흉내를 내고, 진짜 정체는 오래된 빗자루나 절굿공이이며, 모두 자기 성을 김씨로 소개한다는 것 등을 나열한다. 이처럼 도깨비의 성격은 제법 많이 설명하는데도, 그 모습은 거의 묘사하지 않는다. 사람 흉내를 낸다고 하니 사람과 닮은 형상이라고 추측할 수 있는 정도다.

17세기 말의 사전인 《역어유해譯語類解》를 보면, 버드나무의 정기에서 태어난 괴물 '유수정柳樹精', 야차夜叉의 정기에서 태어난 괴물 '야차정夜叉精', 여우나 살쾡이의 정기에서 태어난 괴물 '호리정狐狸精' 등을 모두 독갑이, 즉 도깨비로 번역한다. 나무와 관련된 괴물을 도깨비로 본 것은 《암흑의 조선》이나 《성호사설》과 통하지만, 여러 괴물을 모두 도깨비로 부르는 것을 보면 겉으로 보기에 뚜렷이 구분되는 특징이 있지는 않은 듯하다. 조선 초기의 불교 문헌 《월인천강지곡月印千江之曲》도 '사리불舍利佛'과 '노도차勞度叉'가 요술 대결을 벌이는 대목에서 노도차가 야차로 변하는 것을 도깨비로 변한다고 번역한다. 특히 164번 단락은 도깨비의 모습을 간단히 묘사하는데, 머리와 입에서 불을 뿜고, 손발톱과 이빨이 길며, 눈은 피 같은 색이라고 한다. 이것은 원전에서 야차를 묘사한 대목을 그대로 번역해놓은 것이다.

그러므로 도깨비가 어떤 구체적이고 특정한 모습의 괴물이라기보다는 귀신과 사람 사이, 흐릿해 잘 알 수 없는 이상한 괴물들을 두루두루 일컫는 말에 가깝지 않았을까 생각해본다. 정도전의 〈사리매문〉도 이매망량을 사람도 아니고 귀신도 아니며, 흐릿한 것도 아니고 또렷한 것도 아니라고 묘사한다. 그러니 뿔이 두 개면 일본 오니이고, 뿔이 하나거나 없으면 한국 도깨비라는 식의 모습을 기준 삼은 엄격한 구분은 오히려 옛 기록의 묘사와 어긋나는 듯싶다.

굳이 도깨비의 독특한 모습을 구체적으로 묘사한 기록을 가능한 한 찾아본다면 19세기 출간된 《기관奇觀》을 들 수 있다. 거기에 실린 〈연귀취부宴鬼取富〉라는 이야기를 보면 도깨비와 닮아 보이는 괴물이 등장하는데, 그럭저럭 묘사가 세밀하고 개성이 풍부한 편이다.

〈연귀취부〉는 염동이廉同伊라는 인물이 이매와 비슷한 부류를 만난 이야기다. 그는 김첨지라 불리는 괴물을 만났는데, 패랭이를 쓰고 베홑옷을 걸쳤으며, 허리에 전대를 두르고 손에는 채찍을 쥐었다고 한다. 키는 8척(약 2.4미터)이고 걸음걸이는 허둥거렸으며, 용모는 아주 기괴해 사람과 비슷하면서 사람이 아니고, 귀신과 비슷하면서 귀신이 아니었다. 김첨지는 비슷한 놈들과 패거리를 지어 어울렸다. 그중 두령은 야차라고 해 머리에 뿔이 하나 있고 푸른 몸뚱이에 붉은 털이 난 모습이었다. 야차는 김첨지를 붉은 다리, 곧 '적각赤脚'이라고 불렀다. 이때 적각이라는 말은 조선 시대에 주인이 노비, 그중에서도 대체로는 여자 노비[婢]를 부르는 관용어이기도 했다.

김첨지 패거리는 염동이에게 잔치를 열어달라고 하는데, 부탁을 들어주니 많은 재물을 주어 부자가 되게 해주었다. 이 패거리가 청계천淸溪川 영도교永渡橋에 모여들면 불빛이 번쩍거렸다. 그러다가 두더지 고기 삶은 것 등 특정한 음식을 먹으면 죽어서 본래 모습으로 돌아가는데, 오래된 빗자루에 뼈다귀 따위가 섞인 것으로 변했다고 한다.

밀레니엄 도깨비

지금까지 살펴본 이야기들에서 보이는 도깨비의 특징을 정리하면 대략 다음과 같다.

- 귀신은 아니지만 어떤 사람이나 짐승도 아니다.
- 사람의 소원을 들어주거나 주술을 행한다.
- 부자가 되게 해줄 수 있다.
- 중국 고전의 이매, 망량과 비슷한 점이 있다.
- 불교 문헌의 야차와 비슷한 점이 있다.
- 오래된 빗자루, 절굿공이, 나무가 본모습일 수 있다.
- 불빛이나 불에 휩싸인 모습으로 나타난다.
- 사람에게 친근하게 대할 때도 있다.
- 자신을 김씨라고 소개한다.

작가로서 도깨비 이야기를 새롭게 지어본다면, 이런 옛 기록 속 특징들을 살리고 싶다. 특히 《조선왕조실록》에 나온 전문적으로 도깨비를 부리거나 섬기는 도깨비방의 이야기를 되살려보는 것이 재밌을 듯하다.

예를 들어 예산 부족으로 몇십 년 동안 교체해주지 않은 낡아빠진 학교 의자나 책상에 도깨비가 깃드는데, 우연히 도깨비 부리는 데 천부적 재능이 있는 학생이 입학해 도깨비를 만나 각종 재주를 익히게 된다는 이야기가 떠오른다. 또는 도심 재개발 사업 중에 오래된 집터를 파헤치다가 수백 년 동안 묻혀 있었던 빗자루나 절굿공이를 파내게 되고, 근처의 인부가 그것들에 붙은 도깨비를 만나 도깨비 부리는 사람이 된다는 이야기도 재미있을 것 같다.

〈사리매문〉의 배경이 되는 전라남도 나주의 한 마을이나,〈연귀취부〉에 나오는 청계천 영도교 등을 도깨비 관련 명소로 다채롭게 꾸며 보는 것도 좋겠다. 도깨비는 대표적인 한국 괴물로 단연 꼽을 만하니, 상징하는 장소나 유래된 고향을 그럴듯하게 마련하는 것이 마땅하지 않나 싶다.

　마침 청계천 영도교는 황학동黃鶴洞에서 멀지 않다. 그렇다면 온갖 중고 물건을 거래하는 그곳에 오래된 목각 인형 등 각종 나무 제품을 파는 정체를 알 수 없는 사람이 가끔 나타나는데, 그를 만나면 큰돈을 벌 수 있다는 이야기는 어떨까. 나는 꽤 그럴듯하다고 생각한다.

정조의 마음을 어지럽힌 사슴과 곰

녹정과 웅정

우리는 원래 사슴과 곰이었는데,
짐승일 때부터 도를 흠모해
결국 터득하게 되었소.
몇백 년을 살며 세상의 이치를 살피니,
미래가 자연스레 보이는 경지에 이르러
예언을 할까 하오.

경상도

역모에 매인 삶

《조선왕조실록》1785년 3월 12일 자 기록을 보면 당시 떠돌던 이상한 풍문 하나가 실려 있다. 나이가 수백 살인 사슴과 곰이 사람으로 변했다는 이야기다. 지금 들으면 동화 같은 이야기로 생각할 만하지만, 정조가 다스리던 시대의 조선에서는 무시무시한 역모 사건과 엮여 있었다.

이야기는 정조와 문양해文洋海라는 인물의 문답에서 시작된다. 그 내용은 이렇다.

문양해가 서면으로 바친 공초에서 말하기를, "이른바 '녹정鹿精', '웅정熊精'이란, 곰과 사슴의 몸이 수백 년 동안 지나오면서 변화해 사람이 된 것인데, 또한 글자도 압니다. 신이 선원촌仙苑村 이현성李玄晟의 집에서 녹정을 만나보았는데, 얼굴은 길고 머리털은 희었으며, 웅정은 얼굴이 흐리고 머리털은 검었습니다. 녹정은 스스로 오백 살이라고 말하고, 웅정은 스스로 사백 살이라고 말했습니다. 녹정은 신라 말년에 최고운崔孤雲(최치원崔致遠)이 가야산伽倻山에 들어가서 공부할 때, 항상 어떤 사슴 한 마리가 와서 책상 밑에 엎드려 있었는데, 마치 도를 듣는 것 같았다고 합니다. 그래서 최고운이 말하기를, '네가 비록 사슴과 다른 종류의 짐승이지만, 능히 도를 흠모할 줄을 아니, 나이를 연장하는 방법을 얻도록 해야겠다'라고 했는데, 마침내 사람의 형태를 갖추고 말도 통하게 되었다고 합니다. 녹정은 별호를 혹은 청경노수淸鏡老叟라고도 하고 혹은 백운거사白雲居士라고도 하며, 웅정은 자칭 청오거사靑烏居士라고 하는데, 모두 성명은 말하지 않았습니다. 녹정은 항상 시사時事에 대해 언급해 말하기를, '동국東國은 말기에 가서 셋으로 갈라져서 100여 년간 싸우다가 비로소 하나로 통합되게 되는데, 결국 통일할 사람은 바로 정가鄭哥 성씨를 가진 사람이고, 그 싸움은 먼저 나주에서 일어나는데, 임자년과 계축년 사이에 시작될 것이며, 어지러운 정세를 바로잡아 반정하게 될 사람은 유가劉哥, 이가李哥, 구가具哥의 성을 가진 세 사람이다'라고 했습니다."

_《정조실록》(19권) 1785년 3월 12일

정조가 옥좌에 앉아 있던 시기의 기록을 보면 역모 사건이 잦은 편이다. 아버지 사도세자부터 역모 혐의로 뒤주에 갇혀 죽었고, 심지어 본인이 죽은 직후에는 독살당한 것 아니냐는 소문이 돌았으니, 이래저래 역모와 얽히고설킨 임금이었다. 정조 즉위 초 큰 신임을 얻었다가 갑자기 몰락한 홍국영洪國榮에 관한 소문이나, 세도정치가 움트던 당시의 복잡한 정치적 환경은 그런 이야기가 나도는 데 영향을 미쳤을 것이다.

음모의 근거지가 된 지리산 선원촌

그중에서도 지금 할 이야기는 '홍복영洪福榮 옥사 사건'에 관한 것이다. 홍복영은 홍국영의 친척이었지만, 특별히 당시 정치계에 두각을 드러내지는 않았다. 홍국영은 정조 즉위 초 젊은 나이에 세상을 손에 넣은 풍운아로 불렸지만, 반대파의 맹렬한 공격으로 얼마 안 가 실각했다. 이후 비참한 모습으로 귀양살이를 하다가 30대 초반의 나이에 세상을 뜨고 말았다. 1785년이면 그가 세상을 떠나고 4년이 지난 때였다. 그러니 홍복영이 설령 역모와 관련되었다고 하더라도, 세력가들을 포섭하고 실제 군대를 동원하기는 어려운 상황이었다. 이 때문에 홍복영 옥사 사건은 구체적인 군사 작전이나 암살 계획과는 관련이 없었다. 대신 주술적이고 신비주의적인 색채가 강했다.

문제의 홍복영과 친분이 있었다는 많은 인물 중 가장 흥미로운 이는 문양해다. 그는 충청도 공주公州 출신이었던 것으로 보이는데, 사건 무렵에는 경상도 하동河東과 지리산智異山 일대에서 주로 활동했다. 명확하지는 않지만 문양해 가문의 누군가 홍씨 가문의 어느 부유한 권세가와 친분이 있어 간접적으로 관계가 생긴 듯싶다. 어쩌면 풍수지리 같은 주술적인 일에 재주가 있다는 평판 때문에 홍씨 가문과 처음 안면을 텄을 수 있다. 예를 들어 마침 홍씨 가문에서 사람의 운수를 아주 좋게 하는 기운이 서린 땅을 찾고 있었는데, 문양해 가문의 누군가 대단한 명당을 안다고 해 관계를 맺었는지 모른다.

《조선왕조실록》에 실린 기록을 종합하면, 당시 조정은 홍복영을 비롯한 무리가 지리산 일대의 이상한 주술을 믿는 자들과 힘을 합쳐 나라가 곧 망할 거라는 소문을 퍼뜨리는 등 음모를 꾸미고 있다고 의심했다. 문양해는 그중 한 명이었다. 그는 특히 예언과 기도 따위에 관한 진술을 자세히 남겼다. 앞서 발췌한 3월 12일 자 기록도 사건을 수사하며 얻은 그의 진술을 정리해놓은 것이다.

기록에 따르면 문양해는 지리산 선원촌이라는 곳에서 녹정과 웅정이라는 이상한 괴물 같은 것을 직접 만났다고 주장한다. 선원촌은 신선의 정원이라는 뜻이다. 앞뒤 정황을 따져보면 신비한 도술을 부린다거나, 예언이나 주술에 정통하다거나, 신비한 이치를 깨달았다거나 하고 주장하는 몇몇 인물이 모여 산 산골 마을이었던 것 같다.

그러나 정확한 위치에 대한 기록이 없는 것을 보면, 실제로는 그런 마을이 아예 없었을 수 있다. 즉 문양해와 일당이 "선원촌에 가서 진리를 깨우쳤다는 누구의 예언을 듣고 왔다"라고 소문냈을 뿐, 실제로 그런 마을이나 예언자는 없었을지 모른다는 것이다. 만약 그렇다면 선원촌이라는 지명은 지어낸 이야기에 구체성과 현장감을 더하기 위한 속임수에 지나지 않는다.

녹정과 웅정은 각각 사슴의 정기, 곰의 정기라는 뜻이다. 그런데 17세기 말의 사전인 《역어유해》는 유수정(버드나무의 정기), 호리정(여우나 살쾡이의 정기), 야차정(야차의 정기)을 모두 독갑이로 번역한다. 독갑이는 도깨비의 옛 표기로 보이므로, 유수정은 '버드나무 도깨비', 호리정은

'여우 도깨비', 야차정은 '야차 도깨비'로도 풀 수 있다. 이처럼 조선 후기에는 도깨비와 '정精'을 비슷하게 본 듯하니, 녹정과 웅정은 '사슴 도깨비'와 '곰 도깨비' 정도이지 않을까 싶다.

문양해는 자신이 만난 녹정과 웅정, 또는 사슴 도깨비와 곰 도깨비가 짐승이 오랜 세월을 살며 점차 사람과 비슷하게 변한 것이라고 설명한다. 여기까지는 100년 묵은 쥐가 사람으로 변하는 재주를 부린다거나, 1,000년 묵은 여우가 사람으로 변해 나그네를 홀린다는 옛 전설과 비슷한 점이 있다. 사람은 나이 들수록 현명해지는 법이니, 혹시 짐승도 수백 년, 수천 년 나이 들면 점점 현명해져 사람으로 변할 수 있을 거라는 믿음이 반영된 것이다. 녹정과 웅정 이야기도 그중 하나였던 셈이다.

신선이 된 최치원, 사람이 된 사슴

그런데 문양해는 녹정이 어떻게 탄생했는지에 관한 색다른 이야기를 자세하게 소개한다. 그의 이야기에는 실존 인물로 신라의 명망 높은 학자이자 작가인 최치원이 등장한다. 역시 이야기에 구체성과 사실성을 덧붙이기 위한 수법 아닌가 싶다. 이야기는 다음과 같다.

최치원은 당나라에서 글재주로 유명해지고, 나중에는 신라의 정치를 개혁하려고 하나 결국 실패한 인물로 잘 알려져 있다. 그는 개혁이 실패한 후 실망해 깊은 산속 한적한 곳에 머무는데, 후대에 이르면 그가 속세와 인연을 끊고 살다가 어느 날 신선이 되었다는 이야기가 널리 퍼지게 된다. 실제로 고려 시대 출간된 《파한집破閑集》을 보면 그가 어느 날 갑자기 가야산에서 신발과 모자만 남긴 채 영영 사라져버렸으니, 신선이 된 것 같다는 설화가 실려 있다. 《해동전도록海東傳道錄》같은 조선 후기 문헌들은 아예 한반도에 신선술을 전수한 중요한 스승 중 하나로 그를 언급한다.

문양해의 이야기도 최치원이 가야산에서 숨어 살았던 먼 옛날로 거슬러 올라간다. 이야기에서 그는 인적이 없는 가야산 깊은 곳에 홀로 글을 읽는 모습으로 등장한다. 그런데 그의 글 읽는 소리에 이끌린 것인지, 산속 깊은 곳에서 사슴 한 마리가 나와 책상 밑에 머리를 숙이고 소리를 경청한다. 매번 글 읽을 때마다 그렇게 하니, 그는 도를 흠모하는 사슴의 태도가 기특하다면서 수명이 늘어나도록 이끌어준다.

정리하면 최치원이 깨달음을 전해주니, 사슴이 조선 후기가 되기까지 무려 1,000년 가까이 장수하고, 심지어 모습이 사람과 비슷하게 변해 말까지 한다는 것이다. 이야기의 한 토막 한 토막을 좀더 깊이 들여다보면, 도술, 진리, 장수 등에 관한 조선인들의 생각을 짐작해볼 수 있다.

한국 설화에는 깊은 깨우침이 담긴 아주 훌륭한 책이나 말이 있어 그것을 읽고 듣다 보면 저절로 깨달음을 얻는다는 부류가 있다. 예를 들어 신라의 승려 원효元曉는 《아미타경소阿彌陀經疏》에서 "아미타불"을 읊조리는 것만으로 불교의 깨달음에 한결 가까이 다가갈 수 있다고 설명한다. 그가 복잡한 불교 교리와 경전을 모르더라도 누구나 "나무아미타불"만 열심히 외우면 극락에 갈 수 있다고 말했다는 이야기도 있는데, 역시 비슷한 내용이다.

녹정과 웅정 이야기도 아주 위대한 스승을 만나 그의 말을 듣기만

하면, 그 내용이 마음속에서 차분하게 정리되고 저절로 진정한 삶의 진리를 깨닫게 된다는 의미를 담고 있다. 즉 최치원은 진리를 잘 전해주는 너무나 위대한 스승이기에, 심지어 사람이 아니라 사슴이라 하더라도 그의 말을 들으면 점차 진리를 깨우치게 된다는 것이다.

또한 마음속에서 진리를 깨우치면, 자연을 초월하는 놀라운 능력까지 얻게 된다는 믿음이 조선 사회에 유행한 듯하다. 즉 어떤 경지 이상의 지혜를 얻으면, 단순히 삶을 깊이 이해하거나 마음의 평화를 얻는 것뿐 아니라 초능력을 얻게 된다고 믿은 것이다. 최치원에게 가르침받은 녹정이 깊이 깨우치자 곧 무병장수하고 미래를 내다보며 모습을 바꾸는 술법을 부렸듯이 말이다.

《정감록》에서 시작된 가짜뉴스

이런 이야기는 꾸미기에 따라 사이비 종교의 교리나 사람을 속이는 사기 수법으로 쉽게 변질될 수 있다. 아닌 게 아니라 문양해의 녹정과 웅정 이야기도 바로 그런 점에서 문제가 되었다. 조사가 진행되면서 결국 이 사건의 중심에 《정감록鄭鑑錄》이라는 예언서가 있다는 사실이 드러났기 때문이다.

《정감록》은 조선 시대에 등장한 가장 대표적인 예언서다. 작가 한사람이 쓰고 공식적인 배포판을 만든 책이 아니므로, 어떤 내용이 원본이고 어떤 내용이 후대에 덧붙인 것인지 알아내기가 대단히 어렵다. 하지만 조선 후기의 어느 시점에 배포되기 시작해 이후 계속해서 내용이 변형되며 수백 년간 꾸준히 큰 인기를 얻은 것만은 사실이다.

이 때문에 대단히 많은 종교의 창시자나 예언가를 자칭하는 사람이 《정감록》을 정확히 해석할 수 있다고 주장했다. 또한 역사상 굵직굵직한 사건이 발생할 때마다, 그 사건이 《정감록》의 예언과 일치한다는 말이 돌고는 했다. 조선이 멸망해 일제강점기가 시작되고 이후 한국전쟁이 발발하는 현대사의 혼란기에도 《정감록》은 다시 반짝 인기를 얻었다. 그리하여 불과 수십 년 전까지만 해도 《정감록》의 예언에 관한 유언비어가 종종 떠돌았다. 심지어 《정감록》의 "나를 죽일 것은 누구이고 하니, 머리가 작고 발이 없다[小頭無足]"라는 구절이 북한의 미사일을 예언한 것이라는 소문도 있었다. 2020년 코로나19가 유행하자 정은경 질병관리청장이야말로 《정감록》에 기록된 난세에 출현할 정도령이 틀림없다고 누군가 쓴 글을 본 기억도 있다.

문양해의 녹정과 웅정 이야기도 그것들이 예언을 들려주었다고 하며 끝난다. 그 예언이란 조선이 말기에 이르면 나라가 셋으로 갈라져 100여 년간 싸우다가 통일되는데, 통일을 이루는 사람이 정鄭씨라는 것이다. 정도령이 한반도의 혼란기에 영웅이 된다는 《정감록》의 예언과 굉장히 비슷하다. 그래서인지 녹정과 웅정 이야기는 널리 퍼지는 데 성공한다. 《승정원일기承政院日記》 1785년 2월 29일 자 기록을 보면, 이 무렵 엉뚱한 소문을 믿은 많은 사람이 지리산으로 피난 가는 소동이 벌어졌다고 쓰여 있는데, 시기상 녹정과 웅정 이야기가 그 소문일 가능성이 커 보인다.

《조선왕조실록》의 홍복영 옥사 사건 기록은 《정감록》을 명확히 언급한 거의 최초의 기록으로 꼽힌다. 그렇다면 녹정과 웅정 이야기는 후대의 많은 사례처럼 사이비 종교인에 가까운 사람들이 《정감록》을 들먹이며 지어낸 이야기의 한 자락에 불과했지만, 운이 좋아 널리 퍼졌던 것인지 모른다.

고대 북방 문화의 흔적

기록에서 녹정과 웅정의 모습이 상당히 구체적으로 묘사되어 있다는 점은 특이하다. 문양해는 녹정은 얼굴이 길고 머리털은 희고, 웅정은 얼굴이 더럽고[濁] 머리칼은 검다고 말한다. 보통 사람과는 용모가 다른데, 각각 사슴과 곰을 닮은 모습이라고 한 것 아닌가 싶다.

또한 녹정은 자신의 칭호를 청경노수, 백운거사라 하고, 웅정은 청오거사라 한다. 그렇다면 녹정은 희고 깨끗한 옷을 입고, 웅정은 검고 푸른 옷을 입는다는 것일까. 다만 녹정이 시사에 관한 이야기를 자주 했다고 하니, 녹정은 웅정보다 말을 좀더 잘해 나서기를 좋아하고, 웅정은 과묵하다는 뜻인가 싶기도 하다. 또는 사슴이 득도하도록 최치원이 도와주었다는 이야기를 참고해, 먼저 사람으로 변한 사슴이 나중에 곰에게 가르침을 전수했다고 생각해볼 수 있지 않을까.

하필 웅정이 등장한다는 것도 눈길을 끈다. 신선 이야기에 곰이 더해져 더욱 재미있어 보인다. 사슴이 나오는 신선 이야기는 훨씬 흔하다. 중국에서 전래된 도교 계통 이야기에서 비슷한 소재가 등장하거니와, 김시金禔의 〈선록완월도仙麓翫月圖〉나 김홍도金弘道의 〈수노인도壽老人圖〉 같은 조선 시대 그림에서 그 예를 쉽게 찾아볼 수 있다.

그러나 곰이 나오는 신선 이야기를 다룬 조선 시대 기록은 흔하지 않다. 오히려 고대 북방 문화를 다룬 기록에서 쉽게 눈에 띄는 편이다.

고조선을 건국한 단군의 어머니가 곰이었다는 단군 신화가 단연 유명하다. 고구려를 건국한 주몽 이야기에는 '웅신산熊神山', 즉 곰 신령의 산이 등장하기도 한다. 그러나 세월이 흘러 조선 시대가 되면 웅정 이야기와 통하는 기록을 찾기가 어렵다.

그나마 '우지개亏知介'라는 북방 이민족의 풍속을 다룬《조선왕조실록》1439년 7월 2일 자 기록 정도가 있다. 내용은 이렇다.

> 우지개의 풍속에 여자는 모두 방울을 차는데, 무오년(1438) 5월에 여자 세 사람이 벗나무 껍질을 벗기기 위해 산에 들어갔다가, 한 여자는 집으로 돌아오고 두 여자는 돌아오지 않았는데, 그해 11월에 사냥하는 사람이 산에 들어가서 곰 사냥을 하다가, 나무의 빈 구멍 속에서 방울 소리가 나는 것을 듣고, 나무를 베어내고 보니, 두 여자가 모두 아이를 데리고 있었으므로, 그 연유를 물으니 대답하기를, "5월에 벗나무 껍질을 벗기려고 산속에 들어왔다가 길을 잃어 집에 돌아가지 못했는데, 수곰에게 협박당해 함께 자서 각각 아이를 낳았다"라고 했는데, 그 아이의 얼굴이 반은 곰의 모양과 같았다.
>
> _《세종실록》(86권) 1439년 7월 2일

요약하면 반은 사람 같이, 반은 곰 같이 생긴 곰의 자손들이 있었다는 이야기다. 이어지는 내용을 보면 곰 사냥꾼이 곰의 자손들은 없애버리고 두 여자만 구출해 함께 돌아왔다고 한다. 이 이야기는 어느 강에서 사람 아기를 임신한 큰 물고기가 나타났다는 이야기와 함께 기록되어 있다.

조현설 선생은 저서《신화의 언어》에서 우지개가 러시아 소수민족인 우데게이족Udégeitsy을 일컫는 것이며,《조선왕조실록》의 기록은 그들의 신화와 단군 신화가 직접적으로 연관될 가능성을 시사한다고 언급한다. 만약 그렇다면 조선 후기에 이르러 문양해가 퍼뜨린 웅정 이야기도 고대 북방 문화 계통의 신화가 미약하게나마 이어지다가 모습을 드러낸 사례로 볼 수 있을까. 그게 아니라면 그저 곰이라는 소재가 일치한 우연의 결과일까.

　1785년 한 해 정조는《정감록》의 예언을 믿는 무리를 대대적으로 수사해 핵심 인물들을 검거하고 처벌한다. 하지만 녹정과 웅정이 조정의 군인들에게 붙잡혔다는 기록은 찾을 수 없다. 그것들은 역시나 문양해가 지어낸 환상 속의 괴물이었던 듯하다. 만약 그게 아니라면 230여 년 전 그날 문양해는 실제로 무엇을 만났고 그것들은 어디로 가버렸을까.

국경으로는 막을 수 없다

바다를 건너온 괴물들

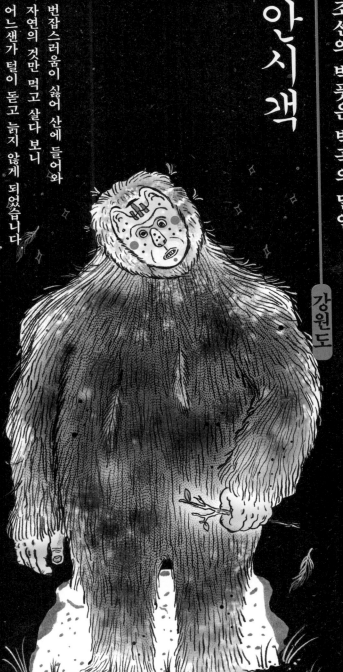

안시객

조선의 빅풋은 벽곡의 달인

강원도

번잡스러움이 싫어 산에 들어와
자연의 것만 먹고 살다 보니
어느샌가 털이 돋고 늙지 않게 되었습니다
제가 산에 들어온 지 100년이 되었는지,
1,000년이 되었는지도 가물가물합니다.

영생, 축복인가 저주인가

동물이라면 대개 죽는 것을 싫어하기 마련이다. 당연히 사람들도 오래 사는 것을 바라는 경우가 많다. 그러니 옛날부터 오래 사는 것에 관한 전설도 많이 생겨났다. 일단 단군부터 1,000년 넘게 살다가 죽지 않고 산신으로 변했다는 전설의 주인공이고, 신라의 대표적인 작가 최치원 도 말년에 지리산으로 들어가 신선이 되어 장수하는 법을 깨우쳤다는 설화에 등장한다.

아예 죽지 않고 영원히 사는 사람에 관한 전설도 적지 않다. 중국 도 교의 여러 이야기가 전해지자 한반도에도 신선으로 변해 영원히 죽지 않는 사람에 관한 소문은 꾸준히 퍼져나갔다. 게다가 진나라 시황始皇 을 비롯해 한나라 무제武帝 등 어마어마한 부와 권력을 가진 중국 황제 들이 오래 살고 죽음을 피하는 데 관심을 기울여 불로초를 구하거나 신선이 되고자 한 일이 역사서에 기록되어 있었다.

조선에도 비슷한 문화가 어느 정도 퍼져 있었던 것 같다. 예를 들어 단종 시대의 《조선왕조실록》을 보면 이선제가 약초 천문동天門冬으로 불로불사의 약을 만들 수 있다며 다음과 같은 글을 임금에게 올렸다는 내용이 있다.

신이 일찍이 세종께서 춘추관春秋館에 내린 비방祕方을 보건대, "천문동은 사람이 장생불사長生不死하게 하고 기력을 백배하게 하며, 오래 복용하면 살이 살아나고 골수를 채워주며, 몸이 가벼워지고 총명해지며, 수명을 크게 연장해 끝이 없으니 신선으로 올라갈 만하다. 남녀가 모두 복용할 수 있으며, 80세 이상이 복용하면 문득 아들을 낳게 되고, 방실房室이 쇠퇴할 줄 모르며, 100명의 여인을 거느릴 수 있고, 방실을 끊은 사람은 선인仙人이 될 수 있다. 7, 8월에 그 뿌리를 캐는데, 정월, 2월, 3월에 캐는 것이 좋다. 이때를 지나면 효과가 없다. 그 흙을 씻어내고, 껍질을 벗겨 가운데 있는 심만을 떼어내도 되고, 또한 껍질을 붙이고 썰어 쪄도 되는데, 이를 볕에 말려 빻아 식후에 술에 타 2방촌方寸의 숟갈로 하루에 세 번씩 복용하는데, 많이 먹이면 더욱 좋다. 그 뿌리를 빻아 즙을 짜내 술을 담가 이 가루약과 먹으면 더욱 좋다. 오래 복용하면 사람이 물에 들어가도 젖지 않고, 천지와 더불어 서로 마치게 되며, 더 오래 먹으면 신명神明에 통하고, 늙은 사람은 다시 젊어지고 흰머리가 다시 검어지며 빠진 치아가 다시 난다. [약을 먹은 지] 20일 만에 [그 효과를] 알 수 있고 30년만 먹으면 승천하며, 피부가 팽팽해지고 얼굴빛에 광택이 나며, 귀와 눈이 총명해져 자식을 많이 낳게 된다" 했습니다.

이런 부류의 신선술에 관한 이야기들은 워낙 옛날부터 나돌았기 때문에 역사를 아는 것을 중요한 교양으로 생각한 조선 시대 유학자들에게 친숙한 편이었다. 신선이 되거나 죽음을 피하는 방법에 관한 이야기들을 일부러 찾아 읽는 경우도 많았던 듯하다.

이렇게 퍼져나간 불로불사의 신선 이야기는 중세 유럽에서 유행한 죽지 않는 사람 전설과는 대조되는 느낌이다. 13세기경부터 유럽에서는 '방황하는 유대인Wandering Jew' 이야기가 유행했다. 내용을 살펴보면, 예수가 십자가에 매달릴 때 함께 매달린 어느 유대인이 예수에게 무례한 행동을 했고, 그 때문에 천국에서도 지옥에서도 받아주지 않았다고 한다. 그렇게 수천 년 동안 이곳저곳을 방황하며 정체불명의 떠돌이 신세가 된 그는 중세에도 온 세상을 전전하고 있다는 것이다.

중세 유럽 전설 중에는 방황하는 유대인 이야기처럼 영원히 죽지 못하는 것을 일종의 으스스한 저주로 본 것이 몇 있다. 중세 유럽인은 종교적 이유로 사후 세계에 관한 생각이 확고해, 죽어서도 천국이든 지옥이든 가지 못하고 계속 세상을 떠도는 신세를 부정적으로 여긴 듯하다. 그에 비하면 한국인은 많은 경우 죽지 않고 영원히 사는 것을 동경할 만한 일이나, 성스러운 경지처럼 긍정적으로 묘사했다. 어쩌면 중세 유럽인은 종교적 전통을, 한국인은 현실과 세속을 중요하게 여기는 문화 차이가 반영된 것인지 모른다.

수준이 다른 원조 자연인

중국에서 한반도로 전해진 신선으로 변하는 수법 가운데 조선 후기에 특히 유행한 것을 꼽아보라면 아무래도 벽곡辟穀이라고 생각한다. 벽곡은 음식을 끊는다는 의미다. 물론 이 외에도 신선이 될 수 있는 수법이 많이 전해졌다. 예를 들어 온갖 약재를 넣고 특이한 방법으로 잘 가공해 사람을 신선으로 변하게 하는 약을 만들었는데, 이를 연단술煉丹術이라고 했다. 또한 몇 가지 방법을 사용해 깊이 수련하면 육체에서 빠져나와 세상의 원리를 초월한 경지로 나아갈 수 있다고 믿은 사람들이 있었다. 그런 방법들을 뭉뚱그려 시해술屍解術이라고 불렀다.

중국에서는 막강한 권세와 부를 가진 황제가 각지에서 바친 온갖 귀한 약재를 먹고 장수하려 한 일이 종종 있었다. 그런 만큼 중국에서 온 이야기들은 아무래도 연단술에 관한 것이 상대적으로 많았던 듯하다. 이런 이야기들은 귀한 약만 먹으면 바로 장수할 수 있다고 하니, 값비싼 약재를 거래해 돈을 벌려는 사람들에게 유용했을 것 같다. 한국에도 비슷한 일이 없지는 않았다. 대표적으로 발해의 이광현李光玄이 신라, 당나라 등 여러 나라를 떠돌며 큰돈을 벌다가 우연히 연단술을 터득한 기이한 인물을 만나 신선으로 변신시켜주는 약의 제조법을 알아냈다는 전설이 있다. 이 이야기는 제법 인기가 있어《해객론海客論》등에 실린 다음 역으로 중국 도교 계통의 책에 기록되기도 했다.

그러나 조선 시대 기록에는 불로불사의 약을 제조했다는 이야기가 드물다. 유학자들을 탄압한 대표적 인물인 진나라 시황에 대한 반감 때문에 그런 수법이 부질없는 짓이라고 생각한 것 같기도 하고, 국가에서 불교를 적극적으로 육성한 고려 시대를 지나며 생긴 세속에 대한 지나친 집착을 경계하는 관념에 영향받은 것 같기도 하다.

그런 와중에 조선 후기 무렵 특히 유행한 것이 바로 벽곡 이야기다. 즉 사람이 평소 먹는 평범한 음식을 끊고 살 방법을 터득하면 체질이 바뀌어 영원히 산다는 것이다. 음식을 먹지 않고 굶으면서 버티는 방법을 점점 터득해나간다는 식의 이야기도 있고, 농사지은 작물 대신 야생의 열매를 따다가 먹으며 산다는 식의 이야기도 있다. 특히 솔잎을 가루로 만들어 먹는 이야기가 많은 편이다.

벽곡 이야기의 가장 흔한 줄거리는 속세를 떠나 산에 살게 된 어떤 사람이 평범한 음식 대신 특정 나무 열매나 나물 같은 것만 먹으며 지내자 점차 자연과 하나가 되어 결국에는 늙지 않고 영원히 사는 경지에 오른다는 것이다. 신선이 되어 영원히 사는 이야기이면서도 불교 계통의 속세를 떠나는 문화와 통하는 점이 있으므로 조선인들에게 더 친숙하게 느껴졌던 것 같다.

그래서인지 나중에는 유명한 의병장인 곽재우郭再祐가 전쟁이 끝난 후 벽곡을 터득해 신선이 되었다는 이야기가 퍼질 정도로 인기를 끌었다. 이는 《조선왕조실록》에도 실려 있는데, 선조가 곽재우를 '방외인方外人', 즉 속세를 떠나 다른 경지를 추구하는 사람으로 짐작하는 대목이 나온다.

"전에 경상도감사의 장계狀啓를 보건대, 곽재우를 상주尙州 목사牧使로 삼고 싶다고 했는데, 계사啓辭에 병들었다고 사피辭避하며 벽곡한다는 말이 있었다. 그는 방외인이던가?" 하니, 송준宋駿이 아뢰기를, "이는 반드시 장계의 문자가 잘못된 것일 것입니다. 어찌 참으로 그와 같은 일이 있었겠습니까" 하고, 덕형德亨은 아뢰기를, "지난해 영남에 있을 때 곽재우의 사람됨에 대해 들은 적이 있습니다. 인물이 질박한 데다가 나무 장대처럼 꼿꼿한 성품에다가 마음 내키는 대로 바로 행하며 고집이 세어 꺾을 수 없으므로 함께 일하는 사람들이 대부분 그를 싫어한다고 했습니다. 그러나 경상우도가 보전될 수 있었던 것은 이 사람의 힘이 절대적이었습니다. 이 때문에 경상우도의 사람들이 그에게 복종하는 자가 많다고 합니다."

_《선조실록》(158권) 1603년 1월 14일

21세기 들어서도 한국에는 외따로 깊은 산속에 거처를 마련하고, 그곳에서 얻을 수 있는 재료만으로 사는 것이 건강에 좋다고 믿는 사람이 꽤 있는 편이다. 이런 생각이 우리 사회에 여전히 제법 퍼져 있는 것은 조선 후기 유행한 여러 가지 벽곡 이야기의 간접적 영향이 아닐까 싶다.

원숭이도 아니고 빅풋도 아니고

벽곡 이야기 중에는 벽곡을 터득해 어떤 경지를 넘어서면 몸이 변한다고 하는 부류가 있다. 특히 긴 털이 돋아 온몸을 뒤덮는다는 이야기가 유명한 편이다. 산에 사는 짐승들은 대부분 털이 많은데 사람만 털이 없다는 점에 착안해 몸에 긴 털이 나는 것으로 자연 그대로의 모습에 좀더 가까워짐을 상징한 듯하다.

가장 유명한 것으로는 조선 후기의 작가 홍만종洪萬宗이 쓴《순오지旬五志》에 실린 이야기가 있다. 이 이야기는 두류산頭流山 깊은 곳에 지내던 어떤 승려가 겪은 이상한 일에서 시작한다. 두류산으로 불린 산이 한반도에 몇 군데 있는데, 산이 깊다는 설명으로 보아 함경도의 두류산이나, 두류산이라는 별명으로도 불린 현재의 지리산이 아닌가 싶다. 겨울이 되어 승려가 아궁이를 지폈는데, 누군가 밤마다 아궁이를 헤집는지 불이 자꾸 꺼졌다. 견디다 못한 승려가 밤에 몰래 숨어 도대체 무슨 일이 벌어지는지 감시했다.

밤이 깊어지자 승려는 무언가 알 수 없는 형체가 공중에서 날듯이 내려오는 것을 보았다. 크기는 사람만 했다. 지붕 귀퉁이 쪽으로 내려온 그것은 아궁이 앞에 앉아 불을 쬐었다. 승려가 자세히 보려고 다가가자, 그것은 다시 날아올라 도망쳤다.

이에 승려는 그물을 설치해 그것을 붙잡으려고 했다. 며칠이 지난 어느 날 밤에 그것이 다시 나타났다가 그물에 걸렸다. 승려가 보니 그것은 얼굴, 눈, 팔다리가 모두 사람과 같았으나, 온몸이 긴 털로 뒤덮여 있었다. 승려는 놀란 마음을 진정시키며 털로 뒤덮인 그것에게 정체를 물었다.

"사람이오? 신선이오? 왜 여기에 있소?"

그것은 혀를 움직이며 뭐라고 말하는 듯했다. 하지만 새 우는 소리 같은 것만 들릴 뿐 사람의 목소리가 아니었다. 며칠 후 승려가 그것을 놓아주자 바람과 같이 날아가버렸다.

한반도에는 야생에 원숭이가 살지 않지만, 조선 초기 일본인에게 선물로 받았다는 기록이 있다. 조선 후기 원숭이를 키우며 재주 부리는 사람이 조선에 있었다는 기록도 있다. 그러니 어쩌면 외국에서 데려와 기르던 중에 산속으로 탈출해 적응한 원숭이를, 단 한 번도 그런 동물을 본 적 없는 사람이 우연히 목격하고는 신비롭게 묘사한 것일지 모른다.

한편으로 이 이야기는 현대의 괴물 이야기인 설인 이야기나 미국의 빅풋 이야기와도 매우 비슷하다. 아주 깊은 산속에 사람과 원숭이의 중간, 또는 사람과 유인원의 중간 정도 되는 커다랗고 이상한 짐승이 숨어 산다는 점이 특히 그렇다. 묘사가 사실적이고, 그러면서도 정체를 알 수 없어 신비한 여운을 남긴다는 점도 빅풋 이야기와 흡사하다.

가끔 빅풋이 네안데르탈인이나 그와 비슷한 유인원의 일부 생존자 아니겠냐는 이야기를 듣는다. 몇몇 에스에프물은 네안데르탈인의 머리뼈가 크다는 점을 근거로 우리보다 감성이나 지능이 더 뛰어난 모습으로 묘사한다. 그렇다면 높은 경지에 도달한 신선의 정체가 사실은 평범한 사람들보다 두뇌가 더 큰 유인원이라는 이야기를 상상해봄 직하다.

물론 빅풋 이야기와는 확연히 다른 점도 있다. 빅풋 이야기는 빅풋이 멸종 위기의 특이한 짐승이라는 내용을 자주 덧붙인다. 그렇지만 조선 시대의 털로 뒤덮인 이상한 산사람 이야기는 평범한 사람이 벽곡의 경지에 도달해 모습이 변한 것으로 추측하는 경우가 많다.

《순오지》는 두류산의 승려가 겪은 이야기와 중국에 뿌리를 둔 다른 벽곡 이야기를 비교하는데, 중국 고전인《열선전列仙傳》과《포박자抱朴子》의 이야기와 주요 내용이 같음을 알 수 있다. 자세히 살펴보면 수나라의 장손성長孫晟이 여산驪山에서 사냥하다가 온몸에 털이 난 여성을 만났다고 한다. 그 여성이 나무와 나무 사이를 날듯이 이동하고 있어 그물을 쳐 붙잡으니, 자신은 원래 진나라 시황의 궁녀로 초나라 항우項羽가 쳐들어오자 산속으로 숨었다가 먹을 것이 없어 솔잎을 씹어 먹으며 버텼다고 밝힌다. 그러다 보니 세월이 지나도 죽지 않는 몸이 되었다는 것이다. 진나라 시대부터 수나라 시대까지는 800년이 넘는다. 《순오지》는 조선의 두류산에서 목격된 이상한 것이 털 난 진나라 시황의 궁녀와 비슷한 것 아니겠냐고 덧붙인다.

파란 털의 수행자가 전하는 교훈

벽곡 이야기와 더 비슷한 것으로 《증보 해동이적增補 海東異蹟》에 실린 '안시객安市客' 이야기가 있다. 《증보 해동이적》은 《순오지》의 저자 홍만종이 쓴 《해동이적海東異蹟》을 황윤석黃胤錫이 보충하고 개정한 책이다.

안시객 이야기의 배경은 고구려와 당나라 간의 유명한 격전지였던 안시성 방향으로 난 길 근처다. 어떤 사람이 그곳을 거닐다가 깃털에 뒤덮인 이상한 사람을 만났다. 그가 자신을 소개하기를 원래 고구려를 침공한 당나라 군인으로, 패배해 죽을 위기에 놓이자 정신없이 산속으로 도망쳤다고 했다. 이후 산에 있는 것만 먹으며 버티다 보니 몸이 깃털로 뒤덮이고 죽지 않게 되어 거의 1,000년이 지날 때까지 살아 있게 되었다는 것이다. 유명한 역사적 전쟁이 배경이라는 점과 산속으로 숨어든 전쟁의 희생자가 우연히 벽곡의 경지에 이른 점이 진나라 시황의 털 난 궁녀 이야기와 아주 비슷해 보인다.

이런 이야기는 꽤 널리 퍼졌던 듯하다. 즉 신선술에 관심이 있는 일부 사람에게만 유행한 이야기에 머물지 않았던 것 같다. 조선 중기를 대표하는 이야기책으로 꼽을 만한 《어우야담》에도 어떤 사람이 털로 뒤덮인 모습으로 변한 이야기가 꽤 자세하게 실려 있기 때문이다.

이 이야기에서 목격자로 등장하는 인물은 조순祖純이라는 승려다. 그는 불교 서적에 밝은 인물이었는데, 젊은 시절 금강산金剛山을 이리저리 떠돌며 놀다가 우연히 시왕백천동十王百川洞이라는 곳으로 흘러들었다. 그곳에는 바위틈마다 잣이 가득 쌓여 있었다. 이상하다고 생각한 그가 잣을 살펴보니, 껍질이 부서져 있고 알맹이가 없는 것이 꼭 누군가 까먹은 것처럼 보였다. 주변의 축축한 땅에는 찍히고 얼마 지나지 않은 듯한 사람 발자국이 있었다.

조순은 누가 그곳에 머물렀는지 궁금해 발자국을 따라가보기로 했다. 그렇게 몇 리쯤 가니, 사람 비슷한 무언가를 만났다. 그것의 온몸은 한 자(약 30센티미터) 길이의 긴 파란색 털로 온통 뒤덮여 있었다. 그것은 당황한 듯 몸을 피하려고 우물쭈물했는데, 조순이 다가가 인사하자 호남 사투리가 섞인 말로 대답했다.

털 난 사람은 조순을 어딘가 알 수 없는 곳으로 데리고 갔다. 맑은 시내가 흐르는 흰 바위가 있는 곳으로, 보통 사람이 도저히 갈 수 없는 위치에 있었다. 그곳에는 커다란 솥 모양의 돌이 있었는데, 아주 커서 가마솥 몇 개만 했다. 털 난 사람은 곧 잣을 볶고 다져 누룩 덩이처럼 둥글게 만들더니, 하나를 조순에게 주었다. 그리고 이렇게 말했다.

"나는 본래 호남 사람으로 승려가 되어 이 산 깊이 들어왔는데, 굶주림을 견디지 못해 산속 잣나무에 열리는 잣을 먹고 버텼습니다."

그러면서 점차 체질이 변하는 듯하다가 마침내 온몸에 털이 돋아 지금은 옷을 입지 않아도 따뜻하다고 설명했다. 나이는 이미 100세를 넘겼다고 했다.

조순은 그날 밤 털 난 사람과 함께 잤는데, 아침에 일어나 보니 사라져 찾을 수 없었다. 그도 말년에 사람이 많고 번잡한 곳이 싫어져 외딴 곳에 혼자 흙집을 짓고 살다가 어느 날 사라지니, 찾을 수 없었다는 것이 이야기의 결말이다.

《어우야담》의 이야기도 산속으로 들어가 평범한 음식 대신 야생에서 얻을 수 있는 음식으로만 연명하다가 온몸이 털로 뒤덮이고, 결국 죽지 않게 되었다는 벽곡 이야기의 전형적인 형태를 따른다. 잣을 먹고, 몸의 털이 파란색이었다는 것 정도가 조금 색다를 뿐이다. 깊은 산속으로 들어가 속세를 잊고 지내면 영원히 살 수 있는 몸으로 변한다는 믿음은 이런 식으로 자리 잡았던 것 같다.

온몸이 털로 뒤덮인, 영원히 살 수 있는 사람이 지금도 깊은 산속 어딘가에 숨어 지내고 있을까. 사실 온몸에 털이 많이 나는 증상은 다모증多毛症, hypertrichosis이라고 해, 누구나 겪을 수 있다. 심지어 혈압약 부작용이기도 하다. 드물지만 유전적인 이유로 태어나면서부터 손바닥과 발바닥을 제외한 온몸에 털이 많이 나는 경우도 있다. 의학이 발달하지 않은 오랜 옛날, 이런 사람이 차별의 시선을 피해 숲속이나 산속으로 홀로 들어가 살았다고 해보자. 그렇다면 그의 일이 과장된 채 퍼져나가면서 안시객 이야기가 생길 법하다.

혹자는 유럽에서 늑대인간 이야기가 생긴 것도 바로 이런 경우에 누군가 나쁜 소문을 꾸몄기 때문이라고 짐작한다. 그러니까 다모증이 있어 주위의 놀림과 괄시를 피해 숨어 사는 사람을 보고 "저 수상한 사람은 늑대인간일지 모른다"라고 말을 지어냈다는 것이다.

그렇다면 안시객 이야기는 사람을 겉모습만 보고 차별해서는 안 된다는 교훈을 품은 듯하다. 털로 뒤덮인 모습이 사람보다 짐승에 가까워 보이지만, 의외로 신선일지 모른다. 겉모습이 다르다고 해서 사악한 늑대인간이라고 대뜸 의심하기보다는, 무슨 사연으로 깊은 산속에 혼자 있게 되었느냐고 다가가 말을 걸어보는 것이 더 좋은 태도임은 자명하다.

바다 건너 거인의 나라

거인

강원도

뱃사람들 왈 바다 건너 어딘가에
거인들의 나라가 있다는데,
성격이 흉포하기 그지없답니다.
사람들을 잡아다가 구워 먹는다니
해안 경비를 단단히 해야 할 것입니다.

역사와 전설의 공동 작업

옛 기록에 실린 한국의 '거인巨人' 이야기 중 가장 오래된 것을 꼽아보라면 중국 기록에 보이는 고구려에 관한 이야기 한 토막이 떠오른다. 이 이야기는 한국인에게도 친숙한 중국 역사책《삼국지三國志》에 짤막하게 실려 있다.

《삼국지》에는 조조曹操의 손자 대에 활약한 위나라의 무신 관구검毌丘儉이 동쪽으로 나아가 고구려를 침공한 이야기가 실려 있다. 고구려의 동천왕東川王과 장수들은 그를 막기 위해 분전하나 결국 패해 도망친다. 고구려의 여러 성을 무너뜨리고 수도 환도성丸都城까지 함락한 관구검은 군인들을 고구려에 복속하던 옥저로 보낸다. 이곳은 지금의 함경남북도 인근으로 추정되는데, 따라서 군인들이 동해안에 닿았다는 뜻이다. 실제로 당시 유물이 발견되기도 했으니, 여기까지는 사실일 가능성이 커 보인다.

그런데《삼국지》에서 옥저를 소개하는 대목을 보면 신기한 이야기가 한 자락 덧붙어 있다. 동쪽으로 행군하고 행군한 끝에 바다에 도착한 위나라 군인들은 땅의 동쪽 끝에 이른 것은 아닌지 궁금해졌다. 고구려를 크게 이겨 마음이 들뜬 탓일까. 그들은 인근의 옥저인에게 바다 끝에는 무엇이 있는지 물었다.

그러자 옥저인은 바다에서 보고 들은 이상한 것 몇 가지를 짤막하게 소개했다. 바다 저편에 여자들만 사는 나라가 있다는 이야기 따위였다. 그러면서 이런 이야기를 곁들였다.

"바다에서 옷을 하나 건졌는데, 그 옷의 소매 길이가 세 길이나 되었습니다."

세 길이라면 10미터에 달한다. 즉 옷이 아주 컸다는 뜻이다. 이야기는 다른 설명 없이 이렇게 끝난다. 그렇다면 그냥 아주 이상한 옷을 만드는 사람들이 바다 건너 어디선가 살았다고 이해해야 할까. 그러나 생각하기에 따라서는 그런 옷을 입을 만큼 몸이 아주 큰 거인들의 나라가 있었다고도 볼 수 있다.

단지 소매가 긴 옷 이야기보다는 거인 이야기 쪽에 좀더 마음이 끌린다.《삼국지》와 비슷한 시기에 나온 다른 중국 책《박물지博物誌》에도 비슷한 이야기가 실려 있다.《박물지》는 세상 곳곳의 이상하고 기이한 사물들에 관한 전설과 신화, 짤막한 이야기들을 모아놓은 책이다. 따라서 거인 이야기도 실려 있음 직하다.《삼국지》의 이야기도 무섭고 신기한 종족인 거인을 암시한다고 할 만하다. 한마디 짧은 설명으로 신비로운 느낌을 풍기는 이야기들이 오호십육국과 남북조 시대의 중국에서 무척 유행했는데, 이 이야기도 그런 부류라고 생각한다.

신라부터 조선까지 계속된 거인 이야기

이후의 중국 기록에도 한반도와 엮인 거인 이야기가 몇 가지 더 나타난다. 특히 당나라 시대를 전후해 신라인들이 신기하고 이상한 바다 건너 다른 세상을 알고 있다는 식의 이야기가 여럿 등장한다.

당나라인들에게 신라인들은 보이지 않는 바다 건너 낯선 땅에서 배를 타고 문득 나타나는 특이한 풍습의 사람들로 보였을 것이다. 여기에 당나라 시대 급격히 발전한 중국 문학의 상상력이 결합해, 신라인들을 따라갔다가 바다 저편에서 이상한 괴물을 보았다는 식의 이야기들이 만들어진 듯싶다. 예를 들어 《영표록이嶺表錄異》에는 어떤 중국인이 신라인을 따라 배를 타고 아주 먼 나라들을 돌아다녔는데, 어느 이상한 나라에 도착하자 신라인이 그곳을 '구국狗國', 곧 개의 나라라고 소개했다는 이야기가 실려 있다. 그는 신라인 등과 계속해서 여행하며 거인들이 사는 '대인국大人國', 소인들이 사는 '소인국小人國' 등을 방문했다고 한다.

그 외에 특히 널리 퍼진 것이 《기문紀聞》에 실린 '장인국長人國' 이야기다. 장인국은 곧 '장인'이 사는 나라인데, 《기문》에 따르면 키가 보통 사람의 네다섯 배 정도이고, 온몸이 검은 털로 뒤덮여 있으며, 이빨은 톱니처럼, 손톱은 갈고리처럼 생긴 사나운 괴물이다. 이들은 불에 익힌 음식을 먹지 않고, 옷을 입지 않으며, 짐승이든 사람이든 가리지 않고 사냥해 잡아먹는다. 장인국은 신라 동쪽에 있는데, 신라인들은 장인들의 침입을 막기 위해 철관鐵關, 즉 철로 만든 관문, 또는 철로 만든 것처럼 튼튼한 관문을 세우고 화살 발사 기계를 설치해놓았다.

당시 이와 비슷한 이야기들이 제법 인기를 끌었던 것 같다. 특히 장인국 이야기는 중국 역사책인《신당서新唐書》에 실려, 중국 역사를 공부하는 고려와 조선의 많은 학자에게 역으로 소개되었다. 또한 고려 시대에 편찬된 역사책으로 한국 고대사를 다룬《삼국사기》에도 그 내용이 언급되었다. 다만《삼국사기》는 "이런 이야기가 있기는 하지만 헛소문일 뿐이다"라는 식으로 설명한다.

시간이 흐를수록 바다 건너 낯선 곳에 사는 거인 이야기는 계속해서 퍼져나갔다. 조선 시대에 이르면 비슷한 형태의 거인을 직접 보았다거나, 직접 본 사람에게 전해 들었다는 이야기가 유행한다.

비교적 시기가 앞선 것으로 조선 중기의 실학자 이수광이 쓴《지봉유설》에 실린 짤막한 거인 이야기가 있다. 그는 먼바다의 외딴 섬에 다녀온 사람에게 우연히 들은 이야기라며, 인적이 없는 그곳에 좋은 가구들이 들어찬 커다랗고 훌륭한 집이 있었다고 전한다. 그런데 집에 아주 거대한 신발이 있어 놀라고 두려워 도망쳤다는 것이다. 그렇다면 이것은 무서운 거인이 집을 잠시 비워두었다는 이야기이지 않을까.

《지봉유설》과 비슷한 시기에 나온 이야기책《어우야담》에는 좀더 노골적인 모험담이 실려 있다. 역시 이수광과 관련된 이야기로, 그가 지금의 강원도 안변에서 일할 때 현지 사람에게 들은 것이라고 한다. 이야기의 주인공은 7일 동안 바다를 표류하다가 멀리서 거인을 목격했는데, 그 키가 사람의 수십 배는 가뿐히 넘을 정도로 거대해 바다에 서 있어도 허리까지만 잠겼다는 것이다. 그리고 거인이 배를 뒤집으려고 해 도끼로 찍어 팔을 잘라낸 다음 도망쳐 겨우 돌아오니, 지금의 전라남도 강진康津이었단다.

이 이야기는《지봉유설》의 신발만 보고 도망친 이야기와는 분위기가 매우 다르다. 이수광이 남긴 이야기에 점점 살이 붙어 와전되고 과장된 것 아닐까 짐작해본다. 그만큼 거인 이야기는 이후로도 꾸준히 인기를 끌었다. 따라서 거인 이야기나 바다의 이상한 괴물 이야기가 한국을 대표하는 판타지 모험물의 소재로 부족함이 없다고 생각한다.

최근의 한국 판타지 모험물은 저승이나 귀신 이야기가 주류인 듯한 느낌이다. 그에 비해 바다 건너 신비한 나라에서 겪은 모험담은 '조선시대는 쇄국의 시대'라는 고정관념 때문인지 충분히 활용되지 못하는 듯해 아쉽다. 고대 중국인들은 신라인들을 아예 바다를 떠도는 모험가의 상징으로 여긴 듯하니, 장인국의 거인 괴물이 경주慶州 같은 신라의 도시에 나타나 난동을 부리다가 여러 장군과 화랑에게 제압당한다는 식의 이야기는 우리 전통에서 절대 멀지 않다.

—

조선의 키클롭스는 네덜란드인?

《용주유고龍洲遺稿》에 실린〈통천해척표풍설通川海尺飄風說〉은 거인 이야기의 조금 다른 면모를 드러내는 글이다. 제목 그대로 강원도 통천에서 어떤 뱃사람이 폭풍에 휘말려 표류하다가 거인들이 사는 이상한 곳에 다녀왔다는 이야기를 담고 있다. 뱃사람은 남녀 거인들이 매우 사나워 무척 두려웠는데, 외양간에 숨어 있다가 말과 소를 방목할 때 말 떼, 소 떼에 숨어들어 탈출했다고 한다. 이는 고대 그리스 고전《오디세이아》에 나오는 외눈박이 거인 '키클롭스Cyclops' 이야기와 닮아 보인다.

아닌 게 아니라 조선에도 외눈박이 거인을 보았다는 이야기가 있다. 18세기의 작가 유만주兪晩柱가 쓴《통원고通園稿》에는〈기문〉이라는 제목의 거인 이야기가 실려 있는데, 전라도 서해의 흑산도黑山島에서 배를 탔다가 표류한 사람의 목격담이다. 이야기에는 바다 너머 눈이 하나밖에 없는 흉포한 거인들의 나라인 대인국이 등장한다. 그곳의 거인들은 다른 곳에서 온 사람을 붙잡아 굴 같은 곳에 가두어두고 살을 찌운 다음 뜨거운 화로에 올려 쇠꼬챙이로 뒤적거리며 구워 먹었다.

그런데 어느 거인은 조선에서 흘러들어 온 여성을 아내로 삼고 있었다. 대인국에 갇힌 채 외눈박이 거인과 열두 명의 자식을 낳은 그 사람이 주인공도 조선인인 것을 알고 불쌍히 여겨 도망치는 방법을 알려주었다. 그 방법이란 재미있게도 이런저런 물건을 어지럽혀야 한다는 것으로, 외눈박이 거인이 물건들을 제자리에 정리해놓느라 정신없을 때 서둘러 도망치면 된다고 했다. 만약 머뭇거리면 외눈박이 거인이 동료들에게 알릴 테니 서둘러야 한다고 경고했다. 이런 설명은 외눈박이 거인이 외딴 섬에 한두 명만 사는 것이 아니라 거대한 나라를 세우고 수도 없이 모여 산다고 상상하게 해 더욱 오싹한 느낌을 준다.

19세기에 출간된 방대한 규모의 이야기책《청구야담》에는 더욱 발전된 형태의 이야기가 실려 있다. 사람을 잡아먹는 거인에게 도망치기 위해 눈을 찔러 공격하고, 우리의 양과 돼지들을 먼저 내보내 거인이 가축과 사람을 헷갈리는 틈에 도망친다는 내용인데,《오디세이아》의 키클롭스 이야기와 더욱 비슷하다.

이처럼 신라 때부터 전해 내려온 조선의 거인 이야기는 크게 상관없어 보이는 유럽의 거인 이야기와 선명히 맞닿는다.《청구야담》이 나오기 전에 중국이나 일본에 《오디세이아》나 《일리아스Ilias》가 전해진 것 아닐까. 그렇다면 해외 교류 중 누군가 그 이야기를 조선에 옮겨온 것인지 모른다.

좀더 자세히 살펴보면 《청구야담》의 거인 이야기는 제주도에서 배를 탔다가 표류해 겪은 일이라고 되어 있다. 이때 거인은 눈과 머리카락이 붉었다고 하는데, 그렇다면 덩치 큰 유럽인을 우연히 만난 경험에서 탄생한 이야기일 수 있다고 생각한다.

실제로 제주도에 헨드릭 하멜Hendrik Hamel 같은 네덜란드인들이 표착한 적이 있다. 시간이 흘러 이들과 말이 통하게 되었을 즈음 재밌는 이야기를 하나 해달라고 청하자 누군가 고대 그리스 신화 속 키클롭스 이야기를 풀었다고 해보자. 그러면 역사적 사실들과 이런저런 이야기들이 얽히고설켜 붉은 머리 유럽인을 닮은 거인 이야기가 생겨날 수 있지 않을까.

제주목사 이원진李元鎭이 치계馳啓하기를, "배 한 척이 고을 남쪽에서 깨져 해안에 닿았기에 대정大靜 현감縣監 권극중權克中과 판관判官 노정盧錠을 시켜 군사를 거느리고 가서 보게 했더니, 어느 나라 사람인지 모르겠으나 배가 바다 가운데서 뒤집혀 살아남은 자는 38인이며 말이 통하지 않고 문자도 다릅니다. 배 안에는 약재, 녹비鹿皮 따위 물건을 많이 실었는데, 목향木香 94포, 용뇌龍腦 4항缸, 녹비 2만 7천이었습니다. 파란 눈에 코가 높고 노란 머리에 수염이 짧았는데, 혹 구레나룻은 깎고 콧수염을 남긴 자도 있었습니다."

_《효종실록》(11권) 1653년 8월 6일

혐오라는 이름의 거인

그러고 보면 고대 그리스 신화부터, 북유럽 신화, 중세 유럽의 아서왕 전설까지 외딴곳을 탐험하다가 거인을 만났다는 이야기는 전 세계적으로 상당히 흔한 편이다. 《오디세이아》와 조선 후기의 거인 이야기가 닮은 것처럼, 한국의 거인 이야기도 세계 각지의 이야기들과 닮은 점이 많아 보이고, 또 비슷한 관점에서 그 성격을 이해해볼 수 있다고 생각한다. 그렇다면 이런 이야기가 생기고 유행한 이유를 옛사람들이 흔히 품은 외국인 공포증에서 찾아볼 만하다.

말이 통하지 않고 문화가 다른 외국인은 두렵다. 그렇다 보니 낯선 나라에 도착해 처음 본 그들의 모습이 사람 잡아먹는 무서운 괴물처럼 보일 수 있다. 낯선 나라로서는 어느 날 정체를 알 수 없는 배가 도착하면, 당연히 경비병이나 수비병을 먼저 보내 살피게 할 것이다. 하필 처음 만난 외국인이 덩치 크고 용맹한 경비병이라면, 게다가 이미 한동안 표류한지라 겁에 질린 상태라면 그곳을 무서운 거인들이 사는 나라로 착각할 수 있지 않을까.

좀 다른 예를 들어보자. 《조선왕조실록》에는 임진왜란 중 명나라 군대를 따라 들어온 '해귀海鬼'라는 사람들에 관한 기록이 있다.

유격遊擊이 말하기를, "1개월 후에 남하하고자 합니다" 하고, 또 말하기를, "데리고 온 얼굴 모습이 다른 신병神兵을 나와서 뵙게 하겠습니다" 했다. 상이 이르기를, "어느 지방 사람이며 무슨 기술을 가졌소이까?" 하니, 유격이 말하기를, "호광湖廣의 극남極南에 있는 파랑국波浪國 사람입니다. 바다 셋을 건너야 호광에 이르는데, 조선과의 거리는 15만여 리나 됩니다. 그 사람은 조총을 잘 쏘고 여러 가지 무예를 지녔습니다." [일명은 해귀다. 노란 눈동자에 얼굴빛은 검고 사지와 온몸도 모두 검다. 턱수염과 머리카락은 곱슬하고 검은 양모처럼 짧게 꼬부라졌다. 이마는 대머리가 벗겨졌는데, 한 필이나 되는 누른 비단을 반도蟠桃의 형상처럼 서려 머리 위에 올려놓았다. 바다 밑에 잠수해 적선을 공격할 수 있고 또 수일 동안 물속에 있으며 수족水族을 잡아먹을 줄 안다. 중원 사람도 보기가 쉽지 않다.]

_《선조실록》(100권) 1598년 5월 26일

해귀는 바다의 귀신이라는 뜻인데,《조선왕조실록》은 그들이 신이 내린 군인이라고 하며 초능력을 지닌 괴이한 종족처럼 묘사한다. 그러나 파랑국이 보통 포르투갈을 일컫기에, 이들은 포르투갈 뱃사람들을 따라 중국으로 갔다가 조선의 전쟁터까지 흘러들어 온 아프리카인들이라는 것이 최근의 해석이다. 즉 이 기록은 모습과 문화가 다른 외국인을 그저 괴상하다고만 생각한 당시의 시각이 뚜렷이 반영된 것이다.

지금 우리는 사람 잡아먹는 거인의 나라가 없다는 사실을 너무나 잘 안다. 그리고 여러 외국에서 우리나라를 찾아온 다양한 문화를 가진 아주 많은 사람이 우리의 이웃이 되고 가족이 되어 어울려 산다는 사실도 잘 안다. 이런 세상에서 외국인 혐오에 빠져 엉뚱한 소문을 퍼뜨리거나 편견을 극복하지 못한다면, 그것은 우리 마음속에 아직도 조선 시대의 무서운 거인 괴물이 살아 있다는 뜻일지 모른다.

행운의 상징, 불행의 상징

금두꺼비

예로부터 금두꺼비는 두 얼굴을 지녔다. 큰 부와 행운을 나타냄과 동시에, 저주를 상징하기도 했다. 이는 재물을 조심히 다뤄야 함을 은연중에 경고하는 것 아닐까.

강원도

다민족 국가 고구려와 두꺼비

한국에서 '금두꺼비'에 관한 가장 오래된 기록이 무엇이냐고 누군가 물어본다면, 고구려 무덤에 그려져 있는 벽화가 떠오른다. 쌍영총에 그려진 벽화 가운데 하늘에 떠 있는 달 속에 두꺼비 닮은 형체를 그린 것이 있다. 쌍영총은 5세기 무렵 만들어진 것으로 추정되므로, 1,500년 이상 묵은 두꺼비 벽화라고 할 수 있다.

이 오래된 벽화를 보면 동물은 확실한 것 같다. 그렇지만 선의 윤곽이 흐릿해 무슨 동물인지 바로 알기는 어렵다. 네발 달린 동물인 것 같기는 한데, 어떻게 보면 개구리 같아 보이기도 해, 정확히 두꺼비라고 하기 어렵다. 그런데도 학자들이 두꺼비라고 꼭 집어 부르는 데는 이유가 있다. 당시 달에 사는 두꺼비 이야기가 중국에서 전해졌다고 보기 때문이다.

중국 신화 가운데 먼 옛날 세상을 구한 영웅 예羿가 아름다운 부인 항아姮娥와 함께 신비한 복숭아를 구하는 이야기가 있다. 이 복숭아 한 알을 먹으면 지상에서 죽지 않고 영원히 신선처럼 살 수 있고, 두 알을 먹으면 천상으로 갈 수 있다. 부부는 복숭아 두 알을 구했는데, 한 알씩 나눠 먹었다면 지상에서 함께 영원히 신선처럼 살았을 것이다. 하지만 항아는 호기심 때문인지 욕심 때문이지 두 알을 모두 먹어버렸다. 그렇게 해서 천상인 달로 올라가나, 예를 저버린 벌을 받아 그만 두꺼비로 변했다.

이 이야기는 중국에서 아주 오래전부터 잘 알려져 있었다. 중국 고전《회남자淮南子》에 비슷한 내용이 실려 있기도 하다. 그렇다 보니 두꺼비로 변한 항아는 중국에서 예로부터 달을 상징하는 여신으로 받아들여졌다. 2019년 1월 달의 뒷면에 착륙한 중국의 달 탐사선 이름도 창어嫦娥 4호, 즉 항아다. 그러므로 어떤 벽화에 달 그림이 있고 그 속에 동물이 그려져 있다면, 바로 중국 신화에 나오는 항아가 변한 두꺼비임을 쉽게 알 수 있다.

게다가 쌍영총의 두꺼비 그림 바로 옆에는 해를 배경으로 다리 셋 달린 까마귀가 그려져 있다. 다리 셋 달린 까마귀도 예로부터 중국 신화에서 많이 등장한 소재다. 한국 사극들에서 다리 셋 달린 까마귀를 마치 고구려의 고유한 상징처럼 활용하는 경우가 많지만, 사실 해를 상징하는 다리 셋 달린 까마귀는 달에 사는 두꺼비와 짝을 이루어 도교와 함께 중국에서 고구려로 전래한 소재로 보는 것이 옳지 않나 싶다. 즉 달 속의 두꺼비나 다리 셋 달린 까마귀는 고구려만의 고유한 상징이라기보다는 오히려 다양한 민족이 어울려 살던 다민족 국가 고구려가 주변국과 활발히 교류하며 여러 문화를 받아들인 증거에 가깝다고 생각한다.

금두꺼비의 어두운 역설

달 속의 두꺼비를 그리다 보니 황색으로 표현하는 경우가 많아 자연스레 달에 사는 두꺼비를 금두꺼비, 곧 '금섬金蟾'이라고 부르게 되었다. 그 때문에 조선 시대 이후 금두꺼비는 달을 상징하게 되어 선비들이 시를 지을 때 소재로 즐겨 사용했다. 사람의 이름으로 쓴 경우도 있다. 예를 들어 임진왜란 당시 부산釜山 동래가 함락될 때 동래부사 송상현 宋象賢과 함께 끝까지 싸운 한 여성이 있어 조선 시대 내내 여러 문학 작품에서 충절을 기리니, 그 이름이 바로 금섬이다.

한편 중국에서는 요나라, 송나라 시대 이후 두꺼비가 풍요나 재물의 상징으로 점점 더 많이 쓰였다. 그 이유를 몇 가지 생각해볼 수 있는데, 무엇보다 당시 중국에서 신선으로 유명했던 유현영劉玄英의 일화가 널리 퍼진 것이 주요하다고 본다. 그는 해섬자海蟾子라는 별명으로도 널리 알려졌는데, 조선에도 그의 이야기가 퍼져 화가 심사정沈師正이 그 모습을 상상해 〈하마선인도蝦蟆仙人圖〉를 그렸다.

해섬자는 높은 벼슬에 올라 명성을 쌓고 재물을 넉넉히 벌어들이자 신선에 관한 술법에 관심을 품기 시작했다. 이런 이유로 그는 부와 명예뿐 아니라 속세를 떠나 도 닦는 신선까지 상징하는 인물이 되었다.

그런데 해섬자 이야기에 빠지지 않는 것이 바로 두꺼비다. 그가 두꺼비를 타고 다니거나, 두꺼비를 데리고 논다는 것이다. 실제로 〈하마선인도〉를 보면 그가 두꺼비를 데리고 노는 모습이 그려져 있다. 이런 이야기가 널리 유행하다 보니, 두꺼비가 부와 명예를 상징한다는 생각이 중국에서 더욱 강해진 듯싶다.

이런저런 이유로 중국에서 금이나 귀금속을 녹여 두꺼비 모양으로 만드는 풍습이 유행하게 되었다. 요즘은 한국도 금은방마다 금두꺼비를 만들어 판매하는데, 과거 중국에서 금두꺼비는 귀중품일 뿐 아니라 주술적인 의미도 지닌 물건이었다. 예를 들어 풍수지리상 부족한 점이 있을 때 금두꺼비를 갖다 놓으면 보완할 수 있다거나, 재물을 부르는 신비로운 힘이 있다거나 하는 이야기를 믿었다.

이에 비해 한국 금두꺼비 이야기는 재물과 부유함, 행운과 마냥 통하지 않는다. 관련 기록을 보면 약간은 어두운 느낌을 풍기는 경우가 많다.

한국도 금두꺼비를 패물로 만들어 활용한 역사가 짧지 않다. 당장 백제의 무령왕릉에서 발견된 허리띠 장식을 보면 금은으로 두꺼비 모양을 작게 만들어놓았다. 개구리인지 두꺼비인지 분명히 구분될 정도로 크고 자세한 모양은 아니지만, 굳이 귀금속으로 만든 것을 보면 달을 상징하는 두꺼비, 즉 금두꺼비일 가능성이 크다고 생각한다. 그 밖에 조선 시대 기록을 보아도 금두꺼비 모양의 장식품을 만들었다는 이야기가 종종 보인다.

특히 성종 시대를 전후로 《조선왕조실록》에 기록된 이야기가 인상적이다. 당시 조선은 강대국 이웃인 명나라와 교류하며 여러 가지 선물을 보냈다. 이때 명나라에서 선물을 정해주기도 했는데, 그중에 다름 아닌 금두꺼비가 있었다. 다음은 기나긴 선물 목록 중 금두꺼비가 들어간 일부를 발췌한 것이다.

사자녹룡금섬인원의마 향로獅子鹿龍金蟾人猿意馬香爐, 상아조각 채장 각양인물조수팔보화초 조괘象牙雕刻彩粧各樣人物鳥獸八寶花草弔卦 매양每樣 7류流, 구학 경수화분龜鶴慶壽花盆, 사상백화인마 평안백사 대길 산선봉수 파시獅象百花人馬平安百事大吉散仙捧壽波漸, 봉주팔보 인물捧珠八寶人物·봉수성인물鳳壽星人物·포로인물鮑老人物·팔보인 물八寶人物·해당화 각양 쇠회인물 팔보인물海棠花各樣耍戲人物八寶人 物, 오색 융전 각양 화초춘분五色絨纏各樣花草春盆 매양4분盆…….

_《성종실록》(158권) 1483년 9월 16일

금섬, 즉 금두꺼비는 "사자녹룡금섬인원의마 향로"라는 대목에서 나온다. 귀퉁이를 사자, 사슴을 닮은 용, 금두꺼비, 사람, 원숭이, 날뛰는 말 등의 모습으로 꾸며놓은 향로를 말하는 것 아닌가 싶다. 이런 기록이 한 번도 아니고 여러 차례 나오는 것으로 보아, 아마 명나라에 보낼 선물로 금두꺼비를 만드는 일도 여러 번 있었으리라 생각한다. 어쩌면 조선에서 만든 금두꺼비가 특별히 아름다웠거나, 무언가 다른 장점이 있다고 생각해 명나라에서 원했던 것인지 모른다.

이렇게 보면 조선 초기에 금두꺼비는 강대국의 환심을 사기 위해 만들어 보내야 하는 보물이었다. 당시 조선은 금은이 흔한 나라가 아니었음을 생각해보면, 금두꺼비는 부유함보다는 오히려 재물의 빠져나감을 상징하지 않았을까.

갑작스러운 행운이 죽음을 부르다

조선 중기 이후의 금두꺼비 이야기를 살펴보아도 역시 불길한 이야기가 먼저 눈에 들어온다. 《지봉유설》에는 심눌沈訥과 금두꺼비에 관한 짧은 이야기가 실려 있다. 그는 광해군이 다스릴 때 벼슬살이한 인물로, 궁전 건축에 필요한 목재를 구하고 곡식 운송하는 일을 맡았다. 그런데 《조선왕조실록》은 신분이 미천하고, 과거를 제대로 통과하지 못했다는 등 단점을 밝히며 그를 강하게 비판한다.

> 심눌은 바로 심우공沈友恭의 얼자孼子로 심우공의 어미는 기생으로서 유兪씨에게 관계해 심우공을 낳았다. 그래서 세상에서는 다 유우공兪友恭, 또는 유눌兪訥이라고 불렸다. 심눌은 추잡하고 교활했는데, 승종承宗에게 잘 보여 그 집 종이 된 다음 궁중에 뇌물을 써서 총애를 듬뿍 받아 등용되었다. 지난해 특별히 무과에 급제되었다가 박탈당했는데, 지금 또 양덕陽德현감으로 임명한 것이다.
>
> _《광해군일기》(중초본)(120권) 1617년 10월 12일

《지봉유설》도 심눌의 신분이 본래 미천하다는 점을 맨 먼저 밝힌다. 조선 시대의 신분제를 생각하면 그는 벼슬살이할 자격이 없는 사람이었는데, 재물 모으는 능력이 뛰어나 그것을 교묘히 이용해 벼슬을 얻었다는 뜻이 아닌가 싶다.

심눌은 지금의 평안남도 양덕을 다스리는 관리가 되어 은광을 개발하는 데 성공했다. 당시 명나라가 은을 화폐로 사용하고 있었으므로,

은이 있다면 외교나 무역에 아주 요긴하게 사용할 수 있었다. 그러니 은광을 개발했다는 것은 큰 재물을 벌 기회를 얻었다는 뜻이다.《지봉유설》의 서술처럼 그가 원래 재물 모으는 데 관심이 많았다면, 이를 대단한 기회이자 큰 행운으로 여겼을 것이다.

그런데 은광에서 어느 커다란 바위를 깨뜨렸더니, 금두꺼비가 나왔다고 한다. 그 크기가 커다란 거북만 했다. 한국에서 발견되는 거북 중 큰 것으로는 바다거북이 있는데, 만약 그 정도 크기였다면 몸길이가 대략 1미터쯤 되었을 것이다. 이야기는 심눌이 금두꺼비를 가만히 보관했다고 하는데, 그렇다면 이것은 살아 움직이는 짐승이기보다는 그런 모양의 아주 커다란 금덩어리였던 듯싶다.

금두꺼비가 너무 어마어마해 감당이 안 되는 행운이라고 생각했는지, 심눌은 그만 겁이 덜컥 났다. 그래서 이것을 팔아먹을 생각도 못 하고, 어디에 바칠 생각도 못 하고 그저 나무로 만든 상자 속에 넣어 간직하기만 했다. 그가 머물던 양덕이 평양에서 그리 멀지 않은 것을 생각하면, 어쩌면 몇백 년 전 고구려가 멸망했을 때 왕자나 공주가 달아나다가 죽기 직전 황급히 묻은 귀한 보물일지 모른다. 아니면 고려 시대 평양에서 반란이나 전투가 일어났을 때 누가 빼돌려 산속에 묻은 것일 수 있다고 상상해본다.

정말로 전쟁에서 죽은 사람이 남긴 물건의 저주 때문인지는 알 수 없지만, 이후 심눌은 갑자기 병이 났다. 더는 벼슬자리에 있을 수 없어 물러났는데, 그러면서 금두꺼비를 그대로 놓아두었다. 얼마 지나지 않아 그는 죽었고, 금두꺼비는 어디론가 사라져 행방을 알 수 없게 되었다.《지봉유설》의 금두꺼비 이야기는 이렇게 끝난다. 이 이야기의 금두꺼비는 막대한 재물을 상징하는 동시에, 그런 재물을 갑작스럽게 받아들인 사람을 망하게 하는 저주를 상징한다.

금두꺼비를 조심히 다룰 것

살아 움직이는 금두꺼비 이야기도 있다. 공교롭게 이 이야기도 광해군 시대의 사건을 바탕으로 한다. 《응천일록凝川日錄》이라는 일기 형태의 책을 보면, 서기 1616년 10월경 유행한 소문이 실려 있다.

강원도 홍천洪川에 이방좌李邦佐라는 노인이 살았는데, 60세가 된 그의 첩이 괴이하게도 갑자기 임신했다. 더 신기한 것은 배 안의 태아가 말했다는 사실이다. 금두꺼비는 임신하는 과정에서 등장한다. 1616년 3월경 이방좌의 꿈에 금두꺼비가 천녀天女, 즉 천상 세계에서 사는 여성 두서넛과 함께 나타났다. 천녀들을 거느렸다고 묘사한 것으로 보아, 금두꺼비를 천상 세계에서 중요한 일을 맡은 고귀한 신분의 높은 관리로 본 듯싶다. 천녀 중 갈래머리를 땋은 여성이 낳은 지 두어 달 된 여자아이를 주었는데, 이런 꿈을 꾸고 얼마 안 가 임신했다.

배 안에서 말하는 태아는 사람들을 현혹하는 이야깃거리가 되었는데, 태어나면 백성을 편안하게 할 임금이 된다는 식이었다. 어찌나 인기 있는 소문이었는지 순식간에 서울에까지 퍼졌다. 꿈 내용대로라면 여자아이일 것이니, 사람들은 곧 세상을 구할 여왕이 태어난다고 수군거렸을 테다. 이때 금두꺼비는 그런 운명을 정해준 천상 세계의 높은 관리가 되는 셈이다.

조정은 춘천春川부사를 보내 이방좌를 붙잡아 가두었다. 그렇다면 이 금두꺼비 이야기는 하늘에서 운명을 정해주는 신성한 이야기인 동시에, 배 안에서 무엇인가가 말을 하는 기괴한 현상과 반란, 역모 등이 엮인 무서운 이야기다.

조금이나마 밝은 분위기의 금두꺼비 이야기도 없지는 않다. 남효온 南孝溫이 쓴《귀신론鬼神論》에는 조선 시대 소설가의 시조라 할 만한 김시습金時習이 들려주었다는 농담 같은 이야기가 하나 실려 있다. 이 이야기의 주인공은 승려다. 어느 날 밤 승려는 화장실에 가다가 무언가 물컹한 것을 밟아 터뜨리는 듯한 느낌을 받았다. 그는 낮에 금두꺼비를 얼핏 본 것이 떠올라 자신이 그것을 밟은 것으로 생각해 불안해했다. 정말 그날 밤 꿈에 죽은 금두꺼비가 나와 염라대왕에게 소송장을 접수했고, 그는 지옥에 끌려가 잔혹하고 무서운 온갖 형벌을 당했다. 이에 더욱 두렵고 괴로운 마음으로 아침에 나가보니 무언가를 밟은 자리에 깨진 참외가 하나 있었다는 이야기다.

이는 저승이나 전생을 지나치게 믿는 사람을 조롱하는 웃긴 이야기다. 물론 이 이야기의 금두꺼비가 유쾌한 소재인 것만은 아니다. 금두꺼비는 조심히 대해야 할 신령스러운 짐승인 동시에, 주인공이 죄악의 세계에 빠지게 하는, 즉 죽음의 세계, 또는 지옥과 통하는 짐승이다.

이처럼 한국 금두꺼비 이야기는 귀하고 부유한 것을 상징하는 동시에, 두려움과 알 수 없는 불길함을 풍긴다는 점에서 재미있다고 생각한다. 우둘투둘한 피부에 독액이 흐르는 짐승이면서, 동시에 매혹적인 아름다운 황금빛을 내뿜는 금두꺼비의 양면성과 들어맞는다. 많은 사람이 품은 재물을 향한 욕망과 그 뒤에 숨은 음침한 두려움을 묘하게 섞어 한 번에 보여줄 수 있는 괴물로 적당하다.

각국의 금융가는 미국 월스트리트의 풍습을 흉내 내 경기가 좋기를 바라며 종종 황소 동상을 세워놓는다. 나는 증권거래소나 금융감독원 근처에 황소 동상 대신 금두꺼비 동상을 만들어두는 것도 재미있으리라고 생각한다. 투자자들이 더 많은 부를 벌어들이도록 행운을 기원하는 동상이면서, 잘못된 경제 정책이 자칫 얼마나 지독한 저주가 될 수 있는지, 또는 재물을 잘못 쓰면 얼마나 흉측해질 수 있는지 경계하는 동상으로 제격일 것이다.

녹족부인

전쟁을 끝낸 사슴 발의 여인

평양

아들들아, 내가 너희를 낳은 녹족부인이다.
내 사슴 발을 보고, 또 내 젖을 맛보아 확인하려무나.
너희가 어찌 어미의 나라를 공격하려느냐.
이제 우리 평화롭게 살자꾸나.

사슴 발의 부인과 아홉 아들

평양의 동북쪽 대성산大成山에는 광법사廣法寺라는 오래된 사찰이 있다. 1727년 무렵 이 절을 보수, 확장하며 절의 내력을 기록한 비석을 세웠다. 이 비석은 아직 남아 있는데, 이시항李時恒이 〈광법사사적비명廣法寺事蹟碑銘〉으로 불리는 비문을 지었다.

비문의 내용은 이렇다. 이시항에게 태유太裕라는 승려가 찾아와 "대성산이 별로 크고 깊은 산은 아니지만, 그래도 산속에 기이한 사연이 깃든 곳이 많다"라며 말을 꺼냈다. 그러면서 이야기 하나를 들려주었는데, '녹족부인鹿足婦人'이라는 이상한 사람에 관한 내용이었다.

녹족부인은 사슴 발을 가진 부인이라는 뜻이다. 비문에 상세한 설명은 없으나 앞뒤를 살펴 내용을 추측해보면, 상반신은 사람이지만 다리, 특히 발이 사슴 모양이었다는 것 같다. 그런 이상한 모습의 사람이 대성산의 깊은 곳, 사람이 잘 다니지 않는 곳에 숨어 살았다는 것이다.

발이 사슴 모양이라는 대목에서 하반신이 염소 모양이라는 고대 그리스 신화의 '판Pan'이 떠오르기도 한다. 다만 판은 남성으로 묘사되지만, 녹족부인은 부인이라는 호칭대로 여성으로 묘사된다는 점에서 선명하게 대조된다. 또한 판은 춤과 음악을 즐기고 사람들에게 쾌락을 선사하는 존재이지만, 녹족부인은 산속 깊은 곳에 숨어 사는 신성한 존재처럼 보이는 점도 다르다.

한편 북아메리카 원주민들은 '사슴 여자Deer Woman' 이야기를 믿었는데, 반은 사람, 반은 사슴인 여성 괴물이 깊은 숲속에 산다는 내용이다. 이 이야기는 2005년 존 랜디스John Landis가 연출을 맡아 미국 텔레비전 호러영화 시리즈 〈마스터스 오브 호러Masters of Horror〉의 한 편으로 방영되기도 했다.

〈광법사사적비명〉의 내용을 계속 살펴보면, 녹족부인은 한 번에 아홉 아들을 낳고는 기괴한 일이라고 생각해 상자에 담아 바다에 떠내려보낸다. 상자는 바다를 떠돌다가 중국으로 흘러들어 아이들은 그곳에서 자란다. 이후 중국이 우리나라를 공격할 때 중국 편에 서서 싸우는데, 자신들이 원래 녹족부인의 자식이라는 사실을 뒤늦게 깨닫고 매우 놀란다. 그리하여 싸움을 멈추고 불교의 승려가 되어 수행에 정진한다. 훗날 모두 깨달음을 얻으니, 그 수행 장소가 광법사와 가까우므로 대성산 일대에서는 그들을 구불九佛, 곧 아홉 부처로 부른다며 이야기는 끝난다.

산속에 사는 사슴 발을 가진 신비로운 여성의 아홉 아들이 전쟁에 휘말린다는 이야기가 상당히 독특하다. 녹족부인의 모습이 특이할 뿐 아니라, 자식 대로 이어지는 줄거리에 곡절이 있어 내용이 풍부한 데다가, 좀더 자세히 보충할 여지도 있어 보인다.

___

시대를 초월한 평화의 상징

실제로 〈광법사사적비명〉으로 녹족부인 이야기가 처음 선보인 1727년 이후 좀더 상세한 이야기가 만들어졌다. 한 세대 정도 지난 18세기 중엽 출간된 《여지도서輿地圖書》가 그 예다. 《여지도서》는 임금의 명령에 따라 조선 각지의 소개 자료와 기록을 모아 정리해놓은 책이다. 1757년 홍문관의 관리 홍양한洪亮漢이 건의해 시작된 사업 결과를 이 책으로 정리했다고 보는 것이 정설인 듯싶다.

> 홍양한이 말하기를, "신은 지도의 일에 대해 삼가 소회가 있습니다. 대개 여도輿圖라고 하는 것은 나라의 소중한 것인데, 우리나라에서 《여지승람輿地勝覽》을 찬성纂成한 것이 이미 수백 년이 지났습니다. 그 뒤의 연혁은 다시 고징考徵할 수가 없으니 이어서 찬성하지 않을 수 없습니다마는, 이것은 아직 경솔히 의논드리기 어렵습니다. 열읍列邑의 읍지邑志에 이르러서는 곧 여지輿地의 근본으로서 근래의 연혁을 가히 고징할 수가 있을 것입니다. 청컨대, 본관으로부터 팔도에 이문移文해 열읍에서 읍지가 있는 것은 등본謄本이나 인본印本을 막론하고 모두 모아서 올려 보내게 하며, 글로써 이루어진 것이 없거든 곧 수집해 엮어서 올려 보내게 해 고거考據에 대비토록 하소서."
> _《영조실록》(90권) 1757년 8월 9일

《여지도서》에는 대성산이 아니라 지금의 평안남도 안주安州를 배경으로 한 녹족부인 이야기가 실려 있다. 이 이야기는 어느 고려 임금의 어머니가 녹족부인이었는데, 한 번에 열두 아들을 낳은 일에서 시작한다. 뒤에 당나라에서의 이야기가 나오는 것을 보면, 여기서 고려는 고구려를 말하는 것으로 보인다. 사람들은 녹족부인의 자식들이 기괴하다고 여겨 상자에 담아 바다에 떠내려 보냈다. 이들은 당나라에 닿아 그곳에서 자랐다. 여기까지는 녹족부인의 신분이 임금의 어머니라는 것과 자식의 숫자가 아홉이 아니라 열둘이라는 것만 빼면 〈광법사사적비명〉에 실린 이야기와 거의 같다.

《여지도서》의 녹족부인 이야기도 자식들이 우리나라, 즉 고구려를 공격하는 군대에 합류했다고 전한다. 다만 이 판본은 그 과정을 상세하게 묘사하는데, 열두 아들은 당나라의 장수가 되어 각자 3,000명의 군인을 거느리고 고구려에 쳐들어왔다. 실제로 고구려와 당나라는 치열하게 전쟁을 벌였으므로, 구체적인 역사를 배경으로 한 이야기로 발전한 셈이다.

열두 아들이 고구려로 들어와 지금의 안주 근처에 있는 어느 벌판에 도착했을 때, 녹족부인이 직접 당나라 군대 앞으로 나아간다. 그러고는 튼튼한 누각에 앉아 아들들을 불러들였다. 그리고 아들들에게 자신의 젖을 맛보게 하고, 열두 켤레의 버선을 내어준다.

그러자 열두 아들은 녹족부인이 생모임을 깨달았다. 그들은 어머니의 나라를 공격할 수 없다고 생각해 항복하고 그곳에 성을 쌓아 지냈다. 이후 사람들은 그 지역을 삼천벌三千野, 또는 열두 삼천벌이라고 불렀다. 자식들이 버선을 보고 녹족부인이 어머니임을 알았다는 대목을 보면, 그들도 발이 사슴 모양인데 그 사실을 숨기고 살다가 특이한 모양의 버선을 받고 서로 알아본 것 아닌가 싶다.

《여지도서》의 이야기는 시대가 앞선 〈광법사사적비명〉의 이야기보다 내용이 더 풍부하고 구체적이다. 반면 승려가 되었다거나 깨달음을 얻었다는 불교 관련 내용은 사라졌다. 유교 국가인 조선에서 임금의 명령으로 수집한 자료라는 특징 때문에 이런 차이가 생겼는지 모른다. 또한 이야기의 무대가 평양에서 안주로 달라진 것을 보면, 녹족부인 이야기가 평안도 일대에서 제법 인기를 얻어 여러 지역으로 퍼져나갔던 것 아닌가 싶다.

인도에서 찾은 녹족부인의 흔적

녹족부인 이야기는 후대에도 계속해서 인기를 끌었다. 배경이 을지문덕 시대로 바뀐 이야기가 돌기도 했고, 1919년 출간된 일본어 설화집 《전설의 조선傳説の朝鮮》에는 녹족부인이 아들들에게 버선을 신어 항상 발을 숨기라고 했는데, 막내가 버선을 벗어버리자 화를 참지 못하고 모두 대동강大同江에 버렸다는 이야기가 실리기도 했다. 1940년 박영만朴英晩이 편찬한 《조선전래동화집》에 동화의 형태로 포함되기도 했다.

녹족부인 이야기는 도대체 어떻게 해서 생겨나고 오랫동안 인기를 얻었을까. 그 해답을 찾기 위해서는 다시 한번 무대를 옮겨 황해도 재령載寧의 또 다른 녹족부인 이야기를 살펴볼 필요가 있다.

그곳의 장수산長壽山에는 녹족정鹿足亭이라는 정자가 있는데, 바로 장수산에 녹족부인이 살았다는 전설 때문에 붙은 이름이다. 19세기 송병선宋秉璿이 쓴 기행문 〈서유기西遊記〉를 보면, 녹족정은 녹족선鹿足仙이 노닐던 장소라는 전설 때문에 붙은 이름이라고 한다. 〈서유기〉의 기록은 녹족부인처럼 성별을 여성으로 특정하는 단어 대신 남녀 모두를 일컬을 수 있는 녹족선이라는 단어를 쓴다는 점이 다르다.

그런데 장수산에는 또 다른 녹족부인 이야기가 얽혀 있다. 어느 암사슴이 이암대사利巖大師라는 깊이 깨우친 승려를 열렬히 사모하다가 임신해 낳은 자식이 녹족부인이라는 이야기다. 즉 녹족부인은 아버지가 사람, 어머니가 사슴인 셈으로, 그렇다면 왜 그런 모습인지 얼추 설명된다. 《한국민족문화대백과사전》에 정리된 자료에 따르면, 장수산의 석동십이곡石洞十二曲 근처에 이암대사가 수도했다는 암자가 있고, 그 근처에 녹족정鹿足井이라는 우물이 있으며, 그 앞에 놓인 돌에 사슴 발자국 모양이 찍혀 있다고 한다.

이렇게 각 지방에 남아 있는 녹족부인 이야기들을 모아놓고 보면, 그 부모와 자식, 자식들이 참여한 전쟁, 자식들과의 재회 등 일대기에 해당하는 내용을 모두 연결할 수 있다. 그렇게 해서 일대기를 얼추 완성하면, 녹족부인 이야기가 도대체 어디에서 온 것인지 그 기원을 찾을 수 있다.

그곳은 안주, 평양, 재령 등에서 매우 멀리 떨어진 곳으로, 바로 인도 갠지스강Ganges 유역의 도시 바라나시Varanasi다. 《팔만대장경八萬大藏經》에 수록된 《잡보장경雜寶藏經》에는 이곳을 배경으로 한 이야기가 상당히 자세하게 실려 있다.

지금도 힌두교에서 중요하게 여기는 도시인 바라나시 근처의 어느 산에 도를 닦는 수도자가 있었다. 그런데 한 암사슴이 그 주위를 맴돌며 그가 남긴 것들을 핥아 먹다가 정기를 받아들여 임신하게 되고, 나중에 여자아이를 낳았다. 《잡보장경》은 이 여자아이를 '녹녀부인鹿女婦人', 즉 사슴의 딸이라는 이름으로 부른다.

녹녀부인은 바라나시를 다스리는 왕의 눈에 띄어 두 번째 부인이 된다. 여기까지 이야기를 살펴보면, 재령의 녹족부인 이야기와는 도 닦는 고매한 사람과 사슴 사이에서 태어난 자식이라는 점이 일치하고, 안주의 녹족부인 이야기와는 임금의 부인이었다는 점이 일치한다.

그다음 내용도 평양과 안주의 녹족부인 이야기와 일치하는데, 아들들이 다른 나라로 가 자란 뒤 모국을 공격하려고 왔을 때 녹녀부인이 자신이 생모임을 증명해 전쟁을 끝냈다는 것이다. 다만 《잡보장경》의 녹녀부인 이야기는 아들의 수가 아홉 명이나 열두 명이 아니라 1,000명에 달하고, 높은 누각에 올라 모든 아들에게 젖을 내뿜어 어머니임을 증명했다는 점이 다르다. 이 이야기는 석가모니의 어머니인 마야부인摩耶婦人이 전생에 곧 녹녀부인이었다는 말로 끝을 맺는다.

그렇다면 조선 후기 평안도와 황해도에서 유행한 녹족부인 이야기는 인도에서 불교와 함께 한반도로 전파되어 변화, 탄생한 이야기로 보는 것이 자연스럽다. 일본에도 불교가 전해졌기 때문에 비슷한 예가 있다. 조은애 선생의 논문 〈일본 민간전승과 '녹녀부인' 설화〉에 따르면, 일본의 고귀한 인물인 고묘황후光明皇后가 승려와 사슴 사이에서 태어난 딸이라는 전설이 기록으로 남아 있다. 또한 일본의 전통 버선인 다비足袋가 발가락이 두 개인 것처럼 생긴 이유는 녹녀부인의 발이 사슴 모양이기 때문이라는 설화도 있다.

1,000년 만에 부활하다

이렇게 정리해보면 자연히 새로운 물음이 떠오른다. 도대체 왜 녹족부인 이야기는 한반도에서 엉뚱하게도 18세기 들어서부터, 그것도 중서부 지역을 중심으로 기록되기 시작한 것일까. 한반도에 불교가 전파된 것은 18세기보다 1,000년 이상 앞선 삼국 시대이고, 《잡보장경》 같은 불교 계통 서적이 들어온 것도 삼국 시대로 보는 것이 맞을 것이다. 조선 초기에 쓰인 《석보상절》에도 한 번에 500명의 아들을 낳았다는 사슴의 딸 '녹모부인鹿母婦人' 이야기가 한글로 기록되어 있다. 이처럼 녹족부인 이야기를 한국인들이 접할 기회는 충분했다. 그렇다면 이 이야기는 왜 1,000년 동안이나 잠자고 있었을까. 왜 18세기에 새롭게 생명을 얻었을까.

혹시 녹족부인 이야기가 이곳저곳에 적당히 퍼져 있다가 우연히 〈광법사사적비명〉이 쓰이면서 명백히 기록되었고, 그것을 계기로 서서히 유행해 그 후 본격적으로 퍼져나갔던 것일까. 병자호란 이후 중국과의 전쟁을 다룬 새로운 관점의 이야기들이 인기를 얻자 같이 유행했던 것일까. 공교롭게도 녹족부인 이야기의 무대인 광법사에 명나라 장군 허국위許國威가 임진왜란 중에 들러 공손히 기도하고 갔다는 기록이 《조선왕조실록》에 남아 있다. 이 이야기의 유행과 어떤 관계가 있는 것은 아닐까.

유격 허국위가 평양에 도착해 광법사를 찾아가 매우 공손히 예불했다. 그러고는 승려들과 담화를 나누고 장삼長衫과 고깔을 각기 하나

씩 산 뒤 은 다섯 냥을 내어 승려들에게 나누어 주고 갔다.

_《선조실록》(112권) 1599년 4월 14일

또는 17세기와 18세기 통신사들이 일본을 자주 왕래하며 그곳에 유행하던 녹녀부인 이야기를 듣고 내용을 전해 조선에서도 녹족부인 이야기가 퍼졌던 것일까. 그것도 아니라면 녹족부인 이야기를 유행시킬 계기가 될 만한 어떤 인물이 18세기에 나타났던 것일까.

한 가지 안타까운 점은 녹족부인 이야기가 북한에 뿌리를 두고 있어 남한 학자들의 연구가 상대적으로 부족했다는 것이다. 강상대 선생의 논문을 비롯해 본격적으로 녹족부인 이야기를 다룬 한국 연구자들의 논문은 2000년대 이후부터 등장한다. 우리가 남북 분단을 극복하고 진작에 남북 문화 교류와 개방의 시대를 맞았다면, 깊은 산속에 숨은 녹족부인의 정체에 관한 수수께끼를 이미 풀었을지 모를 일이다.

코끼리, 얼룩말 그리고 불가살이

박과맥

앞발은 호랑이 같고 뒷발은 곰 같으며,
머리는 말 같고 코는 돼지 같은 짐승이
평안도에 나타나 백성을 해쳤습니다.
병사들이 잡아 가죽을 보내왔으니,
이에 전하게 보여드립니다.

평안도

죽지 않는 괴물

조선 시대 이래로 전해지는 괴물 이야기 중 현대에 제법 인기 있는 것을 꼽아보면, '불가살이不可殺伊(불가사리)'만 한 것도 흔치 않다. 도깨비나 흰 여우 이야기도 많이 알려진 편이지만, 물리치기 어려운 강력한 괴물이 등장해 큰 재난을 일으킨다는 점에서 불가살이 이야기는 분명 인상적이다. 그 때문인지 이 이야기는 동화로도 많은 사람에게 알려졌고, 남한과 북한에서 각각 영화로도 만들어졌다.

"송도松都(개성) 말년의 불가살이"라는 말이 있을 정도로 많은 불가살이 이야기가 고려 시대 말기를 배경으로 하므로, 이 이야기가 고려 시대에 생겨 퍼진 것이 아닌가 추측해볼 만하다. 그러나 나는 불가살이 이야기가 그보다는 최근에 자리 잡았을 것으로 생각한다.

내가 아는 한 불가살이 이야기가 담긴 가장 오래된 기록은 조재삼趙在三의《송남잡식松南雜識》이다.《송남잡식》은 1855년경, 그러니까 19

세기 후반에 나온 책이다. 이 책은 제목 그대로 세상만사에 관한 갖가지 지식을 수집, 기록해놓은 것인데, 불가살이 이야기는 당시 사람들이 사용한 단어와 표현들을 알아보는 〈방언류方言類〉에 여러 다른 단어와 함께 등장한다.

항목의 제목은 '불가살不可殺'이고, 내용은 예부터 전해지기를 고려 시대 말기에 어떤 물건이 있었는데, 쇠를 먹어 치워 거의 다 없애버릴 정도여서 죽이려고 했으나 죽지 않아 불가살이라고 이름 붙였다는 것이다. 그러면서 한마디 덧붙이는데, 불 속에 이것을 던져 넣었더니 온몸이 불덩이가 된 채 인가를 날아다녀 사람들이 큰 피해를 보았다고 한다.

이것이 19세기 기록에 남아 있는 불가살이 이야기의 전부다. 이 뒤에 불가살이라는 이름은 중국 고전《맹자孟子》에 나온 표현을 따라 붙인 것 아니겠는가 하는 조재삼의 의견이 나와 있기는 한데, 이야기와 직접 관련되지는 않다. 나는 조선이 망하기 전의 불가살이 기록 중에 내용이 이와 크게 다르거나 더 풍부한 것을 알지 못한다. 그러니까 이 짧은 기록이 어쩌면 조선 시대에 기록으로 남아 있는 유일한 불가살이 이야기일지 모른다.

영화나 동화가 만들어낸 더욱 자세한 불가살이 이야기는 아마도 19세기 말이나 20세기 초 무렵 떠돈 소문을 참고한 듯싶다. 예를 들어 1921년 나온 현병주玄丙周의 소설《송도말년 불가살이전》은 밥풀로 짐승 모양을 빚었는데, 어쩌다 보니 그것이 살아 움직여 처음에는 옆에 있던 작은 바늘 하나를, 그다음에는 쇠붙이라면 무엇이든 집어 먹으며 점점 커져 코끼리만 한 커다란 괴물이 되었다는 내용이다. 당시 소설들은 오랫동안 깊은 굴에 갇혀 살아온 괴물, 이성계가 조선을 건국할 때 도와준 괴물 등 다양한 괴물 이야기를 소개했다.

코가 긴 짐승 떼

한 가지 재미있는 점은 초기 기록에 불가살이의 모습에 관한 묘사가 거의 없다는 것이다. 《송남잡식》에는 불가살이가 무슨 짐승과 비슷하다거나 크기가 크다거나 작다거나 하는 단편적인 묘사조차 없다. 그런데 요즘에는 불가살이의 모습을 그림이든 영상이든 코가 기다란 코끼리와 비슷한 형태로 표현하는 경우가 많다. 조선 시대 민화나 그림 중 코가 긴 무언가를 그린 것들을 일컬어 '불가살이 그림'이라고 부르거나, 경복궁 아미산峨嵋山 굴뚝에 새겨진 코끼리를 닮은 짐승을 불가살이라고 부르는 사람들도 있다.

사람들이 불가살이를 그런 모습으로 생각하기 시작한 것은 언제부터일까. 이것도 생각보다 최근이 아닐까 싶다. 나는 민화 중 불가살이 그림이라고 불리는 것의 상당수가 실제로는 불가살이를 상상해 그린 것이 아닐 가능성이 크다고 생각한다.

그렇게 생각하는 근거는 불가살이 그림이라고 하는 것 중 가장 유명한 〈군맥도群貘圖〉다. 병풍 형태의 이 그림은 코가 길고 덩치가 커 보이며 털이 많은 괴상한 짐승 떼를 그렸다. 대충 훑어보아도 멋져 보이는 걸작이다. 기세 좋게 코를 흔들고 털이 날리는 모습이 덩치가 크고 힘이 넘치는 괴물다운 느낌을 준다. 어떻게 보면 멸종된 동물인 매머드와 비슷해 보이기도 한다.

〈군맥도〉에는 한 편의 글이 쓰여 있다. 내용이 비교적 상세한 편으로, 〈군맥도〉를 어떤 목적으로 그렸고, 무엇을 표현했는지 설명한다. 나는 1990년대 나온 김보영 선생의 논문을 읽고 글의 내용을 자세히 알게 되었다. 글에 따르면 이 그림은 1753년 정조의 어진을 그린 화가 강세황姜世晃과 친한 조현해산인趙玄海散人이 그렸다.

그런데 글을 아무리 살펴보아도 불가살이라는 말은 단 한마디도 나오지 않는다. 고려 시대부터 전해 내려온 어떤 이야기나 사람들을 공격하는 괴물 이야기도 전혀 없다. 즉 1753년 이 그림을 그린 사람은 불가살이 그림이라고 생각하지 않은 것이다. 심지어 강세황이나 조현해산인이 불가살이 이야기를 알지 못했을 수도 있다고 생각한다.

그렇다면 코가 긴 짐승 떼는 도대체 무엇일까. 〈군맥도〉의 짐승들은 그림 제목대로 다름 아닌 '맥貘'이다. 다시 말해 한 무리의 맥 떼를 그린 그림이기 때문에 〈군맥도〉라고 이름 붙인 것이다. 이런 그림을 그린 까닭은 조선 시대 작가들이 좋아한 당나라 시인 백거이白居易가 대략 1,000년 정도 앞선 시대에 맥을 그린 병풍을 보고 쓴 〈맥병찬서貘屛贊序〉라는 글 때문이다. 백거이는 맥이 나쁜 운과 병을 내쫓는 주술적인 힘이 있다고 썼다. 그 내용이 재미있다고 여긴 1753년의 조선인이 병풍에 맥 떼를 멋지게 그려냈으니, 이것이 그림에 얽힌 사연이다.

중국에서 맥은 아주 오랜 옛날부터 전해 내려온 괴물이다. 예를 들어 고대 중국의 신화집《산해경》을 살펴보면 '맥표貘豹'라는 짐승이 나오는데, 곰과 비슷하지만 크기가 작고 털이 짧으며 구리와 철을 먹는다고 소개한다. 이후 당나라 때 맥의 코는 코끼리 같고 눈은 물소 같으며, 꼬리는 소 같고 발은 호랑이 같다는 묘사가 정착한 듯하다. 그러면서 여러 동물의 모습이 섞인 짐승이 구리와 철을 먹고 산다는 이야기가 꾸준히 퍼져나간 것으로 보인다. 예를 들어 약으로 쓸 수 있는 온갖 동물과 식물을 정리한 중국의 의학서 《본초강목本草綱目》에도 이런 내용이 정리되어 있다.

그런 책들은 시대를 불문하고 꾸준히 한반도에 전래했다. 그러므로 조선인들은 맥을 알고 있었을 것이다. 불가살이 그림으로 불린 〈군맥도〉는 이런 배경에서 나온 것이다. 비슷한 소재를 표현한 많은 조선 시대 그림과 조각도 바로 재수 없는 괴물 따위를 쫓는다는 의미로 맥을 그린 것이라고 보는 편이 맞지 않을까 생각해본다.

총을 쏘아 맥을 잡다

당시 유행한 맥 이야기가 불가살이 이야기와 곧바로 통하지는 않는 듯하다. 철을 먹는다는 점 외에는 맥과 불가살이 사이에 공통점이 별로 나타나지 않는다. 〈군맥도〉에 쓰인 글을 보면 맥이 낯설고 이상한 짐승이라고 설명하는 대목에서 "맥은 집에서 기르지 않고 동방에서 나는 것이 아니다"라는 설명이 나오는데, 조선에는 원래 맥이 없다는 뜻이다. 불가살이 이야기를 연구한 김보영 선생은 이 대목을 지적하면서 맥과 고려 시대를 배경으로 하는 불가살이가 다르다는 근거로 삼는다. 이러한 지적은 일리 있다고 생각한다.

게다가 맥 이야기는 사악한 것을 물리치는 신령스러운 짐승이 등장한다는 점에서, 죽일 수 없는 골칫거리 괴물이 등장하는 불가살이 이야기와 반대된다. 일본에서는 중국에서 전래한 맥을 '바쿠ばく'라고 해

사람의 꿈, 또는 악몽을 먹는 괴물로 본다. 〈군맥도〉에 보이는 조선인들의 맥에 관한 생각도 재난을 일으킨다기보다는 차라리 악몽을 먹는다는 쪽에 좀더 가까운 것 같다.

그런데 하필 18세기 무렵부터 조선에서 맥 이야기가 조금씩 유행하는 듯해, 좀 묘하다는 생각이 든다. 예를 들어 18세기 학자 이익은 《성호사설》에서 중국 고전에 나오는 다양한 기록을 참고해 맥의 이빨을 설명한다. 당나라 시인 백거이와 송나라 학자 소송蘇頌 등의 글을 인용하며 중국인들이 지은 맥 이야기를 소개한 것이다. 그러면서 맥의 이빨은 너무나 단단해 쇠망치로 두드리면 쇠망치가 부서질 정도라는 구절을 옮긴다. 이러한 내용은 18세기 후반 쓰인 〈군맥도〉에 나오는 맥 이야기와 일치한다. 그렇다면 이즈음부터 사람들이 중국의 맥 이야기에 관심을 품고, 여러 가지 상상을 해보는 분위기가 슬슬 자리 잡은 것 아닐까.

심지어 《성호사설》과 〈군맥도〉 사이에 해당하는 18세기 중반 맥을 직접 목격했다는 소문이 퍼진다. 《조선왕조실록》 1747년 11월 5일 자 기록에는 평안도에 괴수가 나타났다는 내용이 실려 있다. 괴수라는 단어를 사용해 이상한 짐승이 나타났음을 알린 《조선왕조실록》의 몇 안 되는 기록이기도 하다. 전체 내용은 이렇다.

평안도에 괴수가 있었는데 앞발에 호랑이 발톱이 돋았고 뒷발은 곰 발바닥이며, 머리는 말과 같고 코는 산돼지 같으며, 털은 산양 같은데 능히 사람을 물었다. 병사가 발포해 잡아서 가죽을 올려 보내왔다. 임금이 여러 신하에게 물으니 누구는 박駁이라고 했고 누구는 맥이라고 했다.

_《영조실록》(66권) 1747년 11월 5일

괴물의 모습을 비교적 상세히 설명했는데, 언뜻 생각해보면 오소리나 멧돼지 중 좀 특이하게 생긴 한 마리가 눈에 띄었던 것 아닌가 싶기도 하다. 그런데 사람을 물었다고 하니, 제법 사나운 편이었던 것 같다. 그러니 당시에는 갑자기 나타난 처음 보는 괴물이 평안도 사람들을 공격한 것으로 생각했을 테다. 그 정체가 무엇이었든 '발포'라는 표현을 보면, 결국 군인들이 조총으로 공격해 죽인 것 같다. 군인들이 가죽을 벗겨 서울에 보내니, 어떤 신하는 박인 것 같다고, 어떤 신하는 맥인 것 같다고 했다.

《조선왕조실록》에 이런 내용이 실려 있다는 것은, 임금을 직접 보고 이야기할 수 있는 신뢰받는 신하가 가죽을 보고 세상의 하고많은 이상한 짐승 가운데 하필 맥을 떠올렸다는 뜻이다. 그렇다면 1747년 실제로 중국 고전에서 묘사된 맥을 닮은 이상한 짐승을 조선에서 잡았고, 그러면서 맥 이야기가 서서히 유행한 것일 수 있다. 또는 반대로 맥 이야기가 조선에 이미 유행했기 때문에 이상한 짐승이 잡히자 그게 바로 맥이 아니겠냐고 생각한 것인지 모른다. 어떤 것이 먼저고 어떤 것이 나중인지, 어떤 것이 원인이고 어떤 것이 결과인지 지금으로서는 알기 어렵다. 하지만 어떤 이유에서든 18세기 무렵부터 맥을 이야기하고 그리는 문화가 빠르게 자리 잡아가기 시작한 것은 사실인 듯싶다.

골칫거리 맥, 불가살이가 되다

이후 맥 이야기는 점차 우리에게 더 친숙한 불가살이 이야기에 영향을 미친 듯하다. 정약용이 쓴《경세유표經世遺表》의 〈지관수제地官修制〉에는 지방 관청에서 일하는 아전들의 부정부패한 모습을 비판하는 대목이 나온다. 이때 부패한 관리들이 재물을 빼돌리는 짓을 "맥사식철貘邪食鐵 여식병이如食餠餌", 즉 "맥은 쇠붙이 먹는 것을 떡 먹듯이 한다"라고 표현한다. 그러니까 맥은 괴이하게도 쇠붙이를 먹는데, 탐관오리들도 꼭 그것처럼 백성의 재물을 빨아먹는다는 뜻이다. 맥이 쇠를 먹는다는 특징에 초점을 맞춘다는 점 그리고 맥을 백성을 괴롭히는 재난과 견준다는 점이 예전의 맥 이야기와 달라 보인다. 정약용의 글에서 맥은 사악한 것을 내쫓는 신령스러운 짐승이 아니라, 쇠를 먹는 감당하기 어려운 골칫거리에 가깝다. 이런 식으로 점차 맥 이야기와 불가살이 이야기가 섞인 것은 아닐까.

《송남잡식》에서 불가살이 이야기는 유행어를 모아놓고 해설하는 와중에 나오는데, 그렇다면 19세기 어떤 사람이 불가살이 이야기를 소설로 써 유행했을 수 있다. 그 과정에서 몇 가지 특성을 맥 이야기에서 빌려왔을지 모른다. 이런 식으로 창작되고 퍼져나가는 다양한 이야기는 자연스레 서로 얽히고설킨다. 예를 들어《한국민속백과대사전》의 〈불가살이〉 항목에서 조재현 선생은 현대에 남아 있는 불가살이 이야기가 불경《구잡비유경舊雜譬喩經》속 '화모禍母' 이야기와 밀접하게 관련된다는 설을 소개한다.

《송도말년 불가살이전》은 불가살이의 모습을 코끼리의 몸, 소의 발,

곰의 목, 사자의 턱, 범의 얼굴, 말의 머리, 물소의 입, 기린의 꼬리로 묘사하는데, 이것은 중국 고전에서 맥의 모습을 코끼리의 코, 물소의 눈, 소의 꼬리, 호랑이의 발이라고 묘사한 것과 비슷하면서도 정확하게 맞아떨어지지 않는다. 그렇다면 맥 이야기에 영향받기는 했지만, 오히려 차이를 드러내려 한 것 아닐까.

정리하면 조선 시대의 불가살이 그림은 중국 고전이 소개한 맥을 상상해 그린 것으로 보아 맥 그림이라고 부르는 편이 정확하고, 불가살이 본래의 모습을 구체적으로 묘사한 이야기는 없다고 보는 편이 정확할 듯싶다. 물론 맥 이야기와 불가살이 이야기가 비슷하게 겹치는 부분들을 생각하면, 현대에 불가살이의 모습을 상상할 때 조선 시대에 그려진 맥 그림들을 참조하지 않을 이유는 없을 것이다.

호랑이와 표범을 잡아먹은 박

1747년 《조선왕조실록》 기록에 맥과 함께 언급된 박에 관해서도 좀더 이야기해보고자 한다. 불가살이와 관련되어 주목받은 맥보다 눈에 덜 띄는 편이지만, 박도 여러 가지 이야깃거리가 있는 짐승이다.

박은 간단하게는 얼룩무늬가 있는 말을 일컫는다. 그렇지만 《산해경》은 박이 단순한 말이 아니라, 말을 닮은 이상한 짐승이라고 설명한다. 전체적으로 흰 말을 닮았으나 꼬리는 검고 북소리 같은 소리를 내며 호랑이와 표범을 잡아먹는 무서운 짐승이라는 것이다. 머리에 뿔이 하나 있거나, 호랑이 같은 이빨과 발톱이 있다는 이야기도 있다. 보통 호랑이와 표범은 당해낼 것이 없는 맹수를 상징한다. 그런 호랑이와 표범을 잡아먹는다는 것은 박이 상식 이상으로 강한 이상한 짐승임을 나타낸다.

이렇게 보면 박이 굉장히 희귀한 짐승인 것 같지만, 사실 '논박論駁', '반박反駁' 등 흔히 쓰이는 단어에 들어 있어, 한자에 능숙한 조선 시대 선비들에게 친숙하다면 친숙한 편이었다. 예를 들어 박지원의 소설 《호질虎叱》을 살펴보면 첫머리에 호랑이를 잡아먹는 짐승이 있다고 하며 이런저런 이야기를 하다가 바로 박을 언급한다.

이수광은 《지봉유설》에서 박을 설명하며 최근 경기도 양주에 사나운 짐승이 나타났는데, 그것이 박이 아닌가 추측한다고 썼다. 양주에 나타난 짐승은 모양이 말과 비슷하고 푸른색 갈기가 있으며, 호랑이와 표범뿐 아니라 사람까지 몹시 많이 잡아먹었다고 한다. 이 짐승을 본 사람이 많다는 구절도 있으니, 그렇다면 소문이 제법 많이 퍼져나갔을지 모른다.

관련된 이야기는 아니지만, 《조선왕조실록》 1665년 5월 15일 자 기록을 보면 어느 품종 좋은 말을 사고 싶어 한 일본인들이 박의 새끼 같다는 뜻으로 '박아마駁兒馬'라고 불렀다는 내용이 실려 있다.

> 동래부사 안진安縝이, 왜인들이 자백색紫白色 박아마를 무역하기를 바라는데, 역관譯官에게 엄하게 막도록 해 허락하지 말 것을 청했다.
> _《현종실록》(10권) 1665년 5월 15일

한편 푸른색 갈기가 있고 호랑이를 잡아먹는다는 《지봉유설》의 설명은 조선 시대 이전 사람들이 생각한 사자의 모습과 통하는 것 같기도 하다. 하지만 모양이 말과 비슷하다고 한 점은 사자와 꼭 들어맞지 않아서 따져볼수록 짐승의 정체가 모호해진다. 《지봉유설》은 집필 시점을 17세기 초반으로 보는 것이 보통이므로, 앞서 언급한 18세기 중반 평안도에서 잡혔다는 박이나 맥을 닮은 짐승과도 크게 상관없다. 호랑이를 잡아먹는 크고 무섭고 빠르고 털이 긴 괴물이 17세기에 나타나 18세기까지 새끼를 낳고 살다가 결국 사냥당했다는 이야기를 꾸며보면 어떨까.

사자와 비슷한 박 이야기로는 일본에 남아 있는 고구려와 신라 음악에 관한 이야기를 하나 더 곁들여 보고 싶다. 고대 일본인들은 중국과 한반도에서 여러 가지 음악을 받아들였는데, 관련 기록이 비교적 잘 보존된 편이어서 한국에서 찾아보기 힘든 고대 음악에 관한 자료를 구할 수 있다.

《왜명류취초倭名類聚抄》,《용명초龍名妙》,《삼오요록三五要錄》,《인지요록仁智要錄》등 다양한 일본 문헌에는 고구려와 신라 음악들의 제목이 수록되어 있는데, 그중 고구려 음악으로 '박駮' 대신 '박狛'을 사용한 〈박모狛鉾〉,〈박견狛犬〉,〈박룡狛龍〉같은 춤곡이 있다. 이때 박은 고구려를 나타내는 것으로 보인다. 그런데 전덕재 선생의 연구에 따르면 〈박견〉은 몸은 사자, 머리는 개와 비슷한 짐승을 탈춤으로 표현한 당나라의 〈소방비〉와 비슷하다고 한다. 게다가 역시 일본 문헌인 《신서고악도信西古樂圖》에 신라 음악 〈신라박新羅狛〉에 관한 그림이 하나 실려 있는데, 이를 보면 춤추는 사람이 몸통에는 호랑이 같은 줄무늬가 있고, 네발에 각각 작은 얼굴이 달렸으며, 갈기가 긴 사자와 개를 섞어놓은 듯한 짐승으로 분장했음을 알 수 있다. 그렇다면 고구려와 신라에서 박은 탈춤의 소재가 되는 괴상한 짐승이었을지 모른다.

　이런 이야기들이 불가살이 이야기와 관련 있을까. 지금으로서는 짐작할 수 있는 것이 많지 않다. 1747년 군인들이 이상한 짐승을 붙잡아 가죽을 영조에게 바쳤다고 하니, 만약 그것을 찾는다면 유전자 분석으로 짐승의 정체를 바로 알아낼 수 있을 것이다. 혹시 그 가죽이 창덕궁 깊숙한 곳에 아무도 모르게 널브러져 있지 않을까. 또는 역사가 혼란한 와중에 궁전의 보물을 훔쳐 간 누군가의 손안에 있지 않을까.

산예

호랑이를 떨게 한 사자

함경도

평소처럼 백두산 인근을 순찰하다가
큰 호랑이를 마주친 거야.
꼼짝없이 죽겠구나 싶었는데 그냥 내빼더군.
곧바로 시퍼런 짐승이 나타나 호랑이를 쫓으니,
그놈이 바로 산예였던 게야!

현실과 상상의 경계

영국 작가 헨리 리Henry Lee가 1887년 출간한 《타타리의 식물 새끼 양 *The Vegetable Lamb of Tartary*》은 제목 그대로 매우 특이한 식물 이야기를 소개한다. 원래 중세 유럽에서 유행한 것으로, 동쪽의 머나먼 나라에 가면 과일이나 곡식이 아니라 털이 복슬복슬한 새끼 양을 맺는 아주 기이한 식물이 있다는 이야기다. 이처럼 열매로 동물을 맺는 기이한 습성 탓에 중세 유럽의 각종 문헌에서 식물과 동물 사이의 이상한 생물로 언급된다.

요즘 학자들은 이 생물의 정체에 관해 어느 정도 일치된 의견을 갖고 있다. 즉 아시아에서 목화를 대량으로 재배해 그 솜으로 옷을 만들어 입는다는 이야기가 와전된 것으로 본다. 과거 유럽인들이 옷을 만드는 데 사용한 가장 흔한 재료는 양털이었다. 그런데 아시아의 몇몇 나라는 목화솜으로 베를 짜 얻은 면으로 옷을 만들어 입었다. 자연스레 식물에서 양털 같은 것을 얻는 나라에 관한 소문이 돌았을 것이고, 그것이 이리저리 퍼지는 와중에 살이 붙어, 열매 대신 살아 있는 새끼 양을 맺는 신비한 식물의 이야기로 거듭났을지 모른다.

이런 식으로 외국의 신기한 풍습이나, 특이한 동물에 관한 이야기가 신비롭게 퍼져나가며 아주 이상한 괴물 이야기로 변화하는 예는 어느 나라에서나 쉽게 찾아볼 수 있다. 예를 들어 가까운 일본의 경우 열도에서 볼 수 없는 호랑이를 신비롭고 이국적인 동물로 여기는 문화가 강했다. 삼국 시대에 백제, 고구려 등과 교류한 일본인이 호랑이를 만나 이상한 경험을 했다는 이야기나, 임진왜란 때 일본의 대표적 장수 가토 기요마사加藤清正가 매우 용맹해 조선의 호랑이를 사냥했다는 이야기 등이 마치 괴물 이야기처럼 유행한 이유다. 특히 '가토의 호랑이 사냥'이라는 소재는 많은 그림에도 쓰였고, 나중에는 낯선 나라에 가서 무예를 뽐내는 대담한 일본인의 상징으로 발전했다. 이 때문에 20세기 초 제국주의 시대에도 일본 화가들은 가토의 호랑이 사냥을 종종 그렸다.

춤추는 사자

한국에서 외국 동물을 기이한 괴물로 생각한 사례 중 오래된 것을 꼽아보자면, 사자만 한 게 없다고 생각한다. 사자는 한국인들이 실제로 보기 어려운 동물이었지만, 관련 이야기는 이미 고대에 한반도로 전해졌다. 그러면서 실제 사자의 습성이나 모습과는 무척 다른 요소들이 조금씩 덧붙어 퍼져나갔고, 결국 신비로운 괴물 이야기로 자리 잡았다.

사자를 묘사한 글로는 신라의 작가 최치원이 지은 〈산예狻猊〉라는 시가 유명하다. 산예는 사자를 일컫는 말이다. 시를 옮기면 이렇다.

사막을 멀리멀리 걸어 걸어 만 리 길을 왔구나
털가죽 옷은 다 헤어지고 먼지만 부옇게 덮였는데
머리를 흔들고 꼬리를 치는 모습에는 인덕이 배여 있어
힘찬 기운 이 같은 것 백 가지 짐승의 재주 중에 또 있을까
遠涉流沙萬裏來 毛衣破盡著塵埃
搖頭掉尾馴仁德 雄氣寧同百獸才

이 시는 《삼국사기》 〈악지樂志〉에 실려 있는데, 흔히 '향악잡영鄕樂雜詠'으로 부르는 다섯 편의 시 중 하나다. 〈악지〉는 역사책인 《삼국사기》에서 신라의 음악을 기록한 부분으로, 그 춤과 놀이를 함께 설명한다. 향악잡영은 〈산예〉와 함께, 〈금환金丸〉, 〈월전月顚〉, 〈대면大面〉, 〈속독束毒〉이라는 네 편의 시로 구성되는데, 이 시들은 각각 서로 다른 춤과 놀이 장면을 묘사한다. 그러므로 〈산예〉의 내용도 사자의 실제 습성이나 모습보다는 그것을 표현한 춤, 즉 사자춤에 관한 묘사임이 분명하다.

실제 사자를 볼 기회가 거의 없었던 상황에서 사자에 관한 인상은 사자춤을 통해 신라인 사이에 퍼져나갔을 것이다. 한 가지 재미있는 사실은 향악잡영의 향악이라는 단어가 신라 고유의 음악을 가리킨다는 것이다. 즉 낯선 이국의 맹수 사자를 표현한 춤인데도 최치원은 그것이 신라 고유의 춤이라는 듯 시에 담았다. 그렇다면 이미 그가 활동한 시대에 사자춤으로 표현한 이야기가 신라 사회에 충분히 정착한 듯

하고, 신라인은 그만큼 사자를 친숙하게 느꼈을 가능성이 크다.

여기에 근거가 될 만한 다른 자료가 있다. 《삼국사기》에 가야의 음악가 우륵于勒이 신라에 가서 여러 음악을 작곡했다는 기록이 나오는데, 그 음악 가운데 〈사자기獅子伎〉가 있다. 사자 재주라는 뜻으로, 춤꾼이 사자탈을 쓰고 재주 부리는 사자춤의 배경음악이지 않을까 싶다. 설령 그렇지 않더라도 사자의 움직임을 소재로 한 음악일 텐데, 우륵이 활동한 시대는 6세기 중엽이므로 최치원보다 300년 정도 앞선다. 그 정도 세월이면 사자춤이 신라 사회에 걸맞은 모습으로 변화해 깊이 스며들기에 충분하다.

사자춤의 전통은 지금까지 꾸준히 이어져 내려오고 있다. 사자춤의 대표로 꼽을 만한 '북청北靑사자놀음'은 함경도 북청에서 유행한 사자춤을 보존, 복원한 것이다. 《한국전통연희사전》에 실린 내용을 보면 북청사자놀음에서 사자는 마을의 이 집 저 집을 돌아다니며 복을 비는 역할이라고 한다. 이때 사자는 집 안 이곳저곳에서 무언가를 잡아먹는 시늉을 하는데, 각종 악귀나 사악한 기운을 없애는 것이다. 그 와중에 부엌에서 조상신에게 절하기도 하고, 무언가를 잘못 먹고 쓰러졌다가 의원이 귀한 약을 주자 다시 살아나기도 한다. 이런 내용과 비슷하게 어린아이를 사자에 타게 하면 건강하게 지낸다거나, 사자 털을 잘라 갖고 있으면 장수하게 된다거나 하는 믿음이 있었다.

북청사자놀음 외에도 다양한 사자춤이 있다. 안동의 '하회별신굿놀이'만 하더라도 주지, 즉 사자가 등장한다. 하회탈 가운데 사자를 나타내는 가면이 있는 것이다. 이때 사자는 무대 주변의 잡스러운 것, 사악한 것을 정리해 쓸어버리는 역할을 한다.

정리하면 사자춤에 나타난 한국인들이 생각한 사자의 모습은 먼 곳에서 사막을 건너온 짐승이고, 그러면서도 흥겹게 음악에 맞추어 춤추는 짐승이며, 악귀와 사악한 기운을 잡아먹는 강하고 정의로운 짐승이다. 사자를 탄 어린아이는 건강해지고, 사자 털을 갖고 있으면 장수한다고 믿은 것을 보면, 나쁜 기운을 쫓아내 병을 막는다고도 상상한 듯하다.

사막을 건너 한반도로

〈산예〉가 포함된 향악잡영의 시들은 중앙아시아적 색채가 짙다고 평가받는다. 〈산예〉의 사막을 걸어왔다는 구절도 그렇거니와, 〈속독〉의 제목은 중앙아시아에 거주했던 소그드인Sogd을 가리킨다고 보는 것이 정설이다. 그렇다면 사자춤에 담긴 한국인들의 사자에 관한 생각은 중앙아시아 문화에서 직간접적으로 유래해 발전한 것일 수 있다.

중앙아시아 문화 외에 한국인들의 사자에 관한 생각에 큰 영향을 미친 것으로는 불교를 빼놓을 수 없다. 지금이야 사자라고 하면 아프리카사자를 가장 먼저 떠올리지만, 사실 인도의 서부 지역에도 야생 사자가 산다. 인도사자, 또는 아시아사자Panthera leo persica라고 부르는 종류인데, 지금은 멸종 위기를 겪는 희귀한 동물이라 개체 수는 불과 300마리에서 400마리 정도로 추산된다. 이 정도면 큰 농장 한 곳에서 키우는 소보다도 적은 수다.

물론 과거에는 훨씬 더 많은 아시아사자가 훨씬 더 넓은 영역에 퍼져 살았다. 인도와 가까운 중동 지역에 살았다는 사자도 아마 아시아

사자였을 것이고, 헤라클레스가 사냥했다는 네메아의 사자도 아마 아시아사자였을 것이다. 당연히 인도에서도 지금보다는 쉽게 볼 수 있었다. 따라서 사자는 고대 인도인들이 무서운 맹수의 대표로 여길 만한 짐승이었다.

이 때문에 인도에서 쓰인 불교 계통 문헌들은 강한 생물로 흔히 사자를 꼽았다. 사자는 우두머리처럼 모든 것을 지배하고 군림하는 고귀하고 강력한 지위, 비할 데 없는 최고 위엄의 상징으로 자주 언급되었다. 예를 들어 석가모니의 설법을 사자의 포효에 빗대어 '사자후獅子吼'라고 불렀다. 이런 표현은 시간이 흐르며 불교 외의 영역으로 널리 퍼졌는데, 요즘 사자후는 강렬한 웅변을 나타내는 관용어로 흔히 사용된다. 비슷한 이유로 세종 시대에는 임금을 바로 곁에서 호위하는 군인들을 '사자위獅子衛'라고 불렀다. 이 명칭은 이후에도 계속 사용되었다.

> 매양 강무講武할 때는 용감한 군사 100명을 뽑아 어가 앞에 막아 호위해 흉악한 짐승이 충돌함을 방비하게 하고, 명칭을 사자위라 하니, 짐승을 굴복시킨다는 뜻에서 따온 말이다.
>
> _《세종실록》(71권) 1436년 3월 8일

이처럼 고대 한국인들의 마음속에는 불교의 영향으로 인도에서 전해진 사자의 모습이 꽤 깊이 자리 잡고 있었다. 이는 미술, 특히 조각에서 두드러진다. 신라 분황사芬皇寺 모전석탑 주변의 사자 석상은 고대 사자 조각상의 표준이라고 할 만큼 모양이 잘 갖춰져 있고, 불국사佛國寺 다보탑의 사자 석상은 10원짜리 동전에 작게나마 새겨져 있어 현대에도 많은 사람에게 친숙하다.

이런 부류의 사자 조각상은 조선 시대에도 유행했다.《조선왕조실록》에는 1764년 구리로 만든 사자 모양 장식품을 경복궁 터에서 찾아 냈다는 기록이 있다. 궁전에서 쓰던 물건으로 임진왜란 와중에 경복궁이 파괴될 때 버려져 묻혀 있다가 200년 가까운 세월이 지나 다시 발견된 것 아닌가 싶다.

> 땔감을 채취하던 아이 하나가 옛날의 금배金杯 한 쌍과 동사자銅獅子 하나를 경복궁의 옛터 석혈石穴 속에서 얻어 바치니, 임금이 이상하게 여겨 그 아이에게 상을 내렸다.
>
> _《영조실록》(103권) 1764년 2월 13일

호랑이를 떨게 한 산중왕

조각상이나 장식품으로 사자를 접했기 때문인지 옛사람들은 무심코 사자를 작은 짐승으로 상상한 경향이 있었던 듯하다. 조선 시대 중기의 이야기책《어우야담》에 실린 사자 이야기가 대표적이다.

이야기의 주인공은 함경도 북쪽의 국경 요새를 지키던 어느 장수다. 지금의 백두산白頭山 인근이 아니었을까 싶은데, 장수는 주변을 수색하기 위해 끝없이 펼쳐진 숲속으로 들어갔다고 한다. 그러던 중 갑자기 커다란 호랑이를 만났다. 아마 굉장히 놀라고 무서웠을 것이다. 그런데 이상하게도 호랑이는 장수를 공격하기는커녕 관심도 두지 않고 무엇인가에 쫓기기라도 하는 것처럼 온 힘을 다해 미친 듯이 뛰어갈 뿐이었다.

창칼과 활로 무장한 장수가 압도될 만큼 무시무시한 커다란 호랑이가 도대체 무엇이 겁나 그렇게 도망친 것일까. 호랑이는 황급히 굴로 피했는데, 잠시 후 이상한 짐승 하나가 나타났다. 호랑이를 쫓아온 짐승의 크기는 개만 하고 몸 전체는 파란색이며 눈은 금방울 같았는데, 그림에서 본 사자와 비슷했다. 그 짐승은 호랑이를 찾지 못하자 잠시 두리번거리다가 사라졌다. 사자의 정체에 관해《어우야담》의 저자 유몽인은 나름대로 추측한 내용을 덧붙였다. 즉 사자가 하루에 3,000리를 간다는 소문이 있다며, 그렇게 멀리 다니다가 우연히 조선에 들어온 외국의 사자 아니겠냐는 것이다.

이야기를 살펴보면 사자는 개와 비교해야 할 정도로 작지만, 위력은 호랑이를 벌벌 떨게 할 정도로 대단하게 그려진다. 장수가 본 사자의 색이 실제 사자의 색과 전혀 다르다는 점도 사자 조각상에 영향받았기 때문이지 싶다. 고려 시대 도자기로 국보 60호인 '청자 사자형뚜껑 향로'에 붙은 자그마한 사자상이 떠오르기도 한다.

혹시 전근대에 사자가 실제로 조선에 왔을 가능성은 없을까. 역사 기록에서 단서를 찾기란 어려운 일이다. 다만 시대를 한참 더 거슬러 올라가면 새로운 가능성이 열린다.

충청북도 단양丹陽의 유명한 관광지인 도담삼봉島潭三峯에서 멀지 않은 곳에 금굴이라는 작은 굴이 하나 있다. 금굴은 선사 시대 유적지인데, 지금부터 수십만 년 전의 구석기 시대부터 한반도에 문명이 시작된 청동기 시대까지 굉장히 오랫동안 사람이 살았을 것으로 추정되는 곳이다.

금굴에는 당시 사람들의 흔적이 많이 남아 있는데, 특히 사냥해 굴로 갖고 온 여러 동물의 뼈가 무더기로 발견되었다. 그중에는 사슴, 멧돼지, 곰, 여우, 너구리처럼 지금도 한반도에 사는 동물들의 뼈뿐 아니라, 이제는 멸종되어 볼 수 없는 동물들의 뼈도 있었다. 이런 멸종 동물의 뼈 중에는 지금의 원숭이에 가까운 동물, 지금의 들소에 가까운 동물의 뼈도 있었고, 한반도에서 먼 곳에 살았을 것으로 생각되는 지금의 하이에나에 가까운 동물, 지금의 코뿔소에 가까운 동물의 뼈도 있었다.

무엇보다 지금의 사자에 가깝고 호랑이를 닮은 동굴사자Panthera spelaea의 뼈도 있었다. 동굴사자는 몸무게가 수백 킬로그램에 달할 정도로 아주 컸을 것으로 추정된다. 먼 옛날 동굴사자가 정말로 한반도의 깊고 깊은 산속에 살았다면 호랑이를 잡아먹을 무서운 짐승으로 군림하기에 부족함이 없겠다고 생각한다.

이런 점에서 단양에 이국적인 동물들을 소개하는 전시관이나 공원을 만들어보면 의미 있는 일이지 않을까. 특이한 동물 이야기를 신라와 조선은 종교나 춤과 놀이의 소재로 받아들였는데, 우리는 과학으로 풀어본다면 그럴듯한 일이 될 것이다.

만인의 피를 마신 뱀

만인사

함경도

만인의 피가 굳어 돌이 되니,
북방 이민족은
몸이 아플 때 물에 갈아 마셨다.
누구는 피가 땅속에 고여 뭉쳤다 하고,
누구는 뱀의 배 안에 있다고 하니,
신기하고 오싹한 풍습이다.

용왕의 아들, 이무기가 되다

아주 커다란 뱀이 나타나 사람들을 괴롭힌다든가, 깊은 산속이나 물속에 신기함 힘을 가진 커다란 뱀이 살고 있다든가 하는 이야기는 전국 각지에 다양한 형태로 전해 내려온다. 심지어 현대에 생긴 이야기도 쉽게 찾아볼 수 있는데, 학교 수위가 근처 산에 나타난 커다란 뱀을 죽인 이후로 소풍날만 되면 비가 온다는 내용이 대표적이다. 이처럼 커다란 뱀의 모습을 한 괴물 이야기는 가지각색의 형태로 여러 시대에 걸쳐 기록으로 남아 있다.

신비로울 정도로 커다란 뱀을 '이무기'라고 부르는 것도 요즘 널리 퍼진 이야기다. 이야기에 따라서는 이무기가 정성을 기울여 용으로 변신하기도 한다. 뱀이 수십 년, 수백 년의 나이를 먹을 정도로 오래 살면 용이 될 수 있는데, 어떤 이유로 실패해 이무기가 된 이야기도 쉽게 접할 수 있다.

그러나 이무기라는 말이 언제부터 어떤 의미로 쓰였는지, 왜 그런 말이 생겼는지는 아직 명확히 밝혀지지 않은 듯하다. 그나마 어느 정도 짐작해볼 수 있는 기록으로《삼국유사》의 〈보양이목寶壤璃目〉을 참고할 만하다.

〈보양이목〉은 신라 말 고려 초에 활동한 승려 보양寶壤의 신비한 행적에 관한 이야기다. 보양은 중국에 갔다가 바다를 건너 돌아오는 길에 서해 용궁을 방문했다. 바닷속 세계의 임금이 지혜와 진리를 잘 설명하기로 유명한 그의 이야기를 듣고 싶어 했기 때문이다. 이처럼 사람이나 짐승, 심지어 다른 세계의 괴물 같은 것들이 지혜가 깊은 사람의 이야기를 듣고 싶어 한다는 내용은 여러 불교 계통 이야기에서 찾아볼 수 있다.

이후 보양은 용왕의 아들과 함께 신라로 돌아왔다.《삼국유사》는 용왕의 아들을 이목璃目으로 칭한다. 그는 보양을 따라 지금의 경상남도 밀양密陽, 또는 경상북도 청도淸道에 자리 잡고 지낸 듯하다. 그리고 주변 사람들이 비가 내렸으면 좋겠다고 부탁할 때마다 술법을 부려 실제로 비가 내리게 했다. 농사가 잘되지 않으면 목숨을 부지할 수 없는 당시의 가난한 농민들이 가뭄으로 고통받아 그에게 간절히 부탁하면 마음이 약해져 어쩔 수 없이 비가 내리게 한 것으로 보인다.

비 내리는 재주를 지닌 용은 옛이야기에서 흔히 등장한다. 조선의 기우제 관련 기록을 보아도 용에게 부탁하는 내용이 대단히 많다. 용왕은 용의 임금이라는 뜻이니, 용왕의 아들인 이목과 비 내리는 술법은 나름 잘 어울린다.

〈보양이목〉의 결말은 이렇다. 하늘의 임금인 천제天帝는 천사를 보내 사람이 필요할 때마다 비를 내리는 이목을 벌하려고 했다. 하늘의 뜻을 무시한다고 본 것이다. 천제의 뜻에 따라 천사가 이목을 향해 번개를 떨어뜨리려고 하자, 그는 보양에게 부탁해 책상 아래로 숨었다. 그러자 천사는 그 대신 배나무를 공격하고 돌아갔다. 배나무를 한자로 쓰고 읽으면 공교롭게도 이목梨木이다. 현대에 친숙한 기독교의 천사와 달리, 신라를 배경으로 한 이 이야기의 천사는 번개를 무기로 사용한다는 점이 재미있어 보인다.

서대석 선생 등은 이목을 이무기의 한자 표기로 추정한다.《삼국유사》에는 이목이 커다란 뱀이라거나 하는 묘사가 분명하지 않다. 그렇지만 용왕의 아들이라는 점에서 용을 닮았으리라는 생각은 충분히 해 봄 직하다. 그렇다면 보통 커다란 뱀, 신비로운 뱀으로 생각하는 이무기와도 닮았다고 할 수 있지 않을까. 이목이 책상 아래 숨었다고 했는데, 이것도 바닥을 기어 다니는 뱀의 습성과 잘 어울린다. 따라서《삼국유사》의 이목 이야기는 이무기라는 말이 나온 이야기 중 가장 앞서 기록된 것일지 모른다.

—

사람 말을 하고 구슬을 품은

《삼국유사》는 고려 후기에 나온 책이다. 따라서 당시 이무기 이야기가 유행했을 수 있다.《고려사》에도 고려 후기가 배경인 뱀 괴물 이야기가 기록되어 있다.

1258년 지금의 평안남도 안주 앞바다에 있는 섬인 위도韋島에 황색 뱀이 나타났는데, 그 크기가 기둥만 했다고 한다. 이 거대한 황색 뱀이 지나가는 나무꾼에게 사람처럼 말하기를, 머지않아 섬사람들이 반란을 일으킬 테니 관청에 경고하라고 했다. 실제로 얼마 후 섬사람들이 반란을 일으켜 고려를 배신하고 몽골에 투항했다는 것이 이야기의 결말이다. 이 뱀 이야기는《대동운부군옥大東韻府群玉》에〈인어사人語蛇〉라는 제목으로 실려 있기도 하다. 사람의 말을 하는 뱀이라는 뜻이다.

이목 이야기와 인어사 이야기는 뱀과 사람이 말로 의사소통했다는 점, 뱀이 신령스러운 능력을 지녔다는 점에서 서로 통한다. 이목이 서해 용왕의 아들이고, 인어사가 서해의 섬에서 산다는 점도 닮았다.

뱀 괴물 이야기는 이 외에도 여럿 전해지는데, 우선《삼국유사》에 실린 또 다른 이야기로 가야의 시조 수로왕首露王과 관련된 것이 있다. 지금의 경상남도 김해金海에 있는 그의 무덤에 도적들이 함부로 들어갔는데, 그러자 크기가 3장(약10미터)에 가까운 뱀이 번개 같은 눈빛을 띤 채 나타나 아홉 명을 물어 죽였다는 이야기다.

중국의 불교 고전《석문자경록釋門自鏡錄》에도 신라의 뱀 괴물 이야기가 실려 있다. 신라의 큰 사찰인 흥륜사興輪寺에 기거하던 승려 도안道安이 뱀으로 변했다는 이야기다. 그는 늙은 승려로 불경에는 밝았지만, 편식이 심해 음식이 마음에 안 들면 몽둥이를 휘둘렀다고 한다. 그러다가 어느 날 갑자기 크기가 100척(약30미터)이나 되는 아주 크고 긴 뱀으로 변해버렸다. 불교 계통 문헌임을 고려해 사람을 괴롭힌 죄를 지었기 때문에 뱀으로 환생했다는 이야기로 볼 수 있지 않을까.《석문자경록》은 8세기경 출간된 책으로, 큰 뱀에 관한 한국 전설 가운데 꽤 앞선 것이다.

좀더 극적이고 세부 묘사가 풍부한 뱀 괴물 이야기를 꼽아보면,

1525년 김안로金安老가 쓴 이야기책《용천담적기龍泉談寂記》에 실린 것이 단연 특출하다. 시작은 조선 시대 이야기의 아주 전형적인 틀을 따른다. 길 가는 선비가 산속을 지나는데, 밤은 깊어지고 갈 곳은 없어 난감해하고 있었다. 그의 이름은 강姜씨이고, 고향은 진산晉山으로, 지금의 경상남도 진주晉州다. 과거를 치르러 서울에 갔다가 낙방해 돌아가는 길이었다.

한참을 헤매다가 등불이 보이는 듯해 그리로 가니 집 비슷하게 꾸며 놓은 굴이 나왔다. 풀이 많이 자라 있고 가시나무가 울타리를 이루고 있어 사람 사는 곳 같지 않아 이상했다. 그런데 굴에 작은 노인이 있는 것을 보고, 하룻밤 재워달라고 부탁했다. 하지만 노인은 거절하며, 자기에게 장성한 자식이 셋 있는데, 사냥하러 자리를 비운 그들이 돌아오면 위험해질 것이라고 설명했다. 선비는 이상하게 여기면서도 별수 없어 그곳을 떠나지 못했다. 얼마 후 천지가 뒤흔들리는 소리가 나고 나무와 풀이 쓰러지며 산에서 무엇이 내려오는 것 같기에 보니, 다름 아닌 거대한 뱀 세 마리였다.

세 뱀이 각자 사람 사냥한 이야기를 하는데, 그중 셋째가 지금의 경상북도 예천醴泉인 용궁현龍宮縣에 가서 우물가 창포밭에 숨어 있다가 높은 벼슬아치네 딸의 발꿈치를 물어 혈기를 빨아 먹었다고 자랑했다. 그러자 노인이 왜 하필 그렇게 높은 벼슬아치의 딸을 헤쳤냐고 한탄하면서, 만약 새해 첫 돼지날[亥日]에 짠 참기름을 끓여 상처에 바르면 그 딸이 낫고, 또 그것으로 자신들을 공격하면 몰살당할 것이라고 했다. 선비가 그 말을 몰래 엿듣고 재빨리 용궁현의 벼슬아치네로 가 수법을 알려주니, 과연 뱀에 물려 앓아누운 딸이 깨끗하게 나았다. 이후 굴로 돌아가 살펴보니 큰 뱀 네 마리가 서로 엉킨 채 죽어 있었다.

《용천담적기》의 저자 김안로는 선비가 본 등불이 1,000년 묵은 뱀의 기운을 받아 저절로 빛을 내는 구슬, 즉 야광주夜光珠일지 모른다는 설명을 덧붙였다. 이처럼 당시 사람들은 거대한 뱀은 몸속에 빛을 내는 구슬을 품고 있다고 믿었던 것 같다.

—

뱀 괴물 사냥법

만약 구슬에 초점을 맞춘다면, 뱀 괴물과 싸우는 이야기의 대표 격이라고 할 수 있는《어우야담》의 화포장 이야기도 빼놓을 수 없다.

《어우야담》에 수록된 이 이야기의 주인공은 중국에 파견된 사신단의 일원인 화포장, 즉 대포 만드는 기술자다. 이야기의 시작은 고려의 건국자 왕건의 조상에 관한 용손 이야기나, 용손 이야기와 같은 계통으로 보이는《삼국유사》의 거타지 이야기와 거의 같다. 즉 사람들이 배를 타고 바다로 나갔는데, 배가 제대로 움직이지 않아 주술로 원인을 알아보니, 화포장의 운명 때문이라는 점괘가 나왔다. 이에 그를 어느 무인도에 내려놓고 떠나버렸다. 용손 이야기에서는 왕건의 할아버지 작제건이 무인도에 남겨지고, 거타지 이야기에서는 거타지가 무인도에 남겨진다. 그리고 이 이야기에서는 화포장이 무인도에 남겨진다. 당연히 다른 두 주인공처럼 그도 무인도에서 무서운 적수를 만난다.

어쩔 수 없이 무인도에 남게 된 화포장은 밤이 되면 어떤 거대한 것이 큰 소리를 내며 섬으로 들어오고, 새벽이 되면 또 큰 소리를 내며 바다로 나가는 것을 듣는다. 이상하게 여긴 그가 밤에 몰래 지켜보니, 거대한 뱀이 육지에서 큰 짐승을 사냥해 머금은 채로 바다를 건너 돌아오고 있었다. 뱀이 어찌나 큰지 굵기가 기둥만 했다. 용감한 그는 뱀이 다니는 길목에 칼을 꽂아 함정을 만드는데, 그다음 날 뱀이 찔려 죽었다. 그가 뱀의 몸을 갈라보니 아름다운 구슬이 매우 많이 들어 있었다.

이야기는 화포장이 구슬을 몇 포대에 가득가득 담아놓았다가, 사신단이 돌아올 때 자초지종을 설명하고 함께 귀향하는 것으로 끝난다. 재미를 더하는 점은 그가 구슬을 얻었다고 자랑하거나 보여주지 않고, 그냥 보기 좋은 돌을 좀 집어간다고 둘러댔다는 것이다. 사람들에게 또다시 배신당할까 봐 걱정하는 심정이 느껴지기도 하고, 남의 재물을 노리는 비정한 세태가 상상되기도 한다.

뱀 괴물을 처치하는 내용에 주목한다면 제주도 김녕굴의 뱀 괴물 이야기도 유명한 편이다. 이 이야기는 괴물로 고생하는 마을을 영웅이 구한다는 전형적인 틀을 그대로 따르고 있어, 중세 유럽의 기사 무용담과 무척 비슷해 보인다.

기사 무용담과 한국 괴물 이야기의 가장 큰 차이라면 전자의 주인공은 칼싸움을 잘하는 기사이지만, 후자의 주인공은 과거에 합격해 중앙에서 지방으로 파견된 벼슬아치라는 것 아닐까 싶다. 제주도 김녕굴을 무대로 한 뱀 괴물 이야기의 주인공은 19세의 나이로 무과에 장원 급제해 제주판관이 된 서련徐憐이라는 젊은이다.

서련이 뱀 괴물을 물리치는 이야기는 19세기 무렵《탐라지초본耽羅誌草本》등의 문헌에 자세히 기록된다. 대강의 줄거리는 그보다 앞서 이미 널리 퍼져 있었던 것 같다. 예를 들어 18세기 남구만南九萬이 출간한《약천집藥泉集》의〈외증조 증 병조참판 서공徐公 묘갈명〉을 보면 서련의 뱀 괴물 물리치는 이야기가 나온다. 다만 《탐라지초본》과는 다르게 배경을 제주도의 어느 깊은 굴이라고 할 뿐, 그곳이 어디인지는 정확히 밝히지 않는다.

《약천집》에 따르면 제주도의 어느 깊은 굴에 '요망妖蟒', 즉 요사스러운 구렁이가 사는데, 비바람을 일으키는 재주가 있어 사람들이 신령으로 숭배했다고 한다. 그래서 매년 봄과 가을이 되면 15세 된 여자아이를 깨끗이 씻기고 굴 앞의 제사상에 올린 다음 곡을 연주하고 기도하며 의식을 치렀다. 그러면 구렁이가 기어 나와 제물로 바친 여자아이를 물고 돌아갔다. 만약 제물을 바치지 않아 구렁이가 비바람을 일으키고 농사를 망치면 모든 사람의 삶이 괴로워지므로, 관청은 장부를 만들어 집마다 돌아가며 목숨을 바치도록 정해두기까지 했다. 구렁이가 사람을 물고 굴로 들어간다는 것을 보면 매우 컸을 듯한데, 여기까지만 보아도 고대 그리스 신화의 '안드로메다Andromeda' 이야기부터 〈코난 – 바바리안Conan the Barbarian〉 같은 할리우드 영화까지 비슷한 이야기들이 떠오른다.

과연 서련은 〈코난 – 바바리안〉에서 거대한 검을 휘두르는 코난의 역할을 맡았다. 《약천집》에 따르면, 그는 목사, 현령 등 다른 벼슬아치들과 함께 제삿날에 구렁이를 공격하기로 했다. 그러나 다른 사람들은 무서웠는지 나타나지 않았다. 그런데도 그는 부하 두 사람과 함께 굴을 찾아갔다. 이윽고 부하 둘을 굴 옆에 세워놓고 곡을 연주해 제물을 바친 것처럼 구렁이를 꼬여냈다. 즉 자신을 제물로 위장한 셈이다. 기대감에 부푼 구렁이가 나타나자마자 그는 창으로 입을 찌르고 부하들은 도끼로 머리를 찍어 처치했다. 이렇게 해서 무서운 풍습이 영원히 없어졌다는 것이 이야기의 결말이다.

《약천집》의 이야기는 이렇게 끝나는데, 후대의 기록에는 무슨 이유 때문인지 구렁이를 처치한 사람마저 살아 돌아오지 못했다는 등의 좀 더 처절한 내용이 덧붙기도 했다. 혹시 커다란 뱀을 신령 비슷하게 여긴 마음이 남아 있어 어떤 두려움이 반영되었기 때문일까.

신령처럼 모신 업

실제로 조선 시대 기록에 제주도의 몇몇 지역은 뱀을 신령처럼 여겼다는 내용이 있다. 제주도가 아니더라도 뱀을 신령 비슷하게 대한 풍습은 한반도 전역에 어느 정도 퍼져 있었던 것 같다.

대표적인 것이 토속신앙에서 숭배하는 '업신', 또는 '업'이다. 집마다 업신이라는 신령스러운 무엇인가가 있다고 믿은 풍습은 아주 가까운 과거에까지 전국 각지에 퍼져 있었다. 내용을 살펴보면, 집에는 가정의 운수, 특히 재물에 관한 운수를 담당하는 수호신이나 요정 같은 것이 숨어 살고 있는데, 그것이 바로 업신이라는 것이다. 만약 업신이 해를 입거나 집을 떠나면 가정의 운수가 나빠지거나 망한다. 그런데 대체로 업신을 큰 뱀이나 구렁이로 생각한 듯하다. 집의 으슥한 곳에 업신이 서린다고 하는 이야기도 보이고, '업단지'라고 해 항아리를 하나 정하면 그곳에 업이 서린다고 하는 이야기도 보인다.

업신에 관한 비교적 오래된 기록으로는 조선 후기의 학자 이덕무李德懋가 쓴 《이목구심서耳目口心書》가 있다. 이 책에는 세간의 풍습을 언급한 대목이 있는데, 업신을 '업業'으로 썼다. 또한 업의 모습을 구렁이나 족제비로 묘사했다.

자세한 내용은 앞서 설명한 풍습과 크게 다르지 않다. 사람들이 업을 중요하게 생각해 흰죽을 쑤어다가 바치고 신령처럼 대접했다고 한다. 다만 업단지가 따로 있다고는 하지 않고, 그저 부잣집의 창고나 곳간에 종종 서린다고만 쓰여 있다. 한편 '구업駒業'이라고 해 망아지와 비슷한 모양의 업을 언급한 점도 재미있다. 망아지는 크기 때문에 집에 숨기가 어려울 것 같은데, 그렇다면 구업은 망아지와 비슷하게 생겼지만 요정처럼 아주 작거나, 족제비, 구렁이, 망아지를 모두 섞은 이상한 모습이지 않을까.

《석문자경록》의 사람이 뱀으로 변하는 불교 계통 이야기와 업신 이야기를 견주어보면, 업신 이야기는 어쩌면 불교 용어인 '업karma'과 관계된 것이 아닐까 하고 상상해본다. 사실 옛날의 흔한 가옥 형태인 초가집에는 종종 뱀이 들어와 살았다. 이때 뱀을 발견한 사람이 깜짝 놀라 잡아 죽이려고 할 때, 마침 불교 신자가 함께 있어 그를 말리면서 뱀이라고 할지라도 해치면 안 되고, 만약 해치면 그 업을 받아 화를 입으며, 복이 달아난다고 충고하는 일이 많지 않았을까. 여기에 얼마 전 세상을 떠난 어떤 사람이 업에 따라 뱀으로 환생한 것이니 너무 괴롭히지 말라는 식의 충고를 덧붙였을지 모른다.

이처럼 불교에서 말하는 업 때문에 뱀을 함부로 해치면 안 된다는 이야기가 이리저리 퍼져나가다가, 뱀이 곧 업이고 따라서 업을 잘 대해주어야 복 받는다는 이야기로 와전되었을 수 있다고 생각한다.

미지의 세계를 탐험하라

뱀 괴물 이야기들을 모아놓고 보면, 뱀을 숭배하는 것만큼이나 눈길을 사로잡는 것은 미지의 세계에서 펼쳐지는 탐험이라는 요소다. 가장 먼저 소개한《삼국유사》의 이목 이야기도 바다를 건너 외국에 다녀오다가 만난 신비한 동물 이야기이고,《어우야담》의 화포장 이야기도 괴물이 사는 이상한 무인도를 탐험하는 이야기다.《고려사》의 인어사 이야기도 그리 다르지 않은 듯싶다.《약천집》의 서련 이야기도 주인공이 낯선 곳인 제주도에 가서 괴물을 퇴치하는 이야기인 동시에, 사악한 괴물에게 제물을 바치는 마을에 관한 이야기다. 즉 서련 이야기는 구렁이를 숭배하는 이야기와 미지의 세계를 탐험하는 이야기가 연결된 종합적인 이야기로 보인다.

이러한 부류의 탐험 이야기에 등장하는 뱀 괴물로,《조선왕조실록》 1437년 11월 22일 자 기록에 나오는 '만인사萬人蛇', '만인혈석萬人血石', '여이조汝而鳥'를 빼놓을 수 없다고 본다. 이것들의 이야기는 새로운 세상을 개척하고 탐험할 때 나도는 이상한 소문의 아주 전형적인 형태를 보여준다. 다음은 세종이 직접 내린 명령에서 관련 이야기를 발췌한 것이다.

함경도절제사節制使에게 전지傳旨하기를, "······ 판서 신상申商이 중국 북경北京에서 돌아와, 그곳에서 들은 말을 하는데 (그전에 들은) 중국 사신의 말과 같았다. 지금 거아첩합巨兒帖哈을 그의 처자와 함께 강화江華에다 안치했는데, 압송했던 통사通事가 서울로 돌아올 때,

거아첩합의 아내가 부탁하기를, '제게 조부 때부터 전해오는 만인혈석이 있었는데, 전일에 조카 고아도합古兒都哈이 병을 얻어 그것을 빌려주기를 청하므로 보내주었으나, 바쁜 일이 있어 미처 되찾지 못했습니다. 행여 저를 위해 고아도합에게 말해 되돌려주도록 해주세요' 했다. 통사가 와서 이 말을 아뢴 다음에야 비로소 만인혈석이라는 것이 전일에 듣던 것과 합치되는 것임을 알았다. 그런 까닭으로 그 돌을 가져다가 보니, 검푸른 빛깔이 자석과 같았으며, 크기는 큰 밤톨[栗]만 했는데, 물에 섞어 갈아보았더니 약간 검붉은 빛깔로 되었다. 내가 널리 더 캐물어보자고 해, 김척金陟을 시켜 마파라馬波羅에게 몰래 물었더니, 마파라는 제법 자세히 말했다. 그 말은 '북방 달단韃靼 지방의 수목이 없는 곳에, 큰 새가 땅을 파서 보금자리를 만들고 항상 알 두 개씩을 낳습니다. 그중에는 성질이 사납고 새끼 치는 데 능한 것은 알을 세 개씩도 낳는데, 이 새는 성질이 거칠고 사나우므로 만인사도 잡아먹으며, 알을 낳을 때는 뱀 창자에 들어 있던 돌도 아울러 낳는데, 그 돌은 보금자리 속의 밑으로 두세 자(약60~90센티미터)쯤 들어가게 됩니다. 이 방면에 지식이 있는 자는 알 세 개가 있는 보금자리를 찾아 땅을 파고 찾아냅니다. 이 돌이 지극히 귀해 쉽게 구하지는 못합니다' 했다. 김척이 그 돌을 내어 보이니, 마파라가 보고 무릎을 치고 깜짝 놀라며, '이것은 진짜 만인혈석입니다. 당신이 어디에서 이것을 얻었습니까. 이 돌은 검푸른 빛깔이 상등이고, 붉은 빛깔이 있으면서도 약간 누른 빛깔이 그다음입니다. 북쪽 사람은 서른 집, 마흔 집에 한 집은 반드시 이 돌을 갈무리하고 있으며, 마자화馬自和도 또한 가지고 있습니다. 이와 같이 검푸른 빛깔은 매우

드뭅니다' 하고, 곧 같게 하면서 말하기를, '내가 마시지 않으면 당신이 어찌 나의 말을 곧이듣겠으며, 또 나는 병이 있어 꼭 마셔야 하겠습니다' 하고, 곧 반 사발을 마셨다고 한다. 김척은 마파라의 말을 나에게 아뢰었다. 나는 또 마변자馬邊者를 불러서 물었더니, 마변자는, '비록 그 자세한 것은 모르나, 일쩍이 그 대개는 들었습니다. 이 만인 혈석을 북쪽 토속 말로는 모수월하毛水月下라고 하며, 신의 숙부 마자화도 가지고 있습니다. 병든 사람이 와서 청하면 갈아서 마시게 합니다. 우리 집에도 그 돌이 있었는데 본래는 컸으나 항상 갈았으므로 점점 작아졌고, 요즈음에 와서는 잃어버렸습니다' 했다. 이 일이 비록 허황한 듯하나 전후 여러 사람의 말이 서로 합치하니, 혹 그런 이치가 있어 이야기로 전해오는 것이리라. 다만 그 자세한 것을 모르니 의심스럽다. 그들의 말에, '북방에 수목이 없는 땅이 있고, 새가 땅을 파고 보금자리를 만든다'라는 것이 첫째로 의심스럽고, 그 말에, '큰 새는 곧 황새[鸛鳥]'라 하나, 그런가 아닌가를 또한 믿을 수 없다. 또 새매는 한 종류뿐이 아니니, 고니[天鵝], 매, 독수리 종류 같은 것이 아닌 줄 어찌 알겠는가. 이것이 둘째로 의심스럽고, 또 본국 사람은, '사람을 잡아먹는 것은 물뱀[水蛇]이라 한다. 물뱀이 사람을 잡아먹게 되면 양쪽 눈동자와 창자를 먹는다' 한다."

_《세종실록》(79권) 1437년 11월 22일

내용을 요약하면 이렇다. 세종 시대 지금의 함경도를 점령하니, 자연스레 그곳을 드나들던 여진족 계통 이민족들의 이상한 보물 이야기, 괴물 이야기를 듣게 되었다. 그런즉 혹시 모르니 그 이야기들이 얼마나 믿을 만한지 조사해야겠다는 것이다. 이때 명령에 따라 조사를 맡은 인물이 바로 김종서다.

이야기는 이민족이 조선에 선물로 바친 만인혈석이라는 보물에서 시작한다. 이것은 약간 누런색이 도는 검은색의 동그란 돌인데, 만병통치약이라는 소문이 있을 만큼 아주 좋은 약으로 취급되었다. 소문에 따르면 그것은 1만 명쯤 되는 아주 많은 사람의 피가 뭉쳐 굳어진 돌이라고 했다. 어떤 사람들은 큰 전투가 벌어진 장소에서 수많은 사람이 죽어 흘린 피가 땅속에 스며들어 생긴다고 믿었고, 어떤 사람들은 오랫동안 사람을 1만 명이나 잡아먹은 뱀의 배 안에서 생긴다고 믿었다.

《조선왕조실록》은 1만 명을 잡아먹은 뱀의 이름을 만인사로 기록했다. 사람 잡아먹는 뱀이 물뱀이라는 소문이 같이 실려 있으니, 만인사는 물뱀을 닮았을지 모른다. 한편 뒤이어 나오는 김종서의 답변을 보면 그런 뱀을 잡아먹는 무서운 새로 여이조를 언급한다. 그러니까 이 모든 이야기를 곧이곧대로 믿으면, 거대한 여이조를 쫓아 둥지를 찾아간 다음 그것이 먹고 남긴 뱀의 흔적을 뒤져 굉장한 보물인 만인혈석을 찾을 수 있다는 것이다.

내용만 보면 《조선왕조실록》의 만인사 이야기는 거의 환상 소설에서나 볼 법한 이야기 아닌가 싶다. 반대로 어느 약장수가 자기 약이 귀한 것이라며 과장해 퍼뜨린 이야기가 기록으로 남은 것 아닌가 싶기도 하다. 무엇이든 이런저런 이야기들이 새롭게 마주한 이민족의 낯선 문화, 넓은 숲과 들판이 펼쳐진 북방의 신비와 얽히고설켜 훨씬 생생하고 재미있는 내용으로 풍성해진 것만은 틀림없을 듯하다.

이렇게 성격이 다른 여러 뱀 괴물 이야기를 옛 기록들에서 찾아 모아보면, 현대에 가장 흔히 떠올리는 용이 못 된 이무기 이야기와는 매우 다른 다양한 이야기가 더 쉽게, 더 많이 눈에 띈다. 또한 그런 이야기들에서 보이는 한국인의 사상이나 전통이라는 것도, 그저 동물을 숭배했다거나, 반대로 미신을 싫어했다거나 하며 단순히 어느 한쪽에 머물지 않음을 분명히 알 수 있다.

그래서 누군가 어떤 특정 정서만을 담은 것이 한국 전통 이야기이고, 거기에서 벗어나면 중국 이야기, 일본 이야기, 유럽 이야기라고 비판한다면, 그것은 답답한 태도일지 모른다고 생각한다. 선하거나 악하게, 집 안처럼 가까운 곳이거나 외국처럼 머나먼 곳에서 여러 모습으로 나타나는 괴물들은 어떤 한 가지 기준이나 편견을 따르지 않는다.

참고문헌

전체 내용에서 공통으로 참조한 《조선왕조실록》의 기록은 국사편찬위원회의 웹사이트(http://sillok.history.go.kr/)에서 조선왕조실록 대국민 온라인 서비스 사업으로 공개한 것을 따랐다. 《조선왕조실록》의 원문과 번역문은 이 자료의 것을 발췌해 실어둔 것임을 밝힌다. 쉽게 읽히도록 문장부호와 어미를 일부 수정한 곳은 있으나 최대한 그대로 수록했다.

1장 괴물은 백성의 말을 먹고 자란다: 삼천리강산을 누빈 괴물들

• 전쟁으로 쇠락한 지네 호텔: 오공원(충청도)
김성모, 〈청주 '원흥이 방죽' 두꺼비들, 25억짜리 새집 얻는다〉, 《조선일보》, 2015년 2월 11일.

두전하, 〈중국 민간전설 《백사전》의 전래동화화에 관한 고찰〉, 《동화와 번역》, 2013, 25: 139~170쪽.

류진아, 〈'지네각시 설화'에 나타나는 남성과 여성의 경험과 의식세계〉, 《한국학》, 2016, 39.4: 209~253쪽.

박방룡, 〈新羅王都의 交通路〉, 《신라문화제학술발표논문집》, 1995, 16.1: 99~118쪽.

박완희, 〈두꺼비 마을 '원흥이방죽' 보존을〉, 《동아일보》, 2003년 6월 23일.

배도식, 〈두꺼비 보은 설화의 구조와 변이양상〉, 국어국문학, 2002, 21: 91~127쪽.

신두휴, 〈숙박업〉, 《한국민족문화대백과》, 한국학중앙연구원, 1995, https://encykorea.aks.ac.kr/Contents/Item/E0031803 (2020년 9월 17일 확인)

심재·신익철 등 옮김, 《교감 역주 송천필담》, 보고사, 2009; 1780년경.

오윤주, 〈세계가 찾는 '원흥이 방죽'〉, 《한겨레신문》, 2010년 8월 24일.

유득공 옮김, 〈경도잡지〉, 《조선시대세시기》, 국립민속박물관, 2007; 1790년경.

윤우현·엄기찬, 〈우리 동네 청주시 상당구 오근장동〉, 《중부매일》, 2009년 7월 28일.

이유원·조동영 등 옮김, 《임하필기》, 한국고전종합DB, 2000; 1872.

이정애, 〈동굴과 문화의 상관성에 관한 고찰〉, 《동굴》, 1996, 47: 59~69쪽.

이지영, 〈지네와 구렁이의 승천 다툼〉, 《한국민속문학사전》, 국립민속박물관, https://folkency.nfm.go.kr/kr/topic/detail/5974 (2020년 9월 17일 확인)

이현주, 〈〈지네각시〉 설화의 분석심리학적 해석의 시론(試論)〉, 《韓國文學論叢》, 2019, 81: 223~255쪽.

정창훈, 〈마스무라 야스조(增村保造) 영화의 '신체'라는 문제계: 영화 〈문신(刺青)〉론〉, 일본연구, 2016, 26: 113~150쪽.

제주대학교 人文大學 國語國文學科 國語國文學研究會, 〈歸德裏 學術調查〉, 《國文學報》, 1989, 9: 149~276쪽.

최영희·문현선, 〈전후 시기 동아시아 매체서사의 로컬리티―한중일 삼국 영화에서의 중국 고전서사 〈백사전(白蛇傳)〉 수용을 중심으로〉, 《中國小說論叢》, 2018, 0.55: 245~272쪽.

홍석모 옮김, 〈동국세시기〉, 《조선시대세시기》, 국립민속박물관, 2007; 1849.

Sekien, T., *Japandemonium Illustrated: The Yokai Encyclopedias of Toriyama Sekien*, Courier Dover Publications, 2017.

de Souza Castanheira, P., do Prado, A.W., Da-Silva, E.R., Braga, R.B.,

ANALYZING THE 7th ART-ARTHROPODS IN MOVIES AND SERIES, *Vignettes of Research*, 2015, 3(1).

• 천하의 전우치를 골린 여우: 흰여우(전라도)

강우규, 〈〈임씨삼대록〉에 나타난 구미호 화소의 의미기능 고찰-'환상성의 의미변화'와 '악녀 형상화 방식'을 중심으로〉, 동아시아고대학, 2015, 0.39: 169~191쪽.

《경향신문》, 〈KBS 전설의 고향 (10시 25분) 천년 묵은 여우를 만나〉, 《경향신문》, 1979년 7월 10일.

권혁명, 〈한문 단편소설〈王秀才娶得龍女說〉의 서사적 특징〉, 《東洋古典研究》, 2019, 0.75: 275~301쪽.

김부식 등, 이병도 옮김, 《삼국사기》, 을유문화사, 1996; 1145.

김정숙, 〈조선시대의 異物 및 怪物에 대한 상상력, 그 원천으로서의 山海經과 太平廣記〉, 《일본학연구》, 2016, 48: 35~56쪽.

노성환, 〈한국의 구미호와 일본의 설녀〉, 《일어일문학》, 2016, 72: 273~292쪽.

박대복, 〈三韓拾遺에 나타난 香娘의 寃死와 上帝·九尾狐의 관련양상〉, 《어문연구(語文研究)》, 2013, 41.4: 161~190쪽.

서혜은, 〈조선시대〈봉신연의〉의 향유 양상과 그 독자의식〉, 《배달말》, 2019, 64: 85~114쪽.

안창수, 〈〈전우치전〉으로 살펴본 영웅소설의 변화〉, 《韓國文學論叢》, 2011, 59: 73~116쪽.

이덕무, 이승창 등 옮김, 《한죽당섭필》, 한국고전종합DB, 1981; 1765년경.

이명현, 〈구미호의 이중적 관념과 고전서사 수용양상〉, 《우리文學硏究》, 2014, 0.41: 213~239쪽.

이상구, 〈광양 태인도의 〈전우치전설〉 연구〉, 《국어교육연구》, 2009, 0.44: 353~394쪽.

이은영, 〈《封神演義》의 成書過程에 영향을 준 또 하나의 작품《列國志傳》〉, 《中國小說論叢》, 2007, 26: 213~231쪽.

이현국, 〈〈田禹治傳〉의 형성과정과 異本間의 변모양상〉, 《문화와 융합》, 1986, 7: 143~162쪽.

저자 미상, 정재서 옮김, 《산해경》, 민음사, 1996.

한국학중앙연구원, 《한국구비문학대계》, 한국구비문학대계 개정·증보 사업, 1992, https://gubi.aks.ac.kr/web/Default.asp (2020년 9월 17일 확인)

SBS, 〈'절세미녀' 드라마 속 역대 구미호들의 공통점은〉, SBS, 2010년 9월 2일.

• 풍년과 흉년을 예언한 행운의 편지: 삼구일두귀(전라도)

김구, 《백범일지》, 범우사, 1994; 1947.

박성실, 〈조선시대 몽두의(蒙頭衣)에 관한 연구〉, 《服飾》, 2005, 55.8: 57~72쪽.

전지니, 〈'정감록'과 '행운의 편지'−두 개의 전후, 하나의 운명론〉, 《대중서사연구》, 2016, 22.3: 45~81쪽.

• 가뭄과 홍수보다 혹독한 농부의 적: 강철(경상도)

곽재식, 《한국 괴물 백과》, 워크룸프레스, 2018.

김이만, 〈기이〉, 《학고집》, 한국고전종합DB, 1750년경.

김재호, 〈기우제〉 《한국민속신앙사전》, 국립민속박물관, https://https://folkency.nfm.go.kr/kr/topic/detail/1830 (2020년 9월 16일 확인)

박지원, 김혈조 옮김, 《열하일기》, 범우사, 2014; 1780년경.

부산발 《동아일보》, 《駭怪한 風說·失神騷動等》, 《동아일보》, 1957년 8월 11일.

신돈복, 김동욱 등 옮김, 《학산한언》, 보고사, 2006; 1779년경.

이덕무, 이식 등 옮김, 《앙엽기》, 한국고전종합DB, 1981; 1765년경.

이수광, 남만성 옮김, 《지봉유설》, 을유문화사, 2001; 1614.

이익, 김철희 등 옮김, 《성호사설》, 한국고전종합DB, 1978; 1760년경.

• 남해를 붉게 물들인 별: 천구성(경상도)

김부식 등, 이병도 옮김, 《삼국사기》, 을유문화사, 1996; 1145.

김종서 등, 이재호 등 옮김, 《고려사절요》, 한국고전종합DB, 1968; 1452.

김종서·정인지 등, 동아대학교 석당학술원 옮김, 《고려사》, 경인문화사, 2006; 1454.

두산백과, 〈화구〉, 《두산백과》, doopedia(두산백과), https://terms.naver.com/entry.nhn?docId=1154976&cid=40942&categoryId=32292

(2020년 9월 17일 확인)

이기환, 〈케플러보다 4일 빨랐던 초신성 관측〉, 《경향신문》, 2017년 9월 13일.

이이, 조규철 등 옮김, 《석담일기》, 한국고전종합DB, 1971; 1581년경.

일연, 최호 옮김, 《삼국유사》, 홍신문화사, 1997; 1281.

허목, 김도련 등 옮김, 《미수기언》, 한국고전종합DB, 1980; 1680년경.

Burrows, A.S., Baade and Zwicky: "Super-novae," neutron stars, and cosmic rays. *Proceedings of the National Academy of Sciences*, 2015, 112(5): pp.1241~1242.

Clark, D.H., Stephenson, F.R., The remnants of the supernovae of AD 185 and AD 393, *The Observatory*, 1975, 95: pp.190~195.

Hughes, J.P., The expansion of the X-ray remnant of Tycho's supernova (SN 1572), *The Astrophysical Journal Letters*, 2000, 545(1): L53.

Lynn, G., Blobs or why tectonics is square and topology is groovy, *ANY*, 1996, 14: pp.58~62.

Nathan, I., Creepshow Review, *EMPIRE*, 2006년 4월 18일.

Osterbrock, D.E., Who Really Coined the Word Supernova? Who First Predicted Neutron Stars?, *AAS*, 2001, 199: pp.15~01.

Pistoi, S., The Andromeda Strain, *The science of Michael Crichton: An unauthorized exploration into the real science behind the fictional worlds of Michael Crichton*, BenBella Books Inc., 2008, pp.1~18.

Rietmeijer, F.J., Nuth, J.A., Collected extraterrestrial materials: Constraints on meteor and fireball compositions, *Earth, Moon, and Planets*, 1998, 82: pp.325~350.

Van den Bergh, S., The spectrum of the remnant of Kepler's supernova of 1604, *Astronomy and Astrophysics*, 1980, 86: p.155.

• 고래기름보다 좋은 인어기름: 인어(강원도)

강민경, 〈한국 인어 서사의 전승 양상과 그 의미 고찰〉, 《道敎文化硏究》, 2012, 37: 367~390쪽.

강민경, 〈동아시아 인어의 이미지와 서사를 통한 문화콘텐츠로서의 가능성과 역할〉,《道教文化研究》, 2018, 49: 211~242쪽.

김미현, 〈인어공주와 아마조네스, 그 사이〉,《여성문학연구》, 2001, 5: 31~52쪽.

안정복, 정순복 등 옮김,《동사강목》, 한국고전종합DB, 1979; 1778년경.

오세은, 〈동서양 어린이 문학에 나타난 '사랑'의 비교 연구-《선녀와 나무꾼》과
《인어공주》를 중심으로〉,《比較文學》, 2006, 0.39: 5~30쪽.

위백규, 김건우 등 옮김, 〈격물설(格物說)〉《존재집》, 한국고전종합DB, 2013;
1792년경.

유몽인, 신익철 등 옮김,《어우야담》, 돌베개(2006), 1622.

유병일, 〈어류와 해서포유류의 포획방법에 대한 연구-영남지역 삼한·삼국시대
패총자료를 중심으로〉,《야외고고학》, 2012, 0.15: 37~70쪽.

이옥, 실시학사 고전문학연구회 옮김,《완역 이옥전집 3: 벌레들의 괴롭힘에 대
하여》, 휴머니스트, 2009; 1803.

장지현, 〈韓國傳來油脂類 食用起源 硏究〉,《論文集》, 1991, 23: 181~266쪽.

정약용, 송기채 등 옮김, 〈내각 응교시[內閣應敎]〉《다산시문집》, 한국고전종합
DB, 1994; 1750~1810년경.

한치윤, 정선용 등 옮김,《해동역사》, 한국고전종합DB(2003), 1814년경.

호메로스, 이상훈 옮김,《일리아스/오디세이아》, 동서문화동판, 2007; 기원전
600~기원전 500년경.

2장 상감마마를 지켜라: 궁전을 뒤흔든 괴물들

• 왕건으로 이어지는 용의 계보: 용손(경기도)

김종서·정인지 등, 동아대학교 석당학술원 옮김,《고려사》, 경인문화사, 2006;
1454.

여성구, 〈삼국유사 鵠島 居陁知 설화의 사상적 배경에 대한 試論〉,《한국학논
총》, 2016, 46: 71~114쪽.

《연합뉴스》, 〈北 태조왕건 조모 무덤 전면 발굴…국보유적 등록〉,《한국경제》,
2019년 7월 21일.

유몽인, 신익철 등 옮김,《어우야담》, 돌베개, 2006; 1622.

일연, 최호 옮김, 《삼국유사》, 홍신문화사, 1997; 1281.

정연식, 〈작제건 설화의 새로운 해석〉, 《한국사연구》, 2012, 158: 37~66쪽.

정진희, 〈고려 치성광여래(熾盛光如來) 신앙 고찰〉, 《한국학》, 2013, 36.3: 314~341쪽.

정연식, 〈거타지 설화의 새로운 해석〉, 《동방학지》, 2012, 0.160: 169~209쪽.

• 부처가 된 세조의 경고: 생사귀(전라도)

권도경, 〈송징 전설의 형성 과정과 계열 분화에 관한 연구〉, 《퇴계학과 유교문화》, 2007, 40: 215~252쪽.

권도경, 〈송징 전설의 범주 규정 및 계열 분류와 당제 유래전설의 서사원형 고찰〉, 《인문사회과학연구》, 2006, 70: 1~26쪽.

김기종, 〈조선후기 가사(歌辭)에 나타난 지옥의 양상과 시대적 의미〉, 《한국시가문화연구》, 2016, 0.38: 37~69쪽.

김기종, 〈조선후기 문학작품의 지옥 형상화와 그 성격〉, 《東洋古典研究》, 2017, 0.66: 129~162쪽.

김기종, 〈석보상절의 底本과 그 성격〉, 《南道文化研究》, 2019, 0.38: 321~356쪽.

김성수, 〈목련경의 성립경위〉, 《한국도서관정보학회지》, 1983, 10: 1~26쪽.

김수온 등, 김부봉 등 옮김, 《역주 석보상절》, 세종대왕기념사업회, 1999; 1449, http://db.sejongkorea.org/

김종명, 〈세조의 불교관과 치국책〉, 《韓國佛敎學》, 2010, 58: 117~154쪽.

김종직, 임정기 등 옮김, 〈두류산을 유람한 기행록[遊頭流錄]〉, 《점필재집》, 한국고전종합DB, 1997; 1472년경.

노중방, 〈바리공주 서사무가에 나타난 한국 목련고사 유전〉, 《어문연구》, 2015, 85: 101~130쪽.

나희라, 〈통일신라와 나말려초기 지옥관념의 전개〉, 《한국문화》, 2008, 43: 245~265쪽.

문선영, 〈전설에서 공포로, 한국적 공포물 드라마의 탄생〉, 《우리文學研究》, 2015, 0.45: 229~259쪽.

박미례, 〈조선시대 감로탱화 하단(下段) '죽음도상' 유형연구〉, 《溫知論叢》, 2019, 0.61: 221~268쪽.

사재동,〈目連經의 流轉關係〉,《언어·문학연구》, 1985, 5: 121~137쪽.

서병윤 등,〈불설 목련경의 敍事文學的 考察〉,《碩士學位論文集》, 1983, 1: 231~273쪽.

설성경,《홍길동전의 비밀》, 서울대학교출판부, 2004.

염중섭,〈세조의 상원사중창과〈上院寺重創勸善文〉에 대한 검토-현존 最古의 한글 필사본인〈상원사중창권선문〉을 중심으로〉,《韓國佛教學》, 2017, 81: 247~279쪽.

유몽인, 최예심 등 옮김,〈능엄경을 본떠 지어 의림 도인에게 주다[贈義林道人 效楞嚴經]〉,《어우집》, 한국고전종합DB, 2018; 1610년경.

이도 등, 김영배 등 옮김,《역주 월인석보》, 세종대왕기념사업회, 1999; 1447, http://db.sejongkorea.org/

이우혁,《퇴마록》, 엘릭시르, 2011.

이정우,〈18~19세기 조선 실학자의 '천당·지옥' 인식 내용과 성격변화〉,《人文 論叢》, 2016, 33: 50~62쪽.

이정주,〈世祖代 後半期의 佛教的 祥瑞와 恩典〉,《民族文化研究》, 2006, 44: 237~269쪽.

일연, 최호 옮김,《삼국유사》, 홍신문화사, 1997; 1281.

임방, 정환국 옮김,《교감역주 천예록》, 성균관대학교출판부, 2005; 1720년 경.

최종성,〈17세기에 의례화된 송대장군〉,《역사민속학》, 2014, 0.44: 72~110쪽.

최현찬,〈최상식 동문(연극영화학과 64학번)〉,《중대신문》, 2014년 3월 2일.

허균, 김명호 등 옮김,〈주흘옹(酒吃翁) 몽기(夢記)〉,《성소부부고》, 한국고전종 합DB, 1983; 1610년경.

• 성종의 관심을 끈 땅속 귀신: 지하지인(서울)

곽재식,《한국 괴물 백과》, 워크룸프레스, 2018.

김중권,〈朝鮮朝 經筵에서 孝宗의 讀書歷 考察〉,《서지학연구》, 2016, 0.66: 143~187쪽.

신동은,〈조선 전기 경연(經筵)의 이념과 전개〉,《한국학》, 2009, 32.1: 57~79쪽.

유몽인, 신익철 등 옮김,《어우야담》, 돌베개, 2006; 1622.

이긍익, 남만성 등 옮김,《연려실기술》, 한국고전종합DB, 1967; 1806년경.

성현, 권오돈 등 옮김,《용재총화》, 한국고전종합DB, 1971; 1525.

저자 미상, 이월영 등 옮김,《청구야담》, 한국문화사, 1995; 1840년경.

지두환,〈朝鮮時代 經筵官 硏究〉,《한국학논총》, 2009, 31: 157~177쪽.

Canby, V., POLTERGEIST FROM SPIELBERG, *The New York Times*, 1982
년 6월 4일.

Hsiao, C.L., Kuo, H.C., & Huang, C.C., Delayed encephalopathy after
carbon monoxide intoxication-long-term prognosis and correlation
of clinical manifestations and neuroimages, *Acta Neurologica
Taiwanica*, 2004, 13: pp.64~70.

Lee, M.S., Marsden, C.D., Neurological sequelae following carbon
monoxide poisoning clinical course and outcome according to
the clinical types and brain computed tomography scan findings,
Movement disorders: official journal of the Movement Disorder Society,
1994, 9(5): pp.550~558.

Raub, J.A., Mathieu-Nolf, M., Hampson, N.B., & Thom, S.R., Carbon
monoxide poisoning—a public health perspective, *Toxicology*, 2000,
145(1): pp.1~14.

Snyder, S., Family Life and Leisure Culture in The Shining, *Film
Criticism*, 1982, 7(1): pp.4~13.

• 중종을 떨게 한 연산군의 그림자: 수괴(서울)

김돈,〈中宗代 '灼鼠의 變'과 政治的 陰謀의 성격〉,《한국사연구》, 2002, 119:
89~118쪽.

김지혜,〈영화 물괴, 놈이 조선의 심장을 위협한다〉,《스포츠한국》, 2020년 2월 3일.

두산백과,〈선릉〉,《두산백과》, doopedia(두산백과), https://terms.naver.
com/entry.nhn?docId=1313933&cid=40942&categoryId=34709
(2020년 9월 16일 확인)

한국민족문화대백과,〈작서의 변〉,《한국민족문화대백과》, 한국학중앙연구원,
https://terms.naver.com/entry.nhn?docId=537975&cid=46622&cate
goryId=46622 (2020년 9월 16일 확인)

• 인종이 죽자 나타난 검은 기운: 물괴야행(황해도)

강진원, 〈고구려 祭天大會의 성립 시기와 그 추이〉, 《동방학지》, 2014, 0.165:
    1~32쪽.

국사편찬위원회, 《중국정사조선전 역주》, 한국사데이터베이스, 1990.

김지혜, 〈영화 물괴, 놈이 조선의 심장을 위협한다〉, 《스포츠한국》, 2020년 2월 3일.

이긍익, 남만성 등 옮김, 《연려실기술》, 한국고전종합DB, 1967; 1806년경.

이승휴, 김경수 옮김, 《제왕운기》, 역락, 1999; 1287.

일연, 최호 옮김, 《삼국유사》, 홍신문화사, 1997; 1281.

• 사도세자를 향한 저주: 도깨비(전라도)

김수온 등, 김부봉 등 옮김, 《역주 석보상절》, 세종대왕기념사업회, 1999; 1449,
    http://db.sejongkorea.org/

신이행·김홍철 옮김, 《역어유해보》, 일본 도쿄대학 오구라문고 소장본 고려대학
    교 해외한국학자료센터, 1775.

우스다 잔운, 이시준 등 옮김, 《완역 암흑의 조선》, 박문사, 2016; 1908.

이도 등, 김영배 등 옮김, 《역주 월인석보》, 세종대왕기념사업회, 1999; 1447,
    http://db.sejongkorea.org/

이유기, 〈석보상절 제 9권의 내용과 언어 현상〉, 《동악어문학》, 2015, 65:
    109~142쪽.

이익, 김철희 등 옮김, 《성호사설》, 한국고전종합DB, 1978; 1760년경.

정도전, 김도련 등 옮김, 〈도깨비에게 사과하는 글[謝魑魅文]〉, 《삼봉집》, 한국고
    전종합DB, 1977; 1380년경.

최경국, 〈일본 鬼(오니)의 도상학(Ⅰ) – 鬼面瓦에서 에마키(繪卷)까지-〉, 《일
    본학연구》, 2005, 16: 183~208쪽.

한국학중앙연구원, 《한국구비문학대계》, 한국구비문학대계 개정·증보 사업,
    1992, https://gubi.aks.ac.kr/web/Default.asp (2020년 9월 17일 확인)

허용호, 〈19세기 무속에 대한 '반성적 연행'의 성행과 그 민중문화적 의미〉, 《한
    국무속학》, 2009, 0.19: 131~164쪽.

- **정조의 마음을 어지럽힌 사슴과 곰: 녹정과 웅정(경상도)**

고성훈, 〈조선 후기 민중사상과 鄭鑑錄의 기능〉, 《역사민속학》, 2015, 0.47: 114~146쪽.

고영섭, 〈元曉의 念佛觀과 淸華의 念佛禪〉, 《佛敎學報》, 2015, 0.71: 137~163쪽.

김탁, 〈정감록 출현의 역사적 과정과 의의〉, 《충청문화연구》, 2018, 20: [5]~42쪽.
신돈복, 김동욱 등 옮김, 《학산한언》, 보고사, 2006; 1779년경.

신이행·김홍철 옮김, 《역어유해보》, 일본 동경대학 오구라문고 소장본 고려대학교 해외한국학자료센터, 1775.

윤병철, 〈정감록의 사회변혁 논리와 사회적 의의〉, 《한국학》, 2005, 28.1: 95~125쪽.

이인로, 구인환 등 옮김, 《파한집》, 신원문화사, 2002; 1220년경.

일연, 최호 옮김, 《삼국유사》, 홍신문화사, 1997; 1281.

조선 승정원, 《승정원일기》, 한국고전종합DB, http://db.itkc.or.kr/dir/item?itemId=ST#/dir/list?itemId=ST&gubun=book (2020년 9월 14일 확인)

조현설, 《신화의 언어》, 한겨레출판, 2020.

3장 국경으로는 막을 수 없다: 바다를 건너온 괴물들

- **조선의 빅풋은 벽곡의 달인: 안시객(강원도)**

갈홍, 석원태 옮김, 《포박자》, 서림문화사, 1995; 343년경.

구보 노리타다, 《도교사》, 분도출판사, 1990.

김인호, 〈옛 중국인들의 죽음 극복 현상 연구〉, 《中國文學》, 2003, 39: 23~36쪽.

유향, 임동석 옮김, 《열선전》, 동서문화사, 2012; 기원전 6년경.

이광현, 이봉호 옮김, 《발해인 이광현 도교저술 역주》, 한국학술정보, 2011; 800년~1200년경.

임상선, 〈《金液還丹百問訣》의 저자 李光玄과 그의 行績〉, 《인문학논총》, 2008, 13.2: 49~67쪽.

홍만종, 《순오지》, 文林社, 1959; 1678.

홍만종, 신해진 옮김,《증보 해동이적》, 경인문화사, 2011; 1700~1800년경.

Tadin-Strapps, M., Genetics of hypertrichosis (Thesis), Columbia University, 2003.

Bushnell, N.S., The Wandering Jew and "The Pardoner's Tale", *Studies in Philology*, 1931, 28(3), pp.450~460.

• 바다 건너 거인의 나라: 거인(강원도)

국사편찬위원회,《중국정사조선전 역주》, 한국사데이터베이스, 1990.

권태효,〈지형창조 거인설화의 성격과 본질〉,《탐라문화》, 2014, 0.46: 7~38쪽.

김부식 등, 이병도 옮김,《삼국사기》, 을유문화사, 1996; 1145.

김영주,〈魏毌丘儉紀功碑와 관련하여〉,《한국학논총》, 2010, 34: 1~19쪽.

김정숙,〈조선 필기·야담집 속 지식인의 巨人에 대한 상상과 그 원천〉,《고전과 해석》, 2014, 16: 147~166쪽.

김효진,〈高句麗 東川王代 對중국 외교의 변천과 목적〉,《고구려발해연구》, 2015, 52: 173~208쪽.

유몽인, 신익철 등 옮김,《어우야담》, 돌베개, 2006; 1622.

이민수,〈'3세기 沃沮 地域 東夫餘 建國說'에 대한 검토〉,《동아시아고대학》, 2016, 0.41: 127~152쪽.

이방 등, 이민숙 등 옮김,《태평광기》 제20권, 학고방, 2004; 980년경.

이수광, 남만성 옮김,《지봉유설》, 을유문화사, 2001; 1614.

임형택,《한문서사의 영토》, 태학사, 2012.

조경, 최예심 등 옮김,〈통천의 해척이 풍랑에 표류한 이야기[通川海尺飄風說]〉,《용주유고》, 한국고전종합DB, 2015; 1660년경.

장화, 임동석 옮김,《박물지》, 동서문화동판, 2011; 300년경.

저자 미상, 이월영 등 옮김,《청구야담》, 한국문화사, 1995; 1840년경.

정난영,〈조선후기 표류(漂流) 소재 기사(記事) 연구〉,《동양한문학연구》, 2015, 40: 215~243쪽.

정환국,〈거인 소재 표류담의 몇 국면〉,《大東文化硏究》, 2018, 0.101: 103~130쪽.

허남춘,〈일반논문: 설문대할망과 여성신화-일본, 중국 거인신화와의 비교를 중심으로〉,《탐라문화》, 2013, 0.42: 101~136쪽.

호메로스, 이상훈 옮김,《일리아스/오디세이아》, 동서문화동판, 2007; 기원전
    600~기원전 500년경.

• **행운의 상징, 불행의 상징: 금두꺼비(강원도)**

김세서리아, 〈중국 신화에서 보이는 여성 능동성의 이미지〉,《시대와 철학》,
    2004, 15.1: 212~238쪽.

남효온, 박대현 옮김, 〈귀신론〉,《추강집》, 한국고전종합DB, 2007; 1630년경.

두산백과, 〈상아〉,《두산백과》, doopedia(두산백과), https://terms.naver.
    com/entry.nhn?docId=1109875&cid=40942&categoryId=31541
    (2020년 9월 16일 확인)

박마리아, 〈한·중 嫦娥 전승 소설의 공간서사 및 그 의의-〈숙향전〉과〈三戲白牧
    丹〉을 중심으로〉,《한국고전연구》, 2014, 0.30: 277~318쪽.

웅천, 이익성 등 옮김,《웅천일록》, 한국고전종합DB, 1974; 1630년경.

이수광, 남만성 옮김,《지봉유설》, 을유문화사, 2001; 1614.

임채우, 〈중국유인우주선 '창어'의 작명법-슬픈 항아를 위한 변명〉,《한국경제》,
    2007년 2월 10일.

• **전쟁을 끝낸 사슴 발의 여인: 녹족부인(평양)**

강상대, 〈남북한 분단 이후 '녹족부인' 서사의 변이 양상 연구〉,《語文學》, 2011,
    0.112: 111~137쪽.

강상대, 〈북한 녹족부인 서사의 '기아(棄兒)' 모티프 연구〉,《한국문예창작》,
    2014, 13.2: 67~97쪽.

강상대, 〈녹족부인 서사에 나타난 신화적 상상력 연구-'반인반수'를 중심으로〉,
    《東洋學》, 2014, 55: 1~18쪽.

강상대, 〈전래동화에 수용된 '녹족부인' 서사 연구〉,《한국문예창작》, 2012,
    11.2: 437~470쪽.

강상대, 〈미와 다마끼(三輪環)의 녹족부인 서사 연구〉,《語文學》, 2012, 0.118:
    155~179쪽.

김수온 등, 김부봉 등 옮김,《역주 석보상절》, 세종대왕기념사업회, 1999; 1449,

http://db.sejongkorea.org/

박영만, 권혁래 등 옮김,《화계 박영만의 조선전래동화》, 보고사, 2013; 1940.

송병선,〈西遊記〉,《연재집》, 한국고전종합DB, 1907.

우스다 잔운, 이시준 등 옮김,《전설의 조선》, 박문사, 2016; 1910년경.

원위(元魏) 서역삼장(西域三藏) 길가야(吉迦夜)·담요(曇曜) 옮김, 동국역경원 옮김,〈잡보장경〉,《한글대장경》, 동국역경원, 2001; 저술 시기 불명.

이재두,〈여지도서의 편찬시기와 항목구성 및 신설항목의 유래〉,《民族文化研究》, 2019, 0.82: 265~300쪽.

전상욱,〈여지도서(輿地圖書)에 나타난 진상(進上) 관련 조항의 분석〉,《문화재》, 2011, 44.3: 150~163쪽.

조은애,〈일본 민간전승과 '녹녀부인' 설화〉,《일본어문학》, 2017, 78: 257~276쪽.

한국민족문화대백과,〈장수산〉,《한국민족문화대백과》, 한국학중앙연구원, https://terms.naver.com/entry.nhn?docId=538386&cid=46617&categoryId=46617 (2020년 9월 17일 확인)

Moreno, E.T., She Was Not Like I Thought: The Woman as a Strange Being, *Gender and Contemporary Horror in Television*, Emerald Group Publishing, 2019.

• 코끼리, 얼룩말 그리고 불가살이: 박과 맥(평안도)

김보영,〈不可殺伊說話: 研究史 및 研究展望을 中心으로〉,《도솔어문》, 1997, 13: 38~54쪽.

김보영,《한국서사문학에 나타난 불가사리연구》(학위논문), 단국대학교, 1994.

박지원, 김혈조 옮김,《열하일기》, 범우사, 2014; 1780년경.

이수광, 남만성 옮김,《지봉유설》, 을유문화사, 2001; 1614.

이익, 김철희 등 옮김,《성호사설》, 한국고전종합DB, 1978; 1760년경.

저자 미상, 정재서 옮김,《산해경》, 민음사, 1996; 기원전 200~기원전 300년경.

전덕재,〈고대 일본의 高麗樂에 대한 기초 연구〉,《東北亞歷史論叢》, 2008, 20: 285~332쪽.

정약용, 이익성 옮김,《경세유표》, 한국고전종합DB, 1977; 1817.

조재삼, 강민구 옮김,《교감국역 송남잡지》, 소명출판, 2008; 1860년경.

조재현, 〈불가사리〉《한국민속문학사전》, 국립민속박물관, https://folkency.
nfm.go.kr/kr/topic/detail/5534 (2020년 9월 14일 확인)

Hori, T., Cultural note on dreaming and dream study in the future:
Release from nightmare and development of dream control
technique, *Sleep and Biological Rhythms*, 2005, 3(2): 49–55.

• 호랑이를 떨게 한 사자: 산예(함경도)

강인숙, 〈북청사자놀음의 사자춤과 하야치네카구라의 공겐마이 비교연구〉, 《대
한무용학회논문집》, 2009, 60: 1~19쪽.

강정근, 〈논문: 화엄사 4사자석탑 앞 석등 연구〉, 《강좌미술사》, 2011, 37:
75~100쪽.

구난희, 〈渤日 交流에 등장한 소그드인, 그 경위와 의미〉, 《고구려발해연구》,
2019, 63: 63~94쪽.

김복순, 〈신라 지식인들의 西域인식〉, 《경주사학》, 2013, 38: 1~30쪽.

김부식 등, 이병도 옮김, 《삼국사기》, 을유문화사, 1996; 1145.

노성환, 〈일본에 있어서 가토 기요마사의 임란전설과 신앙에 관한 연구〉, 《동아
시아고대학》, 2009, 19: 243~270쪽.

도진영·김정진, 〈경주 분황사 모전석탑의 손상 특성 연구〉, 《韓國鑛物學會誌》,
2018, 31.3: 149~159쪽.

두산백과, 〈단양금굴구석기유적〉, 《두산백과》, doopedia(두산백과), https://
terms.naver.com/entry.nhn?docId=1166771&cid=40942&category
Id=37154 (2020년 9월 16일 확인)

두산백과, 〈사자후〉, 《두산백과》, doopedia(두산백과), https://terms.naver.
com/entry.nhn?docId=1168559&cid=40942&categoryId=32972
(2020년 9월 16일 확인)

두산백과, 〈인도사자〉, 《두산백과》, doopedia(두산백과), https://terms.
naver.com/entry.nhn?docId=1235340&cid=40942&category
Id=32624 (2020년 9월 16일 확인)

박인수, 〈봉산탈춤 사자춤의 변화양상 연구〉, 《역사민속학》, 2019, 0.57:
163~196쪽.

서정록, 〈파랑새와 고대 한국의 춤-향악잡영오수와 일본 궁중춤 비교 연구〉, 《우리춤과 과학기술》, 2011, 7.3: 9~33쪽.

서정록, 〈신라(新羅)의 〈금환(金丸)〉과 〈월전(月顚)〉과 일본(日本) 아악(雅樂)〉, 《翰林日本學》, 2017, 0.30: 59~87쪽.

오진희, 〈신흥사 극락보전 기단과 계단의 부조 조각〉, 《강좌미술사》, 2105, 45: 35~52쪽.

유몽인, 신익철 등 옮김, 《어우야담》, 돌베개, 2006; 1622.

윤덕순, 〈獅子춤에 나타난 象徵性〉, 《한국무용연구》, 1991, 9: 3~21쪽.

윤경열, 〈新羅의 遊戲〉, 《신라문화제학술발표논문집》, 1983, 4.1: 283~305쪽.

이두현, 〈新羅五伎攷〉, 《서울대학교 論文集》, 1959, 9: 183~208쪽.

이병옥, 〈신라 오기(五伎)와 영남지방 탈춤의 전승양상 비교〉, 《한국무용사학》, 2007, 6: 23~46쪽.

이승희, 〈사마르칸트 아프라시압 벽화, 그리고 한반도와 소그드의 교류〉, 《숭실사학》, 2020, 0.44: 189~221쪽.

이찬영·한경순, 〈월정교 출토 사자상 복원을 위한 모본 제작 연구〉, 《보존과학회지》, 2015, 31.2: 147~157쪽.

이태환, 〈孤雲의 〈鄕樂雜詠〉 第2首 〈月顚〉의 吟詠 對象과 그 性格〉, 《大東文化研究》, 2007, 0.60: 151~181쪽.

임재완, 《慶州 佛國寺 多寶塔 研究》(학위논문), 동국대학교 대학원, 2004.

장준식 등, 《충청북도 문화재대관 Ⅱ》, 충청북도, 2017.

전곡선사박물관, 〈한국의 구석기 유적들〉, 전곡선사박물관, 2013, https://jgpm.ggcf.kr/archives/1539 (2020년 9월 16일 확인)

전대석, 《일본설화선》, 경서원, 2000.

정석배, 〈발해의 북방-서역루트 '담비길' 연구〉, 《고구려발해연구》, 2019, 63: 9~62쪽.

최경국, 〈에도시대 말 대중문화 속의 호랑이 사냥-가토 기요마사를 중심으로〉, 《日本研究》, 2011, 0.48: 57~76쪽.

최경국, 〈호랑이 그림의 계보〉, 《日本研究》, 2004, 22: 143~164쪽.

최재길, 〈日本文學속에 나타난 韓國像〉, 《日本研究》, 1986, 2: 47~74쪽.

최헌, 〈가야금과 고대음악〉, 《한국민족문화》, 2007, 29: 191~220쪽.

Stuart, A.J., & Lister, A.M., Extinction chronology of the cave lion Panthera spelaea, *Quaternary Science Reviews*, 2011, 30(17~18), pp.2329~2340

Larson, G.J., Barnett, R., Mendoza, M.L.Z., Soares, A.E.R., Ho, S.Y.W., Zazula, G., ⋯ Gilbert, M.T.P., Mitogenomics of the Extinct Cave Lion, Panthera spelaea (Goldfuss, 1810), Resolve its Position within the Panthera Cats, *Open Quaternary*, 2016, 2(4).

• 만인의 피를 마신 뱀: 만인사(함경도)

권문해, 윤호진 옮김,《대동운부군옥 (천줄읽기)》, 지만지, 2013; 1589.

남구만, 성백효 옮김,《약천집》, 한국고전종합DB, 2008; 1723.

김승호, 〈당승(唐僧) 혜상(惠詳)의 채록으로 본 신라 불교설화〉,《한국문학연구》, 2016, 0.52: 121~150쪽.

김안로, 이한조 옮김,《용천담적기》, 한국고전종합DB, 1971; 1525.

김종서·정인지 등, 동아대학교 석당학술원 옮김,《고려사》, 경인문화사, 2006; 1454.

서대석, 〈보양이목설화〉,《한국민족문화대백과사전》, 한국학중앙연구원, 1997.

유경자, 〈부산지역 도시전설의 전승양상과 성격-부산진구의 노년층 이야기를 중심으로〉,《韓國文學論叢》, 2017, 77: 49~75쪽.

유몽인, 신익철 등 옮김,《어우야담》, 돌베개, 2006; 1622.

이덕무, 이식 등 옮김,《이목구심서》, 한국고전종합DB, 1981; 1765년경.

이원조, 고창석 등 옮김,《탐라지초본》, 제주교육박물관, 2008; 1845.

일연, 최호 옮김,《삼국유사》, 홍신문화사, 1997; 1281.

Bertetti, P., Conan the Barbarian: Transmedia Adventures of a Pulp Hero, *Transmedia Archaeology: Storytelling in the Borderlines of Science Fiction, Comics and Pulp Magazines*, Palgrave Pivot, 2014, pp.15~38.

괴물, 조선의 또 다른 풍경
풍문부터 실록까지 괴물이 만난 조선

초판 1쇄 발행 2021년 1월 21일 **초판 7쇄 발행** 2024년 9월 2일

지은이 곽재식
펴낸이 최순영

출판2 본부장 박태근
지적인 독자 팀장 송두나
디자인 김태수

펴낸곳 ㈜위즈덤하우스 **출판등록** 2000년 5월 23일 제13-1071호
주소 서울특별시 마포구 양화로 19 합정오피스빌딩 17층
전화 02) 2179-5600 **홈페이지** www.wisdomhouse.co.kr

ⓒ 곽재식, 2021

ISBN 979-11-91308-22-8 03900